标杆精益系列图书

精益生产实践之旅
第 2 版

赵 勇 编著

机械工业出版社

本书以一家制造企业为例，以情景方式介绍其推行精益及精益体系建立的过程。本书共设置了10个情景，从如何设置简单的组织绩效目标开始，以价值流方式为主线，对企业如何解决在实施精益过程中遇到的各种问题和如何应用精益工具问题进行了一一说明。这10个情景均是作者的真实经历和亲身感受，所应用的精益工具和方法也都在实践中得到了检验。阅读本书，相信读者对企业如何实现精益有效落地会有更为深刻的理解。本书涵盖精益生产的各个方面，内容全面，有很强的实操性，可帮助企业管理人员拓宽管理思路，形成系统的精益基本框架。

本书可以作为精益人士进行精益实践的指导书，也可以作为企业经营者经营实践的参考书，还可供高等院校工业工程和管理学科与工程专业的师生使用。

图书在版编目（CIP）数据

精益生产实践之旅/赵勇编著. --2版. --北京：机械工业出版社，2024.7. --（标杆精益系列图书）.
ISBN 978-7-111-76008-5

Ⅰ．F273

中国国家版本馆CIP数据核字第202422W78P号

机械工业出版社（北京市百万庄大街22号　邮政编码100037）
策划编辑：孔　劲　　　　　　　　　责任编辑：孔　劲　王彦青
责任校对：高凯月　张雨霏　景　飞　封面设计：张　静
责任印制：刘　媛
唐山楠萍印务有限公司印刷
2024年8月第2版第1次印刷
169mm×239mm·14.25印张·290千字
标准书号：ISBN 978-7-111-76008-5
定价：69.00元

电话服务　　　　　　　　　　网络服务
客服电话：010-88361066　　　机　工　官　网：www.cmpbook.com
　　　　　010-88379833　　　机　工　官　博：weibo.com/cmp1952
　　　　　010-68326294　　　金　书　网：www.golden-book.com
封底无防伪标均为盗版　　　　　机工教育服务网：www.cmpedu.com

推荐序一

几年前，本书作者邀请我为《精益生产实践之旅》作序，因为我一向对战斗在一线的精益工作者很是尊重，所以欣然同意。如今七年过去了，作者对精益实践又有了新的认识，决定再版，再次邀请我写序，我同样毫不犹豫答应。从作者身上，我看到了精益管理在制造业推进的喜人进展。

通过之前的交流，我知道作者曾在美国500强企业派克汉尼汾流体连接件（青岛）有限公司工作15年，经历了企业打造全球精益模范工厂的整个过程，这是该书写作的重要实践来源。派克汉尼汾公司是一家全球领先的运动与控制系统的多元化制造商，拥有独特的工程专业技术及广泛的核心技术，迄今为止已经有100多年的历史，其著名的事件是：1969年，阿波罗11号登上了月球，其中派克汉尼汾公司的控制阀门在飞船上发挥了重要作用，帮助控制登月舱发动机。

就是这样一家拥有强大研发技术的创新型公司，不仅专注于技术创新，而且在管理上也不断学习、持续进步，其中精益管理就是派克汉尼汾公司管理的重要基础，并把它纳入重要的致胜战略中。

我在不同场合经常提到管理的"马车模型"，就是企业的发展必须有两个轮子，一个轮子是技术创新，一个轮子是管理创新，只有两个轮子直径一样大，马车才能跑得快、跑得稳。过去我国制造业企业比较重视技术创新，但在管理创新上明显不足。精益管理作为管理创新的基础，是绕不过去的一环。而且管理创新和技术创新不同，技术可能买得来，但是管理是很难买到的，必须本土化自主创新。日本丰田公司就是把美国的工业工程和日本文化及企业需求相结合，成功创建了丰田生产方式TPS。而一些企业既没搞懂工业工程，又想照搬照抄，则很难获得成功。

另外，我还有一个重要的观点就是管理的累积性和时间性。西方工业的发展经历了几百年才有了今天的基础，而中国工业的发展也不过短短几十年。现在大家都在提的数字工厂、智能工厂、智慧工厂，其基础仍然是精益管理。试图跨过这个基础环节去推行数字化、自动化是错误的，可能会事与愿违，收不到应有的效果。

直至目前，每年仍然会有大量有关精益的著作和文章被发表，或者对精益理论进行进一步的研究阐述，或者表达对精益的实践感受，林林总总、不胜枚举。作者的《精益生产实践之旅》第1版出版之后，就受到了广大读者的欢迎，有的高校甚至把它作为工业工程专业本科和研究生的精益实践教材，充分说明这本书有很好的实践性，我个人认为主要体现在以下几个方面：

一、该书记录了作者多年推行精益的实践经验，所谓"言之易，行之难"，作者能够将自己在工作中实施精益的真实体会和过程进行记录和总结，这次再版又增加了其在企业推行精益的实践经验，这是难能可贵的。

二、通过情景提出问题，然后介绍如何使用精益工具对问题进行解决，让读者既不觉枯燥，感同身受，又可以学到精益知识，这也是该书为什么受到广大读者喜欢的原因吧。

三、丰田模式中的价值理念、持续改进、现地现物、尊重人性等思想和系统性理念贯穿在整本书中，从精益组织绩效、价值流的全局视角、聚焦浪费的改善行动再到问题解决等，全书一气呵成，很有逻辑性。

该书再版，相信能够为读者再次带来更大的价值，使大家在精益的道路上一往无前，为打造中国新质生产力贡献力量。

天津大学管理创新研究院
齐二石

推荐序二

几年前，因为研究生授课任务，我搜索到了赵勇先生的《精益生产实践之旅》一书，该书以情景的方式提出问题，然后针对问题对其进行解答，把精益工具贯穿其中，使读者既学习了知识，又不会感到枯燥。选用该书作为天津工业大学全日制工业工程与管理专业硕士"精益生产实践"的教材，这些年在教学中取得了很好的效果。

因为学校对教材的时效性提出新的要求，去年我尝试和该书的作者赵勇先生联系，希望他能对该书进行再版，作者欣然同意，并且付诸行动，也就有了《精益生产实践之旅 第2版》的出版。赵勇先生邀请我写再版推荐序，我很高兴地答应了，也很荣幸。

作者曾经在世界500强企业工作多年，深刻理解跨国公司的精益体系建立之道，他认为精益之道并没有特殊之处，就是要扎扎实实把精益管理和企业的战略、文化结合起来，上至CEO，下到基层员工，上下同欲，大家使用一样的工具，一样的管理语言，持续把精益方法深度推进，有效地坚持下去。

现在，很多人以为中国企业只通过智能制造、数字化技术就可以很快地提升管理水平，有没有精益管理无关紧要，这种想法其实是很危险的。西方工业化进程发展经历了漫长的历程，企业在管理上不断创新实践、长期积累。回顾西方管理理论的发展，管理大师的研究多是建立在企业发展实践的基础之上，彼得·德鲁克被誉为管理大师中的大师，他的巨著《管理的实践》就是对通用企业管理实践的研究；质量大师戴明长期对福特公司开展研究，正是后来对日本质量深刻影响的基础。丰田生产方式也是西方工业工程（IE）工具方法在日本工业发展的实践中不断适应、改善而成的，今井正明、新乡重夫等一大批日本企业管理大师亲身参与了这一实践过程。

过去几十年，我国经济经历了一个人类历史上罕见的快速发展期，但是很多中国制造企业的管理基础还很薄弱，中国制造要做大做强，没有捷径可走，唯有扎扎实实、循序渐进，才可枝繁叶茂！现在我国的很多知名企业，像海尔、美的、格力等，都把精益管理作为企业管理水平提升的重要抓手，长期推进。华为除了在技术上不断创新迭代之外，在管理上的投入、学习和坚持，对所有企业推行精益管理都会有所启发。

当前，中国企业面临的挑战前所未有，过往粗放式的管理已经不能适应企业生存发展的要求。很多企业都在思考自己的经营方向和与之匹配的技术及管理上的创新。随着科技日新月异，特别是数字技术、自动化技术、网络技术、人工智能技术的发展，传统的精益管理实施方法肯定会有所变化，但其核心逻辑是不变的。精益管理是中国制造企业管理创新绕不过去的话题。

作者在该书第2版中增加了他在近期帮助很多企业精益落地过程中的新的心得体会：如把绩效目标作为优先的重要引领，让精益的意义和价值更加明确；通过价值流的导入，把精益整体推进的路径和精益工具的应用整体贯穿起来；对改善周、改善项目、改善提案等改善方式进行了清晰的总结，等等。这些新内容可以帮助读者形成更加清晰和完整的精益管理框架，而非散落的精益工具的简单堆积。

当今我国企业面临诸多挑战和危机，但是任何艰难困苦都不能阻挡我们前进的步伐！加快发展新质生产力，扎实推进高质量发展，精益管理一定不会缺席。祝愿中国企业在管理上能够稳步前进，基业长青！也期待作者能够有更多好的书籍出版！

天津工业大学教授

管理科学与工程学会理事（工业工程与管理分会秘书长）

科技部创新方法研究会管理技术分会　副主任委员兼秘书长

刘　亮

前言

岁月不居，时节如流。

转眼间距离《精益生产实践之旅》第1版出版的时间已经过去了七年。承蒙读者的厚爱，该书在这七年的时间里共印刷八次，其间也收到了很多读者反馈的宝贵意见，这些意见在每次重印时尽可能进行了采纳和相应的修订。

随着时间的推移，笔者的工作也从当初企业运营管理者的角色转变为一名全职的精益六西格玛咨询师，辅导了不同企业的精益转型落地，对精益的认知也从原来一个企业的精益实践扩展到不同行业、不同规模和不同文化的企业更广阔的范围，因此对精益实践的理解就又加深了一些，也由此有了《精益生产实践之旅》的再版。

正因为有来自于现场的重要素材，笔者才得以把新的心得体会和实践感悟补充到第1版书中去，也借此机会对读者提出的需要进行较大修订才能说明白的问题加以解答。

概括而言，本书第1版的写作是站在情景故事中主人公价值流经理吕新的角度去思考，而第2版则是站在咨询顾问肖老师的角度去理解和补充精益落地的关键要素。

对比《精益生产实践之旅》第1版，本书由原来的9个情景增加到10个情景，有较大调整的章节为：

情景1　艰难而重要的决定，这是新增加的一章，简要描述了"精益屋"的概念和精益实施路径，重点说明如何建立清晰且简单的组织精益绩效目标，因为精益实践的最终落脚点就是使组织的绩效富有成果，而这些简单的精益绩效指标恰恰提供了衡量的依据。

情景2　BF公司生产部经理的一天，重点说明将"浪费量化"的重要性和意义，使"消除浪费"的价值得以衡量和评价。

情景6　"交货"风波，这一章修订的重点是把"解决问题的十步法"进行了梳理，使其逻辑线更加清晰和有条理，增强了实操性和落地性。尽管该章使用解决交货问题作为案例，但是"解决问题的十步法"对解决各种问题都是适用的，特别是对于质量问题。笔者在很多公司利用该方法再加上必要的六西格玛统计分析工具，在解决质量问题方面都有很大收益，读者可以进行学习操练，相信一定也能获得很好的收益。

情景 10　打造智能化工厂容易吗，这一章删除了原来的情景，增加了三个新的案例片段，让读者更加清楚地认识到，只有建立了扎实的精益基础，自动化和数字化才不会走弯路，才能带来真正的价值。

其他各章在保持原有内容的基础上，进行了修订，其中一些重要的补充要点简单说明如下：

情景 3　价值流图绘制风波，增加了 P-Q 分析，将其和产品家族分类矩阵相结合，为优先选择哪个价值流作为开始提供了依据。其次也对单件流、FIFO（先进先出）和拉动的区分做了对比和解释。另外，还对如何绘制"复杂价值流图"做了技术上的说明。

情景 4　推动生产模式下的 BB-A 生产线，通过案例实践了情景 2 中提到的对浪费进行量化的方法，也对车间布局整体原则进行了补充和丰富。

情景 5　理解价值流的拉动，增加了精益物流中关于"水蜘蛛配料方式"的内容。

情景 7　紧急救火还是 TPM，提供了一个简单的 Excel 表格，利用泊松分布原理来计算合理的备品备件的库存量。

情景 8　记忆中的"板子"工程，增加了绩效管理、早会等目视化的实操案例。

情景 9　精益才刚刚开始，对改善的类型进行了细化，也对公司改善项目推动的整体策划进行了说明，体现了精益推进过程中 PDCA 思想中"P"即"计划"的重要性。

介绍了本书修订的大致情况之后，我特别想和读者分享以下几点：

一、丰田生产方式还可以让我们学习多少年？

在 2020 年 6 月 10 日，特斯拉股价首次突破 1000 美元大关，市值达到 1859 亿美元，超过丰田汽车（简称丰田）成为全球市值最高的汽车企业，立刻受到大众的广泛关注。大家不禁要问，特斯拉是否真的就像曾经的丰田超越福特、通用、克莱斯勒一样，会以势不可挡之势称霸汽车行业？曾经被企业界不断效仿学习的"丰田生产方式"还是最先进的管理技术吗？丰田真的会从此"跌落神坛"吗？

丰田生产方式是丰田独创的管理技术，迄今为止，仍然是先进的管理方法。丰田以满足客户的价值为出发点，并且通过一系列的方法（如流动、拉动等）使创造价值的过程价值最大化，从而达到库存最少、成本最低、质量最好、交货最及时及反应最迅速的目的。

丰田生产方式中的一系列工具和方法，乃至理念和思想，对于制造业来讲都是适用的。到目前为止，精益生产和精益管理是实现智能制造的第一步已经成为共识，当初德国在推出工业 4.0 的时候，精益就是作为其中的重要内容被纳入其标准之中，如果没有精益管理的基础，所谓的智能工厂就失去了最重要的根基。

但是，也正如海尔的张瑞敏曾经说过，没有成功的企业，只有时代的企业。想想当年的福特、通用、柯达、摩托罗拉,就可以知道,任何企业必须与时俱进才能够使企业长青,如果企业没有了创新,没有了进步,不能持续地满足客户的价值,无论是谁都会被时代淘汰。

二、为什么国内企业能够把精益推行成功的很少?

我国企业开始学习精益到现在差不多有二三十年的时间,能够成功推行精益的企业却很少,究竟是为什么?

其实这是个很大的命题,以我浅薄的认知,简单探讨一下。

首先企业忽视了管理技术的长期性特点。企业引入科学技术,可以使劳动生产率大幅提高,比如原来我们骑的是自行车,速度是15~30公里/小时,现在换成了汽车,速度一下子提高到了120公里/小时,这就是科学技术的力量。很多企业为什么要上大量的机器人,因为效果很明显,只要资金投入,眼前的收益立竿见影。

但是管理就不一样,即使企业推行精益了,也不能得到一蹴而就的收益。精益管理是个系统工程,需要时间,需要企业自身的勇气、决心和动力。因为管理具有时间累积性的特点,需要一步一个脚印地走下去,这恰恰是大多数企业所欠缺的。比如精益管理中的5S、标准化作业和工时管理,这都是精益最基本的要求,反而这些基础的工具,很多企业都做不好,甚至包括一些很大规模的企业。

其次,企业的高层领导力不够,推行精益之前,高层领导本身没有做好充分的思想准备,精益是个一把手工程,领导者必须亲自参与,总想通过授权,让下属去做,以为可以坐享其成,那一定是错误的。领导本身要学会使用统一的精益语言来打造企业的精益文化。

再次,企业总想走捷径,认为管理有灵丹妙药。很多企业不断尝试新的管理方式,今天丰田生产方式,明天阿米巴,后天流程再造,等等,目的是想尽快见到巨大收益。其实,每个管理体系都有其特点,企业要学会对体系的适宜性进行甄别,让体系能够兼容,打造适合自身的管理模式。

三、新质生产力下的精益之路是什么?

国家提出"新质生产力"的概念,重点在于数字技术、网络技术、人工智能等新技术的应用,这对于传统行业将是巨大的挑战乃至颠覆。对于精益管理来说,一些传统的管理手段也势必要迭代升级,但是对于制造业基于客户的"价值创造""增值""畅流化"的概念是不会过时的。时代洪流滚滚向前,对于热爱精益的人来说,也要顺势而为,拥抱时代的变化。

感谢天津大学的齐二石教授再次为本书作序。

特别感谢天津工业大学工业工程系的博士生导师刘亮教授的建议,因为第1版的《精益生产实践之旅》作为该校工业工程与管理专业硕士"精益生产实践"的教材,需要进行及时更新,如果没有刘老师的督促,在如此繁重的精益项目推进工作中,笔者实在不会有动力进行第2版书籍的出版,再次深表感谢!

也感谢机械工业出版社编辑孔劲的付出,从本书第1版的出版,就给予笔者大力的支持和帮助，机工社编辑团队的敬业和专业让我印象深刻。

　　写书不易，尤其是笔者最近几年忙碌和奔波于为企业进行精益和质量落地的项目辅导中，感谢我的家人对我一如既往的支持和理解；也感谢所有给我建议和鼓励的读者；感谢所有我该感谢但无法一一提及的人……感谢有你们！

　　由于本人水平有限，书中难免有疏漏之处，敬请广大读者指正。

赵勇
于青岛

目 录

推荐序一
推荐序二
前言

情景1　艰难而重要的决定——
　　　　开启精益之旅 ………………… 1
　认识"精益屋" ……………………… 2
　精益实施路标 ……………………… 3
　精益组织成熟度方格 ……………… 13
　要点梳理 …………………………… 15

情景2　BF公司生产部经理的
　　　　一天——识别并量化
　　　　浪费 ………………………… 16
　认识"浪费" ………………………… 17
　将浪费量化 ………………………… 20
　使用"5W2H+ECRS法"发现和消除
　　浪费 ……………………………… 22
　要点梳理 …………………………… 26

情景3　价值流图绘制风波——
　　　　从价值流图开始 …………… 27
　从价值流图识别浪费 ……………… 29
　产品家族和产品家族矩阵 ………… 30
　绘制当前价值流图的要点 ………… 32
　将来价值流图的绘制和应用 ……… 35
　复杂价值流图的处理方式 ………… 45
　建立价值流跟踪中心 ……………… 46
　要点梳理 …………………………… 47

情景4　推动生产模式下的BB-A
　　　　生产线——"流动"消除
　　　　过程中的浪费 ……………… 48
　生产周期时间真的不能满足客户
　　节拍吗 …………………………… 49

　如何设计单元化生产 ……………… 55
　如何实施单元化生产布局 ………… 62
　人机联合作业工序的流动 ………… 70
　如何处理必须批量生产的工序 …… 76
　物料出入库管理和ERP系统处理 … 77
　车间布局的整体优化 ……………… 78
　车间整体布局的原则 ……………… 79
　要点梳理 …………………………… 80

情景5　理解价值流的拉动——
　　　　"拉动"就是"去库存" … 82
　拉动的目的就是消除库存浪费 …… 84
　从确定库存策略开始 ……………… 85
　如何确定超市的数量 ……………… 90
　为每个产品制订计划 ……………… 94
　如何建立看板拉动系统 …………… 98
　建立和管理实际的超市 …………… 110
　建立水蜘蛛的配料方式 …………… 111
　看板拉动系统的目视化管理 ……… 113
　要点梳理 …………………………… 113

情景6　"交货"风波——如何
　　　　解决问题 …………………… 114
　问题从何而来 ……………………… 114
　如何解决问题 ……………………… 116
　学会使用A3报告 …………………… 132
　精益问题解决方法和六西格玛方法的
　　区别 ……………………………… 138
　培养团队问题解决的能力 ………… 139
　要点梳理 …………………………… 140

情景7　紧急救火还是TPM——通过
　　　　TPM实现"零损失" …… 142
　精益之"TPM屋" …………………… 142
　基于八大支柱实施TPM …………… 143

如何建立TPM"零损失"的目标 …… 158
　　没有时间进行TPM怎么办 …………… 163
　　要点梳理 ………………………………… 164

情景8　记忆中的"板子"工程——
　　　　目视化使管理变得简单 …… 165
　　精益中的目视化管理 …………………… 165
　　目视化管理之5S ………………………… 166
　　目视化管理之TPM ……………………… 174
　　安灯系统 ………………………………… 176
　　绩效管理的目视化 ……………………… 178
　　如何保证目视化管理的有效性 ………… 182
　　用物理看板还是电子看板进行
　　　目视化 ………………………………… 183
　　要点梳理 ………………………………… 183

情景9　精益才刚刚开始——建立
　　　　持续改进的文化 …………… 184

　　精益之路永无止境 ……………………… 185
　　建立分层审核制度 ……………………… 185
　　全员参与持续改进 ……………………… 188
　　非生产过程的精益流程同样是消除
　　　浪费 …………………………………… 195
　　将改善扩展到供应商 …………………… 202
　　通过精益评估发现改善机会 …………… 202
　　要点梳理 ………………………………… 206

情景10　打造智能化工厂容易吗——
　　　　精益化是智能化工厂的
　　　　基础 ………………………… 207
　　智能化转型之路 ………………………… 209
　　智能工厂的管理思考 …………………… 211
　　要点梳理 ………………………………… 213

参考文献 ……………………………………… 214

情景 1

艰难而重要的决定——开启精益之旅

2021年，仍然是新型冠状病毒肆虐的一年，BF公司做出了一个重大的决定，正式开启公司的精益变革之旅。总经理是这样说的："越是在艰难的时候，我们越要有信心。外部环境不好，我们就更要把内功练好，打造面向精益的高标准管理模式，以最高效率、最快速度、最佳品质赢得客户满意。一旦困难过去，时机成熟，我们就会比别人更能抓住机遇。"

这一天，BF公司和LM公司正式签约精益项目，开启了BF公司搭建精益体系之旅。

LM公司的肖老师是一位资深的精益咨询专家，有着多年世界500强企业的工作经验，搭建过完整的精益体系，现在作为LM公司的高级咨询专家，负责BF公司精益体系的搭建。

肖老师一直倡导"系统精益"的理念，他和BF公司的高级管理层说："企业要想做好精益变革，首先要做好顶层设计，其次要用好精益工具。所谓顶层设计就是要做好企业的经营战略，特别是要把精益管理提高到战略的高度，让精益成为企业管理的重要方法和手段，同时建立简单清晰的组织目标，知道现在怎么样，精益变革之后，效果怎么样，有对比才有发言权。对于精益方法，工具箱里有很多选择，同样需要根据企业的实际情况，在不同阶段选择和导入不同的精益工具，我们会根据企业的实际情况，逐步开展精益推行工作，但无论使用何种工具，都是为顶层设计服务的，最终体现在组织绩效目标上的变化。"

在BF公司的精益启动会上，肖老师特别强调说："推行精益的过程，是颠覆企业传统观念和模式的一场变革，所以，在实施的初期，一定是企业的'一把手'工程，'领导作用'非常关键，在这个阶段的驱动力是自上而下的推动。根据统计学正态分布的原理（见图1-1），可能有5%的人会驱动变革，10%的人会支持这场变革，10%~20%的人会反对甚至强烈反对，大约70%的人则被动跟随和观望，所以初期高级管理层一定要充当强有力变革驱动者的角色。当然要想在企业中真正把精益推行成功，这种自上而下的推动方式并非长久之计，重要的是必须建立自下而上的协同机制，打造学习型组织，改变大家的观念，让大家成为改善的发现者、参与者、实施者，逐步形成团队持续改善的精益文化。"

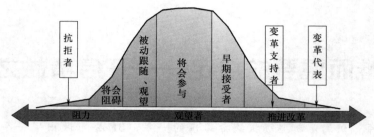

图 1-1　精益变革角色分布图

最后，BF 公司的总经理王总强调说："BF 公司的精益变革之旅已经开启，开弓没有回头箭，我们要一鼓作气，让精益之花在 BF 公司落地生根、开花结果，为未来 BF 公司向智能化工厂发展奠定坚实的基础。"

认识"精益屋"

精益项目正式启动，肖老师给大家介绍了精益屋，如图 1-2 所示。

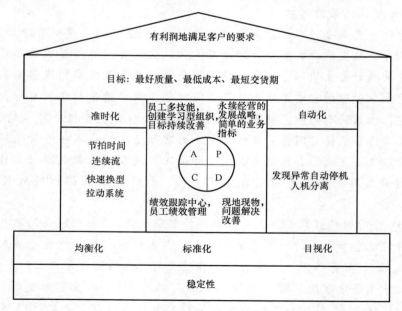

图 1-2　精益屋

屋顶：通过建立精益体系，达到有利润地满足客户的要求。

屋脊：以最好质量、最低成本和最短交货期来使客户满意。

两大支柱：一是准时化生产（Just In Time，JIT），是指在必要的时间内生产出必要数量的合格产品，并准时送达需要的地点；二是自动化生产（Jidoka），是指人、机分离，即当出现不合格品时，机器可以自动停止，或者出现问题时，通过安灯系统进行报警，使问题得以快速解决。

地基：代表稳定性，主要的体现是达到三化，即作业标准化、现场目视化、生产均衡化。

前面主要讲的是精益屋的外围部分，现在来看核心部分，它是以 PDCA 循环作为指导思想，PDCA 的含义如下。

P（Plan）为计划，是对工作和任务提前策划并确定目标，也包含了为实现目标而策划的行动措施。

D（Do）为实施，是将计划阶段所指定的行动措施付诸行动。

C（Check）为检查，是检查计划阶段目标的达成情况。

A（Act）为行动，是对前三个步骤进行整体的回顾，如果目标达成，将获得的经验进行标准化，为将来的再改进和再提高奠定基础并提供基准；如果实际情况与目标有偏差，则需要对之前的计划和行动进行检讨，及时做出反应。

精益屋中的 P 就是需要企业思考永续经营的发展战略，并确定简单的业务指标来衡量战略的正确性；D 是现地现物地展开工作，持续改善，及时解决出现的问题；C 是不断对照 P 阶段设计的绩效目标，保证精益活动的方向性和持续性；A 是不断改善，纠偏，培养员工，创建学习型组织。

学习完精益屋，大家在头脑里对精益有了一个基本的轮廓，了解到精益管理是系统的，首先有组织目标，再有精益工具，目标是引领，工具是落地。总之，一切都是围绕企业的最终绩效而设计的。用管理大师彼得·德鲁克的话说："管理就是让绩效富有成果"，精益管理亦是如此！

精益实施路标

虽然大家对精益有了初步的了解，不过感觉精益屋看起来似乎复杂一点。大家的问题是，后续如何推进精益，它的具体路径是怎样的呢？肖老师为了让大家更好地理解后续精益推动的计划，展示了一个简单的精益实施路标，如图 1-3 所示。

1. 经营战略

（1）基于平衡计分卡的经营战略 从精益实施路标中可以看出，首先企业要深思自己的经营战略，为什么要这么做，前面在介绍精益屋的时候已经明确解释过了，大家也理解了，接下来谈谈具体如何进行经营战略的确定。

谈到经营战略，需要提到平衡计分卡（Balanced Score Card，BSC），它是企业

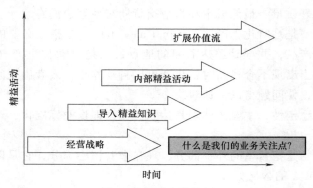

图 1-3　精益实施路标

的战略管理体系,是将企业战略目标逐层分解为各种具体绩效指标,从而为企业战略目标的完成建立可靠的执行基础。

平衡计分卡包括财务绩效、客户、内部流程、学习与成长四个维度。经营战略就是围绕这四个维度进行展开,其目的是使企业平衡发展而非仅仅关注过去以财务为导向的一个方面。

平衡计分卡在 20 世纪 90 年代初由卡普兰和诺顿提出之后,很快成为全球通用的战略管理方法。我们不晓得当初他们两个人有没有关注丰田的精益模式,不过无论是在企业愿景和经营战略制定方面,还是依据平衡计分卡对战略进行展开的执行层面,平衡计分卡都与丰田模式所蕴含的文化内涵不谋而合。图 1-4 简单展示了它们之间的相互联系。

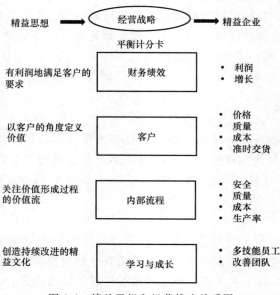

图 1-4　精益思想和经营战略关系图

所有计划导入精益的企业，都可以借助丰田模式来重新思考和定位自己的远景、方针和经营战略，然后使用平衡计分卡的方法来管理具体的执行层面和实施层面。

基于平衡计分卡，BF 公司的经营战略部署见表 1-1。

表 1-1　BF 公司的经营战略部署

愿景	让客户感到价值,让员工不断成长			
战略	培养具有责任心的员工	1）关注员工健康与安全 2）培养管理者领导力 3）全员参与持续改善活动	战略目标	1）零重大安全事故 2）80%以上的员工参与精益改善项目和改善提案
	超出期望的客户体验和市场占有率的良性提高	1）最快的交货期 2）最优的产品质量 3）线上互联网销售平台 4）线下直销和服务		1）准时交货率>98% 2）100ppm 以下的最终产品质量水平 3）两倍于市场的自然增长
	卓越的内部管理流程	1）建立精益企业 2）提高库存周转率 3）不断提升的工作效率		1）新产品与销售额的比例>20% 2）不少于 12 次/年的库存周转率
	良好的财务绩效	1）价值供应链 2）持续改善的财务指标		1）15%以上的营业利润 2）20%以上的净资产回报率

（2）建立简单清晰的精益绩效指标　根据威廉 J. 史蒂文森（William J. Stevenson）《运营管理》一书中的定义，运营管理是对制造产品或服务的过程或系统的管理，职能包括产品和服务设计、工艺选择、组织流程及质量改进等一系列活动，与之相密切的活动还包括预测、生产计划、采购、库存等相关工作。

工厂运营管理的成功与否决定着整个企业的经营成败。事实上，丰田公司的 TPS 系统就是以运营管理作为其根基的，并且用少数几个关键指标来衡量工厂运营管理的水平，这些绩效指标有：安全（Safety）、质量（Quality）、效率（Productivity）、成本（Cost）、准时交货（On Time Delivery）及库存（Inventory），为了方便记忆，简称为 SQPCDI。

1）安全。精益的关注点是如何减少浪费，毋庸置疑，安全事故是最大的浪费，而且超出浪费之本身，涉及员工切身利益及对工作环境的满意程度，所以把安全列为企业绩效的首要指标。除此之外，还要创建关注安全、重视安全的文化，同时在人机功效（Ergonomics）方面也要有更多的评估和持续改善。

2）质量。与质量有关的指标有：客户退货率（用 ppm 表示）、不良质量成本率（Cost of Poor Quality）、一次检验合格（通过）率等。因为客户退货率与客户满意程度直接相关，所以大多数企业把该项指标作为首选的绩效指标。

3）效率。评价效率的指标可以是人均销售额，也可以是每小时的人均产出，但作为公司级的指标，人均销售额应该更加合理。

4）成本。成本指标可以使用工资销售比表示，其计算公式为

工资销售比＝员工的工资÷销售额

员工的工资一般是指直接与生产有关人员的工资，包括基本工资、加班工资、各种福利及奖金等。每个企业可以根据企业状况对员工工资所包含的具体项目予以明确，不过一定要保持指标计算的前后一致性。

工资销售比可以反映企业的实际管理水平。如果企业的自动化程度越高，工资销售比数值就较小；而对于劳动密集型的企业，工资销售比就会比较大。使用这个指标的目的，绝不是靠降低工人的工资来完成指标，而是通过精益的管理方法，持续提高生产率。

5）准时交货。准时交货是衡量企业对客户服务水平高低的重要指标。精益生产的目的是为客户提供最好质量、最低成本和最短交货期的产品，其中准时交货是基于对客户最短交货期的承诺之上的。

6）库存。在精益管理中，库存属于七大浪费之首。衡量库存水平可以使用库存周转天数或库存周转次数。

一个简单的库存周转天数的计算公式为

库存周转天数＝90÷（三个月的销售成本÷当月存货金额），或者，库存周转天数＝（当月存货金额÷三个月的销售成本）×90

比如 BF 公司今年 1 月份到 3 月份销售成本分别为 87 万元、93 万元和 120 万元，3 月底的存货金额为 100 万元。则三个月的销售成本＝87 万元+93 万元+120 万元＝300 万元。那么，库存周转天数＝ 90 天÷（300 万元÷100 万元）＝ 30 天，或者，库存周转天数＝（100 万元÷300 万元）× 90 天＝30 天，这两种计算方式得出的结果是一致的。

（3）建立公司级的绩效指标跟踪中心　有了这几个关键绩效指标，就可以形成以此为主线的链条，把各个层级的工作有机地贯穿起来。从公司级、价值流级到生产单元级，工作层层传递，绩效衡量标准一致，这样就形成了一个至上而下和至下而上的绩效管理系统。BF 公司级的绩效指标跟踪中心如图 1-5 所示。

经营战略和公司绩效指标是顶层设计，还要继续分解形成一个以工厂、价值流、各部门和基层生产单元几个层级的绩效联动系统，在组织上保证一致性，达到上下协同，实现共同目标，这样就形成了一个完整的精益组织绩效管理层级展开图，如图 1-6 所示。

确定公司大的绩效目标后，并不能马上就建立价值流、各部门和单元绩效指标，而是随着精益不断的推进、基础数据的建立和完善，实现对各环节的逐步推进。

关于如何具体进行经营战略的确定和绩效指标的建立，可以参考《精益转型实践之旅》一书，这里不做详述。

2. 导入精益知识

精益屋的两大支柱和地基涵盖了精益工具的主要组成部分。这些工具是相互联

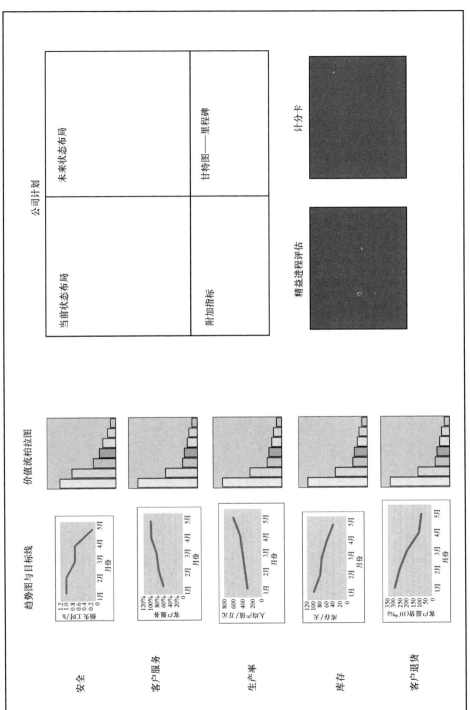

图1-5 BF公司级的绩效指标跟踪中心

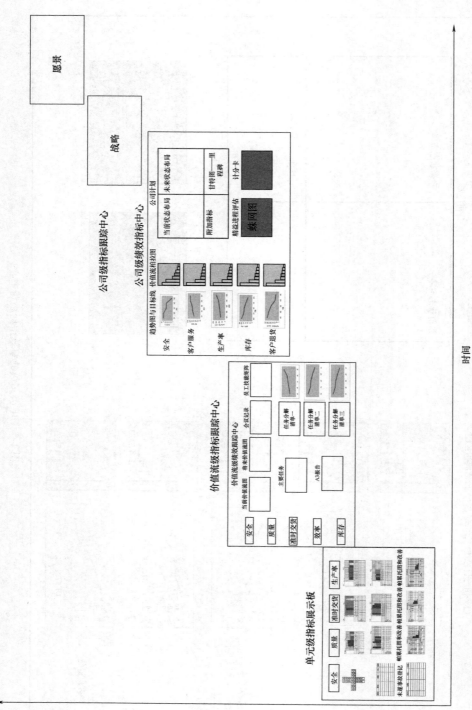

图1-6 精益组织绩效管理层级展开图

系、相辅相成的,如果把地基进行细化,再结合精益屋中心 PDCA,则最终可形成更详细的精益屋,如图 1-7 所示。每一个工具今天看起来可能不觉得如何,但是每一个工具的形成,都是有其历史背景的,都是经过长期实践验证过的行之有效的方法。

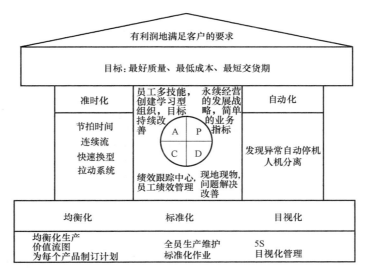

图 1-7 更详细的精益屋

精益工具清单见表 1-2。

表 1-2 精益工具清单

归类	精益工具	描述
左支柱:准时化	节拍时间	客户需求的时间量化体现: 1)节拍时间=可利用时间÷客户需求 2)节拍时间是均衡化生产的依据
	连续流	1)以尽可能使最小量在整个价值流间进行移动 ①流动的理想状态是单件流 ②若不能实现单件流,则以尽可能小的量在工序间以先进先出的方式进行无间断流动 ③信息是单点的,不是多点控制 ④移动中有反复和重叠就会阻碍流动 2)宏观的流动是指从客户到内部价值流,再到供应商,整个范围内信息和物料的流动 3)微观的流动是指信息和物料在内部价值流内的流动
	快速换型	1)为实现小批量生产,使产品之间换型时的设备停机时间最小化的系统化方法 ①换型时间分为机内时间和机外时间,机内时间决定了实际的换型时间 ②换型时间的长短决定是否建立超市及超市数量的多少 2)SMED(Single Minute Exchange of Die)是指快速换型,换型的时间在 10 分钟以内

（续）

归类	精益工具	描述
左支柱：准时化	拉动系统	1) 由下一工序的消耗来给前一工序触发生产或者物料补充信号的方式，其特点是基于客户实际需求进行生产或者物料补充 2) 拉动的生产方式：补充拉动、顺序拉动、混合式拉动 ① 补充拉动：因客户需求消耗超市产品，从而触发信号给上一工序，进行生产，补充物料，节拍控制工序通常为最靠近客户的工序 ② 顺序拉动：因客户需求触发生产，物料按照流动原则进行移动，即最小批量和先进先出 ③ 混合式拉动：补充拉动和顺序拉动的混合式生产 3) 拉动中的库存仍然属于浪费，但是是受控的库存
右支柱：自动化	自动化	1) 实现人、机分离，当问题或缺陷出现时，生产过程可以自动停止 2) 员工发现异常可以通过安灯系统停机报警，使问题得到迅速解决 3) 自动化的目的不是通过自动化提高效率，而是保证品质 4) 设备的自动化程度不是越高越好
	防错	防止错误发生的方法。通过防错，帮助操作者在工作中避免错误的发生，如防止零件装错、反装、漏装等
地基：均衡化、标准化和目视化	价值流图	1) 通过对形成产品价值整个过程的信息流、物料流进行分析，识别其中的增值和不增值活动 2) 价值流的应用步骤：绘制当前价值流图，识别其中的浪费；绘制将来价值流图，制定措施以达到将来价值流图的目标 3) 价值流图是动态的而非静态的，需要定期更新
	均衡化生产	均衡化生产（EPEI 或 EPEX）是指按照一定的时间间隔，均衡地轮流生产不同型号和数量的产品。通过均衡化生产，可以有效地满足客户需求，避免大批量生产造成库存的浪费、人力的浪费和交货期的增加
	为每个产品制订计划（PFEP）	PFEP 是每个物料的库存计划，它不仅应用于外部的原材料，而且也适用于内部的过程产品及成品等。通过 PFEP，可以准确计算和控制物料的库存，它是精益库存管理的重要工具，因为零库存是理想状态，在实际的控制中通过 PFEP 可以做到库存合理和受控
	全员生产维护	全员生产维护（Total Productivity Maintenance, TPM）是指以全员参与的方式，通过减少设备停机、换型、速度损失、废品和返工来实现稳定的生产率
	标准化作业	1) 为每个操作者建立准确的操作程序，包括三个要素： ① 满足客户的节拍时间 ② 工作要素 ③ 工序间的标准库存 2) 标准化作业是衡量改进的基础 3) 标准化作业不仅包括生产活动的标准化作业，还包括非生产活动的标准化作业 4) 标准化作业是动态的
	5S	1) 是工作现场的改善方法，是目视管理和精益生产的基础 ① 5S：整理、整顿、清扫、清洁、素养 ② 加上"安全"被称为 6S，或者为 5S+安全（Safety） 2) 理论简单，却最难坚持 3) 成功实施的秘诀：恒久坚持，永不放弃

（续）

归类	精益工具	描述
地基：均衡化、标准化和目视化	目视化管理	1）对工具、零件、生产活动及绩效指标等进行清晰的可视化展示，使得任何人在现场都可以立即了解生产系统的运行状态 2）目视化管理的重要作用是要显示现场正常和不正常的状态，通常使用的方式有安灯（Andon）系统；用红色、绿色显示异常情况或正常情况；利用信息板或电子显示屏等 3）简单有效，同时又反映管理者管理能力的现场证据
PDCA中P（计划）涉及的工具	方针管理	1）永续经营的长期发展战略 2）建立简单的业务指标：财务+销售+运营指标之SQPCDI
PDCA中D（实施）涉及的工具	问题解决	1）通过结构性方法来解决问题，包括确定问题、分析问题、纠正措施等。通常使用A3报告将解决问题的方法进行整理 2）解决问题的技能和方法很重要，但更重要的是对待问题的态度、现地现物的习惯及团队合作的精神
	现地现物	准确地说，它不是工具，而是一种理念。所有的工具应用都离不开现场本身，与其在办公室进行猜想，不如马上到现场掌握最真实的一手资料
	改善（Kaizen）	1）如果说消除浪费是精益的核心，那么改善就是其灵魂 2）改善可以是：改善提案、改善项目，涉及企业的所有环节
PDCA中C（检查）涉及的工具	建立绩效跟踪中心	1）公司级绩效跟踪中心 2）价值流绩效跟踪中心 3）班组绩效 4）个人绩效
PDCA中A（行动）涉及的工具	创建学习型组织	利用所有的精益工具，持续改善，打造精益企业，创建持续改善的文化

肖老师解释说："当然，上面的精益工具一览表只是对精益工具的简单概括，不包含精益体系的全部内容，对于工具的应用，需要特别说明几点：

1）精益的成功不是因为个别精益工具的应用，而是需要通过建立一个完整的精益系统来实现，并且都是围绕企业绩效目标展开的，所以不要搞形式主义，特别是目视化，更不能摆样子，不要让工具本身成为浪费。

2）精益知识的掌握并非朝夕之功，不能仅仅依靠课堂培训，经过培训后马上要去实践和训练。

3）不仅是精益知识的培训，更要注重软技能的培训，如追求卓越的理念和持续改进的文化等的培养。

4）通过改善项目识别有潜力的人才，重点培养，建立内部培训师制度。

5）没有学不会的工具，只有改变不了的思想。"

3. 内部精益活动

尽管许多公司组织了很多精益知识的培训，但是最后却收效甚微，主要原因是缺少实践。因此，要想收到真正的培训效果，必须让学习者在实践中学习和领会精益的精髓，从而进入精益实施路标的下一重要阶段——内部精益活动。

内部精益活动分为以下几种：

（1）精益改善提案　精益改善提案是最简单和常见的改善方式，可以通过给员工一些简单的比如七大浪费的培训、5S 5W2H+ECRS 的培训，激发员工的积极性和工作热情，主动去现场找浪费，提想法。初期的时候，要以激励为主，只要是合理的，有利于公司改进的，都可以作为提案进行记录、实施和给予一定的激励。

（2）现场上台阶活动　主要着重于 5S 和 TPM 的活动，对现场的区域、设备进行分类，制定现场上台阶的规划，可以从 1S 开始做起，定期开展现场上台阶的小组活动，最好是几组同时进行，每次可以是一天或者半天的活动，结束后进行总结、分享，可以在相互 PK 中展示成果，创造改善的氛围。

（3）改善项目　改善项目的开展有很多种，方式可以灵活多样，但是既然是项目，就要写项目计划书。在项目计划书中，要对项目的背景、当前的状态、达成的目标、投入的成本、小组的组成及项目所覆盖的范围进行描述。

项目开展的方式最好是系统推进式的，比如 BF 公司，每学习一个精益工具，就让参加学习的团队成员在自己的工作区域内找出相应的项目进行训练和实施。推进的方式可以是渐进式，也可以是集中式。渐进式是组成团队，写好项目计划书，列出行动计划，然后团队定期开展活动，定期汇报进展，当项目结束后，进行完整的汇报展示，同样最好是几组项目一起。集中式常用的方式就是采取改善周的方式，当然改善周并不等于平常什么也不做，仅在改善周这几天里开展工作，同样需要提前做准备，只是在改善周里进行完整的推进活动，拿出成果，这样对团队成员来说，更有挑战性，同时也更有利于培养团队的凝聚力和打造精益改进的文化。

在 BF 公司，建立了精益项目发表会制度，并且每次进行精益项目汇报的时候，都会邀请其他没有参加本次项目的班组长、员工代表及主管人员进行观摩，项目推动的效果越来越好，改善的氛围越来越浓，大家对精益知识的掌握也越来越好。精益工具和知识本身并不复杂，但需要的是实践和反复实践、坚持和持续坚持。

4. 扩展价值流

扩展价值流是把价值链增值活动进行再延伸，可能刚开始的时候，精益活动主要集中在生产领域的现场，以后要逐渐扩展到非生产领域，比如销售额的增加、财务成本的降低、新厂品开发流程优化、员工招聘流程优化等各个方面。

当精益体系在内部逐渐成熟之后，就要尝试将其扩展到供应商乃至客户的整个上、下游价值链当中。例如，和客户一起改善，会使信息更加清晰、需求更加均衡、服务更加有效；和供应商一起改善，会使交货周期更短、质量更稳定、原材料库存更低等。

事实上，对于供应商价值流的扩展，可能应该及早进行，因为无论是建立流动方式还是原材料超市，和供应商的关系都密不可分，精益物流系统的搭建，如标准原材料箱、标准的送货周期、多次频繁送货等，离不开供应商的大力支持，有时候这是个关键事项。

精益组织成熟度方格

实施精益永无止境,其推行过程绝不可能是一帆风顺的。要想成为精益企业,需要分步骤、分阶段地逐步推进。

下面的精益组织成熟度方格(见表1-3)总结了企业在推行精益过程中所经历

表1-3 精益组织成熟度方格

类别	阶段				
	心动期	行动期	成长期	稳定期	成熟期
精益活动	1)大概了解精益生产的一些基本概念,没有系统的理论知识 2)企业几乎没有精益方面的活动 3)有改进的想法,但并未付诸实施 4)只有少数人参加或接触过精益培训	1)管理人员开始系统接受有关精益知识的培训 2)考虑从战略上确定精益的推行计划 3)初步了解浪费的概念,并认识到改善的重要性和紧迫性 4)开始尝试应用精益工具,但未感觉到实际的效果 5)对精益工具的理解和应用不够深入,团队成员之间有较多的不一致和争论	1)从一个价值流开始实施精益:绘制价值流图,尝试流动和拉动的精益生产模式 2)建立了简单有效的精益财务绩效评估指标,逐渐看到精益所带来的收益 3)建立并使用精益评估体系来评价精益的实施状况,找出差距,并制定改善计划,持续推进精益进程 4)精益的活动主要集中于生产领域 5)精益物流开始实施,设定了标准容器和标准库存在管理	1)管理人员熟练掌握精益工具 2)所有员工都接受了关于浪费的培训 3)80%的员工接受了问题解决技能的培训 4)将精益领导力作为管理者重要的技能 5)80%以上的产品系列绘制了现在价值流图和将来价值流图 6)精益被推广到非生产部门 7)精益被扩展到客户和供应商 8)流动和拉动被建立,生产过程流畅、稳定,关键绩效指标被大幅改善 9)精益物流逐渐完善,对物流配送断点进行完整的分析、改善,库存规模、容器标准化、原材料来货、成品发货安排均衡有序、清晰 10)改善提案、改善项目在各层级有序开展,改善的文化逐渐形成	1)精益变成企业的思维和文化 2)公司有许多精益改善团队或者QCC(Quality Control Circle,品管圈),利用精益工具进行改善活动,100%的员工参与改善活动 3)通过扩展价值流,使组织和供应商及客户形成良好的战略合作伙伴关系,实现整个价值链的精益 4)六西格玛品质 5)成熟的精益会计系统 6)精益成为基本工作思维,系统被完善搭建,通过分层审核来保持体系的有效运行 7)改善项目定期且有序推进,从改善中识别人才,建立良好的精益文化 8)有卓越的组织绩效表现,即使有波动也在受控范围之内,使用问题解决系统方法解决问题

（续）

类别	阶段				
	心动期	行动期	成长期	稳定期	成熟期
组织特点	1) 具有传统部门式的组织结构。管理层拥有控制地位 2) 改善活动是由管理层主导的自上而下进行推动的活动 3) 员工的活动以领导"指示"为主 4) 没有专门的精益推动组织或部门	1) 具有传统部门式的组织结构，但是管理层开始考虑对部门式的结构进行改变 2) 管理层拥有控制地位 3) 改善活动虽然以管理层为主导，但是员工的想法开始作为决策的依据 4) 设立精益部门，并协助管理层来推动精益生产	1) 传统部门式的组织结构逐渐被打破，开始以产品族来划分价值流和部门设置 2) 管理层职责从控制更多地向引导角色转变，确定方向后大家一致行动 3) 设立精益部门，并协助管理层来推动精益生产	1) 以产品族来划分价值流，以价值最大化的模式来设置部门 2) 员工可以做出适当的决策，但是需要咨询管理层 3) 管理层提供资源并积极参与改善、提出建议 4) 各部门主动进行精益改善，精益部门进行参与和指导	1) 整个公司致力于精益战略的全面实施，不断进行精益资源开发并不断向外扩展 2) 管理层充分授权，改善活动是自下而上的拉动模式 3) 员工可自行制定改善方向，并在一定界限内采取行动 4) 管理层与员工的关系是委托和联络的关系 5) 精益部门以制订计划、组织项目评比、定期评级为主要工作
员工授权程度	非常低	较低	中	较高	非常高

的五个阶段：心动期、行动期、成长期、稳定期和成熟期。各个阶段需要的时间因企业而异：有的企业在10年前就开始了解和接触精益，但10年后却仍然没有踏上精益之旅；有的企业虽然开始行动，组织了很多培训，但最终止于培训，始终没有进入精益的实质性阶段；还有的企业，在经历了成长阶段的两到三年之后，虽然按照价值流的方式进行了生产流程的调整并导入了一些精益基本工具，但终究因没有建立可靠的流程和持续改进的文化，失去了前进的基础和动力而就此止步不前。在正常的情况下，从决定开始推行精益到成为精益企业，要历经至少三年。在这三年当中，除了具体精益活动的开展以外，重要的是改变企业的理念和文化。当然，所谓的三年仍然是对精益体系框架的基本搭建，许多公司在几十年中致力于精益体系的持续建立和完善并取得了卓越的绩效。

精益所倡导的理念包括长期经营、团队合作、互相尊重、持续改进等。我们可能难以复制丰田所有的管理模式，但是，作为精益精髓的基本理念是必须倡导的，我们要在推行精益的过程中，使之潜移默化成为企业的基本价值取向。

企业在推行精益时，从心动期到成熟期的这五个阶段，除了精益活动内容的不同以外，其根本区别在于企业在组织行为、授权、员工成长和企业文化方面的不同。

要 点 梳 理

1. 精益屋是基于PDCA循环对精益方法和工具的简要概括，所有的精益工具都是围绕企业的目标进行展开的，工具之间是相互关联和作用的。

2. 组织的目标概括起来包括销售、财务和运营指标。简单清晰的运营指标通常包括安全、质量、效率、成本、准时交货和库存，简称为SQPCDI。

3. 精益推行的路标：经营战略、导入精益知识、内部精益活动和扩展价值流，经营战略是目标，精益知识到扩展价值流都是为经营战略服务。

4. 精益知识学习需要通过精益实践，比如精益改善提案、内部精益活动等实践活动。

5. 精益组织成熟度方格概括了组织在推行精益过程所经历的五个阶段：心动期、行动期、成长期、稳定期和成熟期，五个阶段的根本区别是企业在组织行为、授权、员工成长和企业文化方面的不同。

BF公司生产部经理的一天——识别并量化浪费

BF公司的生产部经理吕新,参加了精益项目启动会,之后也参与了公司整体目标的确定,感觉信心满满,心中暗想:今后的工作,一切都要围绕降本增效、创造价值进行,组织目标要完成,就要从自己的生产部做起。吕新决定,从今天开始要撸起袖子更加努力地工作。

但是,问题马上来了。

周一早上,吕新早早地来到公司。尽管周末只休息了一天,他还是显得神采奕奕。刚在自己的座位上坐下,计算机还没有打开,电话铃响了,是组装车间的班长小吴打来的。小吴告诉吕新,有一批紧急出货的产品BB-A1因为质量问题被检验员隔离了。吕新立刻紧张起来,这可是总经理在上周五就特别关注的一批发往印度的货,要求周一必须装船。原计划上周五就可以完工,由于一台包装设备出现了故障,周五没有完成,所以周六安排生产部加班。吕新认为周一发货绝对万无一失,谁知却出现了质量问题。

吕新立刻放下电话,冲向车间,到了车间发现BB-A1产品已经从组装线被移到了不合格区。经过询问,吕新了解到,上周五质量部在下班时刚刚下发了一份关于BB-A1质量检验的新标准,原因是质量部制定了一份年度产品提升计划,其中一项就是要改善BB-A系列产品的内孔的表面粗糙度,提高产品外观质量,增加产品竞争力,因此,质量部就对该产品加严控制。

几个小时过去了,吕新最终与质量部达成一致,鉴于BB-A1符合之前产品的质量检验标准,所以可以让步放行。处理完这批货以后,吕新紧急安排加工车间对BB-A1产品的加工工艺进行调整,并重新返工了比订单多生产出来的50件产品。表面粗糙度问题解决了,但是加工的效率却降低了30%。吕新把问题记下,准备之后向总经理反映一下效率降低的问题。

刚刚解决了BB-A1产品的问题,生产加工部的领班小潘又找到吕新,说刚来的一批FZ12的毛坯需要紧急使用,由于检验区已经堆满了待检验的产品,没有地方放置到货材料,所以质量部拒绝检验,现在这批急需的毛坯还放在靠近物料仓库门口物流公司送货的车上。而且由于没有原材料可以使用，有4台设备已经停机。吕新立即打电话找到采购经理，决定暂时将毛坯卸在原材料仓库门口，然后他又找到质量部，协调检验员对该批棒料在物流部门口就地检验。

处理完毛坯检验问题之后，吕新忽然想起前几天计划员小吕曾提到FZ12的毛坯有很多库存需要处理，现在怎么又成了紧急缺货了呢？吕新立即打电话给计划员小吕落实，小吕说FZ12的毛坯确实有不少，但是由于仓库管理人员没有遵循"先进先出"的原则，放置时间太长，这些毛坯严重锈蚀，如果不经过除锈，暂时无法使用。

下午一点左右，吕新终于处理完生产中的异常情况。他到生产线去巡视，发现某组装单元的员工在装配产品的时候，总要把用于装配的螺母敲一下旁边的橡胶垫，他问员工是什么原因，员工说刚刚来的一批螺母加工的精度有问题，因为紧急出货，走了特殊采购流程，螺母装上后转动不灵活，不符合装配产品标准，不过敲一下就可以转动了，但是这样会影响装配效率。

吕新马上找质量部去协商解决这个问题。

处理完螺母异常事件，到了参加"生产调度会"的时间，生产调度会的主要议题是检查上周交单、本周订单、生产异常以及设备异常等情况。会议进行了两个多小时，很多问题还是悬而未决，因为大部分的问题已经是过去时了，需要进一步落实具体情况后才能给出处理意见。要不是下午三点钟还有精益培训，原本计划两个小时的会议可能还会继续下去。

今天肖老师要正式给大家讲如何识别浪费和消除浪费的基础工具。吕新和肖老师进行了交流，把今天发生的情况简单进行了描述，肖老师对吕新说："浪费在工作中无处不在，那我们就看看你今天遇到了哪些浪费，如何解决？"。同时，肖老师也安慰吕新说："精益才刚刚开始，我们的工作是要解决问题，这样持续做下去，未来的工作会变得有序，我们努力把当前救火式的工作，变成关注重要而不紧急的事情上来……"

吕新若有所悟，认真学习起来……

认识"浪费"

1. 七大浪费

吕新的故事，也是每天发生在许许多多管理者身上的故事，许多人习以为常，并没有感觉到工作中所存在的巨大浪费，甚至还感觉只有这样的忙碌才让人更有成就感。现在就让我们从认识浪费开始，和吕新一起来认知精益。

浪费是指一切不增值的活动。精益生产就是不断消除生产过程中存在的浪费，以最小投入实现最大产出。推而广之，凡是组织中的浪费，都是要被"精益"的对象。表 2-1 简单概括了七大浪费的类型及案例中涉及的浪费，也列出了对应的精益工具。

表 2-1 精益生产中的七大浪费

名称	定义	案例中的浪费	扩展思考	对应的精益工具
搬运浪费（Transportation）	不增值，不是以生产为目的的物料移动	1）BB-A1 的产品从组装线被移到不合格区 2）FZ12 的毛坯临时放到原材料仓库门口，后续再进行搬运	1）库存浪费与搬运浪费相互联系。由于存在大量的库存，物料不得不被经常移动 2）部门化生产方式、布局的不合理造成搬运的浪费	1）单元化布局 2）看板拉动 3）精益物流 4）水蜘蛛配料方式
库存浪费（Inventory）	超过客户或者下游工序的需要，包括原材料、在制品以及成品	FZ12 的毛坯有很多库存，没有遵循"先进先出"的原则，造成锈蚀	1）由于业务周期的波动，许多企业在淡季生产大量库存，其理由是：与其让设备、人员空闲，还不如准备一些库存 2）精益的观点：过量的库存会将问题掩盖，是七大浪费之首	1）利用价值流图减少前置期 2）单件流 3）拉动 4）销售和运营管理 5）为每个产品制订计划（PFEP）
动作浪费（Motion）	不增值的"人或机器"的多余动作	员工组装螺母的时候，需要在旁边的橡胶垫上敲打	1）没有经验的管理者容易忽略动作的浪费 2）动作的浪费包括：拿取、传递、保持、走动等。在工业工程中将人体的动作分为 17 个微动作单元，简称动素，并通过动作研究来减少浪费、提高效率以及减少员工疲劳 3）对于设备同样存在动作浪费 4）要找到动作浪费的原因，比如案例中的动作浪费是由原材料问题造成的	1）动作研究 2）时间观测 3）流动 4）多能工培养 5）低成本自动化 6）问题解决：针对问题发生的根源解决动作浪费
等待浪费（Waiting）	人或机器没有工作负荷，没有产出	1）上周五由于设备停机没有完成订单 2）没有毛坯可以使用，有四台设备已经停机	不仅包括因缺料、停机等物料流动方面的原因造成的等待浪费，而且还包括因信息流原因造成的浪费，比如等待指示和命令	1）流动线 2）线平衡 3）快速换型 4）5S 5）均衡化

情景2 BF公司生产部经理的一天——识别并量化浪费

（续）

名称	定义	案例中的浪费	扩展思考	对应的精益工具
过度加工浪费（Over-processing）	不必要的工序或没有增值的多余加工	过度要求BB-A1产品的内孔表面粗糙度	1）不了解客户的真实需要，过度的外观修饰 2）通过对工序的省略、合并、重排或简化来消除过度加工的浪费	1）客户声音（VOC） 2）控制图 3）过程能力指数研究 4）FMEA
过量生产浪费（Over-production）	生产超过客户或下游工序所需要的产品	BB-A1的产品比订单多生产了50件	1）生产者不考虑下游工序的需求，过早、过量生产出当前不需要的产品 2）生产不均衡、布局不合理是造成过量生产的重要原因 3）计件工资是过量生产的制度原因	1）节拍时间 2）均衡化生产 3）流动 4）快速换模 5）拉动
缺陷浪费（Defects）	质量不符合质量要求而产生的返工、返修以及报废等	FZ12的毛坯锈蚀严重，不能使用	不言而喻的浪费	1）客户声音（VOC） 2）自工序完结 3）防错 4）控制图 5）过程能力指数研究 6）FMEA 7）A3报告

除了以上所列举的"七大浪费"以外，《精益模式》一书还将人才潜力没有得到发挥列入浪费，作为第八种浪费。除此以外，如果你仔细观察组织中的活动，还可以列出其他很多管理上的浪费，这些浪费往往是造成生产浪费的管理和制度原因。在上面的案例中，吕新为解决各种异常情况所进行的"沟通""协调"等活动都是管理上的浪费。

我们常常看到许多跨国公司、大型企业一方面因经济低迷要求严格控制成本，另一方面却在世界各地举行区域性的战略、专题会议，高层管理人员飞来飞去，穿梭于机场、会议室、酒店之间；一方面精益生产的改善，另一方面因财务控制、管理控制等原因，让工厂把货发到几百甚至上千公里以外的利润控制中心，然后又把货发回到离生产制造工厂只有几公里路程的客户手里；一方面要求工人提高效率，另一方面却设置了各种庞杂的职能部门而增加了无数沟通、协调以及冲突解决等的管理成本，类似浪费举不胜举。

2. 精益工具是基于工业工程科学

如果想要深刻理解精益的内涵，首先要了解和学习工业工程的有关知识，图 2-1 所示为工作研究的基础工业工程方法，分为方法研究和作业测定两部分。方法研究包括程序分析、操作分析、动作分析，这些方法在进行价值流分析、工序改善、人机联合作业及人员动作改善时是必须使用的基本工具方法。作业测定包括秒表时间研究、预定标准时间、工作抽样及标准资料法，是对方法研究中的内容用时间进行量化的方法，通过时间来了解过程水平及改善程度。

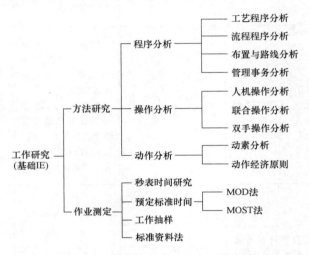

图 2-1　工作研究的基础工业工程方法

在工业工程中，通常把流程中人的工作分成操作、移动、等待、检验四个基本的活动（和人的活动类似，物的活动也分为四类，只是把"等待"变成了"储存"），其实质就是对浪费的识别和消除。后面要学习的价值流图，本质上同样是以工业工程中的"程序分析"为基础的扩展工具，并应用利特尔法则将库存的浪费进行识别，同时增加了对信息流作用的分析。还有准时化中的"流动"，涉及流程选择和设施布置、作业先后顺序图、生产线平衡、动作研究和时间测定等内容，它们在本质上则属于传统工业工程中方法研究和时间研究的范畴。即使看似独有的丰田拉动系统，事实上也是应用了供应链管理中的定量补充模型原理。

将浪费量化

为什么最初大野耐一提出的是七大浪费？事实上，在企业的整个管理中，浪费何止这几种。大野耐一之所以提出七大浪费，最重要的是因为这些浪费都是在现场可以看得见、摸得着的。而管理中的浪费虽然很多（比如"部门墙"造成的沟通浪费），但常常并不是那么容易一眼就可以看到的。

情景2　BF公司生产部经理的一天——识别并量化浪费

下面是肖老师对浪费进行量化和吕新讲的一段话：

"很多人认识了浪费，经过一段时间，甚至可以倒背如流，和他们提起浪费的时候，他们感觉已经厌烦了，因为太熟悉，反而熟视无睹。我辅导过很多企业，一提浪费，员工都知道，结果到现场去看的时候，浪费比比皆是。"

"通常的做法，不要只提感性的概念，而是要把浪费进行量化，看看那些不增值的活动占比是多少，一组简要的数据胜过千言万语的描述。"

"如果你是生产部经理，到车间去观察员工的作业，经过分析，你说员工的等待浪费是多少，告诉生产主管：'你看某某作业工序，员工等待的浪费占了30%，要马上改善'，这个主管就心里有数了，至少不会太排斥，因为数据在那里摆着呢。"

"我辅导过一个企业，到生产车间某个工序进行观察，这个工序有3个员工，领班说他们很忙，现场如图2-2所示。结果我根据录制的视频对员工作业进行了分析，得出的结论是：员工的等待浪费为30%（见图2-3）。有了这样的数据，领班还会说员工很忙吗？所以浪费量化是非常重要的。"

图2-2　某生产车间的工作现场

吕新和肖老师说："我们的生产线情况应该好点吧？"

肖老师回答道："那我们就现地现物去生产线识别一下。"

说干就干，肖老师和吕新选择了机械加工工序。机械加工工序目前是一个人负责两台机器，吕新对这个工人进行视频录像和观察，他发现工人的工作量不大。吕新通过回看观察视频并整理数据做成了饼状图（见图2-4）后一看，他吓了一跳，员工等待的

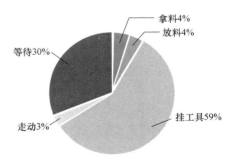

图2-3　浪费分析饼状图

时间占了30%，有了数据就有了依据，下一步工作如何做，吕新准备开始行动……

所有的精益工具本质都是为了消除浪费，在应用这些工具的时候，要学会识别之前的状态，用数据的形式展示，经过改善，就可以知道取得了多大的成果，然后进行前后的对比，这样非常直观、清晰，并且有很好的说服力。

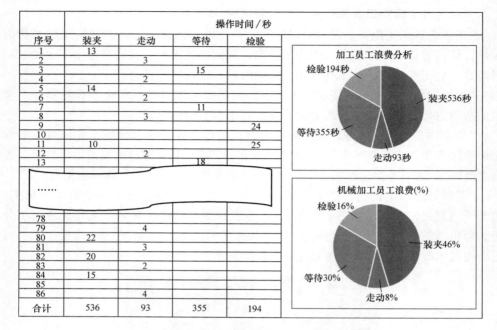

图 2-4 浪费分析结果

使用"5W2H+ECRS 法"发现和消除浪费

了解了浪费的概念，也知道了如何将浪费进行量化，那么接下来要做的工作就是利用"5W2H+ECRS 法"发现和消除浪费。

5W2H 和 ECRS 是进行工作研究、消除浪费最常用的分析技术。

5W2H 虽然是简单的核查表，但已经成为一种常见的思考方法。通过使用 5W 和 2H 的提问方式，不断对现有流程、模式、结构进行观察、审视和发出挑战，找到问题和改善点。ECRS 又叫"改善八字诀"或者"四巧"，是消除（Elimination）、合并（Combination）、重排（Rearrangement）和简化（Simplification）四个英文单词首字母的缩写，它是优化生产布局、改善生产线平衡、提高生产率的基本方法。运用 5W2H 法提出问题，再使用 ECRS 找出优化措施，二者结合就是"5W2H+ECRS 法"，见表 2-2。

表 2-2 5W2H+ECRS 法

5W2H	ECRS	说明
什么事情（What）	消除（Elimination）	对一些细节思考其存在的目的和意义，如果可以直接剔除掉这个流程、步骤、动作，那么就可以消除人力、机械和材料的浪费，这是改善的最高境界
为什么（Why）		

情景2 BF公司生产部经理的一天——识别并量化浪费

（续）

5W2H	ECRS	说明
在哪儿(Where)	合并(Combination)	如果不能消除,则要考虑是否可以对流程、步骤、动作、人员进行合并或者重排,减少作业、检验或者搬运,使工作效率更高、成本更低、消耗更少
何时(When)	重排(Rearrangement)	
谁(Who)		
如何(How)	简化(Simplification)	对细节进行简化处理,使作业更加轻松、便利、安全
多少(How much)	—	造成的影响是多大?比如搬运的距离、走动的距离、拿取的时间、动作的时间等,为了进行之前之后的对比

5W2H+ECRS 法是发现浪费和消除浪费简单而有效的方法,通过应用此方法可以培养自己对现有流程不断批评、挑战和持续改善的习惯。表2-3是简单的5W2H+ECRS 法问题清单。

表2-3 5W2H+ECRS 法问题清单

5W2H	问题	ECRS
什么事情(What) ——主体和对象	1)要做的是什么 2)当前的浪费是什么 3)急需解决的是什么	1)这个组织、流程、会议、规定、步骤、动作是什么 2)可以消除吗
为什么(Why) ——原因和目的	1)为什么设置这样的组织结构 2)为什么这样的流程是必要的 3)为什么设置这样的会议 4)为什么需要这样的审批	
在哪儿(Where) ——地点和位置	1)在哪儿做这项工作 2)从哪儿开始 3)哪儿是瓶颈 4)哪儿最合适	1)有更合适的地点吗 2)在哪儿可以合并、重排
何时(When) ——时间	1)什么时候应该开始 2)什么时候是合适的时间 3)需要在这个时间同时进行吗	1)有更合适的时间吗 2)在何时可以合并、重排
谁(Who) ——责任人	1)谁来做这项工作 2)需要这么多人吗 3)谁更有潜力	1)有更合适的人吗 2)可以合并、重排吗
如何(How) ——方法	1)如何来做这项工作 2)这是最好的方法吗 3)怎样改变可以更顺畅	1)可以对组织、流程、会议、规定、步骤、动作进行简化吗 2)对于动作改善,可以应用四个基本原则进行简化吗
多少(How much) ——影响和花费	1)改善之前造成的影响是多大 2)改善之后的收益是多少	

注：在进行消除、合并、重排和简化的过程中,要注意过程改变对安全、质量带来的影响。

注意：5W2H 和 ECRS 是有对应关系的,"What"和"Why"对应"消除",而"Where""When"和"Who"对应的是"合并"和"重排","How"对应的是"简化"。

在 ECRS 中，消除是改善的最高境界。

马斯克提到第一性原理，是应用"消除"方法的最好例证。第一性原理的大概含义是，从物理学的角度看待世界，也就是说拨开事物的层层表象，看到里面的本质，再从本质一层层往上走。所以，他经常对工程师说"消除"，而不是改善不该存在的东西。

马斯克描述过一个真实的案例，他在生产线上发现车内有三个玻璃纤维垫，盖住了一部分电池组，导致电池组生产线效率低下。他问降噪减振团队，团队成员说是电池安全团队让放进去的，是用来防止电池着火的；他又问电池安全团队，他们说：是用来降噪减振的……（如果你是马斯克，可能先追究谁的责任）。之后他们在两辆车上分别安装了传声器，一辆有玻璃纤维，一辆没有，结果测试后发现两辆车毫无差别。马斯克最后总结到："所以我们费尽心思，只是在为一个不该存在的零件想办法。"然后他们废除了这个纤维垫，生产率大大提高。

如果不能消除，那么就考虑合并和重排。

ECRS 中最后一个方法是简化，简化时通常有四个基本的原则可以参考：

1）尽可能把材料、工具放在动作范围以内最佳的位置，俗称"手边化"。

2）利用重力，比如流利架、倾斜的滑道等实现物料随重力到达操作工的手边。

3）有效地利用双手，将动作平均分配到员工的双手，而不是一只手在工作，另外一只手在空闲和等待。

4）使用合理的工装、夹具，同时为工作提供方便，如将工具进行吊拉，减少员工拿取的动作浪费，另外，把工具尽可能放在离员工较近的位置。

应用 5W2H+ECRS 法，BF 公司在推行精益初期就获得了不少收益，例如，加工工序使用的许多工装、夹具，原来都是放在距离生产线较远的专门的仓库里进行管理，员工每次领用都需要办理相关手续。之后吕新组织大家采用 5W2H+ECRS 法对现有的流程进行挑战和改善，最终把这些工装、夹具放在了加工工序的生产现场，消除了员工在领用过程中的走动、机器等待等浪费。具体的改进过程见表 2-4。

表 2-4 应用 5W2H+ECRS 法改善工装、夹具管理范例

5W2H	问题与解答	ECRS
什么事情（What）——主体和对象	1）要做的是什么？到仓库领用工装、夹具 2）最大的浪费是什么？走动、搬运及人和机器等待的浪费	（消除）专门的工装、夹具仓库
为什么（Why）——原因和目的	为什么这样的流程是必要的？当初的目的是防止丢失和损坏	
在哪儿（Where）——地点和位置	在哪儿最合适？考虑将工装放在生产现场	把工装、夹具存放在生产现场（重排）

情景2 BF公司生产部经理的一天——识别并量化浪费

（续）

5W2H	问题与解答	ECRS
何时（When）——时间	1）什么时候应该开始？<u>制订好相应的管理流程之后</u> 2）什么时候是合适的时间？<u>员工得到新流程培训之后</u>	<u>把工装、夹具存放在生产现场（重排）</u>
谁（Who）——责任人	谁来做这项工作？<u>生产部门、仓库</u>	
如何（How）——方法	1）如何来做这项工作？<u>制定相应流程，规划生产现场区域</u> 2）这是最好的方法吗？<u>第一步把工装、夹具从仓库里移出来放在生产现场；第二步再考虑放置在设备旁边</u>	<u>（简化）采购件入库的确认手续</u>
多少（How much）——影响和花费	1）消除、合并、重排和简化需要花费的成本是多少？<u>制作现场工装、夹具放置架的费用</u> 2）消除、合并、重排和简化带来的收益是多少？<u>按照所有员工计算：减少等待时间180分钟/班；减少行走距离1880米/班</u>	

除了对现场流程优化可以利用5W2H+ECRS法进行改善，对于员工的具体操作同样可以利用该方法进行细节询问，实施改善。吕新和团队对组装工序的员工作业进行录像、作业分解、观察思考，然后做出改善，见表2-5。改善看起来并不是多大，但是从点做起，就形成了线，从线做起，就形成了面，日积月累，会有大的变化！

表2-5 应用5W2H+ECRS法改善范例

序号	工作要素	工序：包装						观测人：ZY				日期：××××-××-××
		5W2H						ECRS				改善措施
		什么事情	为什么	在哪儿	何时	谁	如何	多少	消除	合并	重排	简化	
1	员工打开套着塑料袋的原料箱	√						3秒	√				水蜘蛛配料的时候打开塑料袋
2	拿起钢丝、螺母放入钢丝机												
3	双手按压按钮进行扣压	√						4秒	√				使用脚踏开关，解放双手，需要考虑加感应安全装置
4	拿下穿好的产品，检查螺母转动情况						√	5秒				√	确定标准
5	把合格的在制品放到扣压机上												
6	把成品放到包装盒里			√				1秒				√	调整包装盒的位置
7	拿起封箱器封好包装						√	1秒				√	使用自动胶带机

(续)

序号	工作要素	工序:包装						观测人:ZY			日期:××××-××-××
		5W2H						ECRS			改善措施
		什么事情	为什么	在哪儿	何时	谁	如何	多少	消除	合并	重排	简化	
8	把包装盒贴上标签,放到周转箱里											
9	当包装箱使用完的时候,员工到仓库去拿物料	√						20秒	√				水蜘蛛配料
10	员工在 ERP 系统里进行完工操作						√	5秒				√	简化操作方法

继续推而广之,5W2H+ECRS 法不仅适用于在生产过程中寻找浪费,同样也适用于非生产环节。比如在组织结构优化方面,可以用于消除不必要的部门和不必要的岗位,可以通过简化流程而简化部门职责,还可以通过部门合并而消除工作重叠等。总之,要设置与精益生产体系相匹配的组织架构,因为庞大和多重的组织架构只能带来更加复杂的流程,阻碍"信息流"的正常流动从而造成浪费。

肖老师最后总结到:"5W2H+ECRS 法简单,易于掌握,对后续工具的学习很有指导意义,比如精益工具中的流动,首先考虑的是消除工序当中的'断点',你看是不是用到了消除?如果说不能消除当中的断点,那就要考虑在哪个工序设置先进先出量或者超市,这又用到了重排;再比如说快速换型,先把机内和机外的时间分开,然后尽可能把机内时间转化(重排)成机外时间,再缩短机内时间和机外时间(消除其中的浪费)。所以说 5W2H+ECRS 法其实贯穿在我们整个精益学习和改善的过程当中,如果你掌握了这个基本思想,对精益工具的理解就会更加容易。精益工具本身没有什么高深的,只要学就能学会,重要的是理解了道理马上去实践,所谓知行合一才是硬道理,接下来,就让我们从学习价值流开始吧……"

要点梳理

1. 精益的核心是消除浪费,七大浪费是看得见的浪费。
2. 消除浪费之前要学会将浪费量化。
3. 精益工具与工业工程科学密不可分。
4. "5W2H+ECRS 法"是发现浪费和消除浪费简单而有效的方法,其中"5W2H"用来提问,"ECRS"提供解决思路。通过这个简单的组合方法,培养自己对现有流程不断批评、挑战和持续改善的习惯。

情景 3

价值流图绘制风波——从价值流图开始

这一天，吕新敲开了总经理办公室的门，他准备和总经理谈一谈在精益推行中所遇到的问题，因为在最近的精益活动中，许多工作进展得并不顺利。按照精益推行计划，吕新准备组织各部门人员进行价值流图的讨论和绘制，并提前两天发出了活动邀请。本来定好大家周四下午一点在生产现场集合后观察整个生产过程，可是到了时间，除了自己部门的几个人员以外，其他部门都说临时有事，不能参加。吕新只好和自己部门的几个工程师一起观察现场，然后带着记录的过程数据，回到会议室讨论并绘制当前的价值流图。因为没有其他部门人员参加，也就没有继续讨论将来价值流图和行动措施。

总经理正在和咨询公司的肖老师讨论问题，看到吕新来了，就让他坐下，吕新将自己的问题和总经理做了汇报。总经理听完了吕新的讲述，说："你来得正好，我正准备找你谈谈关于最近公司组织架构调整的计划"。说着打开电脑，向吕新展示目前和将来的组织架构图（见图3-1、图3-2）。

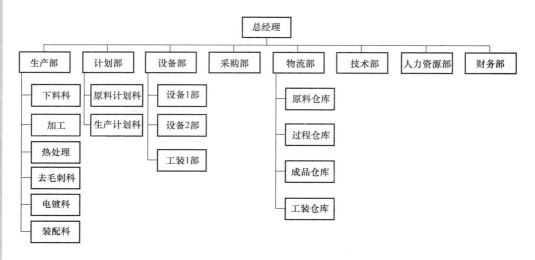

图 3-1　目前的组织架构图

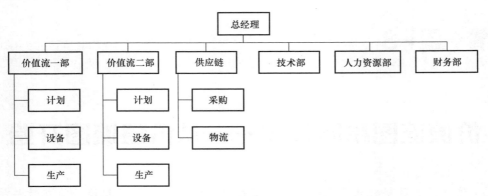

图 3-2 将来的组织架构图

总经理对吕新说:"为了更好地推行精益,我们需要调整目前的组织架构。正如咨询公司的肖老师所说,要按照产品家族来设置价值流部门,由价值流部门负责产品价值的形成整个过程,实现物流和信息流的无障碍流动。这就需要打破原来由单个部门负责单个工序的模式,消除部门之间的界限。不过我们又不能将原来的架构马上全部推翻,需要从一个价值流开始。等到第一个价值流运转成熟,大家看到取得的效果之后,再扩展到另外的价值流。刚刚展示的将来组织架构图,是我们大约一年以后的架构设置规划。现在,我们先成立价值流一部,由你来担任价值流经理,主要负责 BB-A 系列产品的生产。价值流不是只单纯负责生产,而是把生产计划、设备维修的职能也纳入其中,这样部分相关人员会调入价值流部门。同时,过程中的工装管理、在制品库存也会随着精益活动的开展,逐渐由物流部转入价值流部。"

吕新听了总经理一番话,沉默了好一阵子。他觉得整个架构调整计划有点出人意料,总经理这次的动作似乎有点大。尤其是将工装仓库、在制品仓库转移到价值流部的调整,吕新非常不理解。这物料管理可是涉及钱的问题,过去是专人专管,进出库手续严格,每道工序的在制品都需要入库、出库的。肖老师看到吕新一脸茫然,笑着说:"吕经理,没关系的,以后你会明白的。"

最终,吕新接受了总经理的调整建议和价值流部门经理职位。

价值流部门的主要职责是:

1) 负责组织绘制当前价值流图和将来价值流图,并为实现将来价值流图组织团队制定措施并定期进行跟踪。

2) 通过应用连续流动、拉动等精益工具实现整个价值流产品从原物料到成品入库的管理。

3) 制定标准化作业以保持过程作业的高度标准化。

4) 根据客户需求变化,提出设备投入需求,并负责设备的维修及 TPM

活动。

5）创造价值流部门解决问题的文化，并定期组织会议对相关任务和措施进行追踪。

6）负责价值流部门安全、质量、准时交货、生产率、库存及利润等指标，并使用PDCA的方法，对各项指标进行持续改进。

几天后，公司架构和部门职责调整完毕，吕新重新组织大家开始价值流图的绘制工作。

从价值流图识别浪费

1. 价值流和价值流图的定义

价值流是产品在形成过程中，随着信息和物流在工序间的移动而形成的价值流动过程。

价值流图是反映价值流中物料流和信息流整个过程状态的工具。

2. 价值流图的作用

在通常的制造业，过程流程图已经被绝大多数人所熟悉。在推行精益的过程中，价值流图也要成为被熟练应用的工具。通过价值流图，可以宏观上了解整个价值流的形成过程，观察过程中存在的浪费。现在将价值的流动做一个比喻：山上有一个泉眼，不断涌流，最后形成水流，向山下流动。每经过干燥之地，水就会消耗一部分，有时经过大的山石，水流会分叉向不同的干地流去。这样水流在行进过程中不断被消耗，当到达山底的时候，水流已经变得非常小。价值流动的过程就是如此，那些干燥之地和山石正是过程中造成浪费的根源，将价值变得越来越小。永远记得，客户不会关心你究竟设置了多少部门、花了多长时间进行内部信息沟通、准备多少库存完成需要的产品，他们只为产品本身看到的有价值的部分付钱。所以，我们要尽量使过程的产品在工序间顺畅流动，减少中间不必要的环节。

3. 价值流图的分类（见表3-1）

表3-1 价值流图的分类

价值流图的分类	价值流图的状态		关注点
生产型的价值流图	当前价值流图	将来价值流图	物料流和信息流
非生产型的价值流图	当前价值流图	将来价值流图	信息流
扩展价值流图	当前价值流图	将来价值流图	生产型价值流中的物料流和信息流 连接上、下游不同组织间的信息流

价值流图在生产制造领域方面的应用已经为许多人所熟悉，现在也正逐渐在非生产性的辅助职能部门以及其他服务领域被推广和应用。通过价值流图这种简单的

工具，我们可以非常直观地看到管理流程中的浪费，对其进行消除。无论是生产型的价值流图还是非生产型的价值流图，都要首先通过"当前价值流图"识别目前的状态，再通过"将来价值流图"描绘出未来要达到的状态，然后找出两者之间的差距，并制定行动措施来逐渐缩小它们之间的差距。

价值流图的作用：

1）作为精益改善的通用语言在成员间进行交流。
2）展示整体信息流和物料流相结合的关系。
3）帮助看到过程流动中的障碍。
4）识别过程中的浪费。
5）发现改善点。
6）描绘未来要达成的精益目标和状态。
7）为企业向精益企业转变提供指引。

产品家族和产品家族矩阵

确定产品家族是绘制价值流图的基础。产品家族是指经过相似加工工序和共同设备的一组产品系列。确定产品家族一般是从价值流的终端客户返回内部客户，然后再到内部的加工工序。例如，一组物料，可能经过几个相同的工序，但是在离客户最近的组装工序，被不同的组装单元组装成不同客户应用的不同产品。我们可以根据客户的不同，分别定义不同的产品家族。

产品家族矩阵是通过矩阵的方式区分产品家族的图表。表 3-2 是 BF 公司产品家族分类矩阵，纵列是按照不同客户确定的 8 条生产线，矩阵顶端横列是生产过程步骤。

表 3-2 BF 公司产品家族分类矩阵

产品	工序					
	切断	加工	去毛刺	热处理	表面处理	组装
BB-A 系列		√	√		√	√
BB-B 系列		√	√		√	√
BB-C 系列		√	√		√	√
BB-D 系列	√	√	√		√	√
BB-E 系列	√	√	√		√	√
HB-A 系列		√	√	√	√	√
HB-B 系列		√	√	√	√	√
HB-C 系列		√	√	√	√	√

完成产品家族矩阵之后，将工序的生产制造周期时间填到所经过的工序上，然后计算总的工序生产周期时间。如果总的工序生产周期时间超过 30%，即使工序

步骤相似,也需要考虑决定形成另外的产品家族。

BB-A 系列和 BB-B/BB-C 系列工序尽管工艺步骤相同,但由于加工周期时间的差异较大,所以将 BB-A 系列作为单独的一个产品家族,见表 3-3。

表 3-3　BF 公司产品增加工序周期时间后的家族分类矩阵　　（单位：秒）

产品	工序							平均值	绝对差异	家族分类
	切断	加工	去毛刺	热处理	表面处理	组装	总生产周期			
BB-A 系列		120	16		5	26	167		49%	√
BB-B 系列		360	12		5	22	399	324	23%	√
BB-C 系列		370	12		5	22	409		26%	
BB-D 系列	195	250	20		5	22	492	470	5%	√
BB-E 系列	200	200	20		5	22	447		5%	
HB-A 系列		125		300	5	10	440		4%	√
HB-B 系列		130		310	5	10	455	458	1%	
HB-C 系列		135		330	5	10	480		5%	

根据产品矩阵,完成产品系列分类,再进一步进行 P-Q 分析。所谓 P-Q 分析,就是通过产品型号和产品数量的分析,找到数量占比较高的那个产品族或者系列。BF 公司产品销售情况见表 3-4,再利用 Excel 中的组合柱形图（与做帕累托图的方式相同）做出 P-Q 分析,如图 3-3 所示。

表 3-4　BF 公司产品销售情况

型号	年销售数量	累积数量	累计百分比(%)
BB-A 系列	503360	503360	44
BB-B 系列	202812	706172	62
BB-C 系列	142264	848436	75
BB-D 系列	103420	951856	84
BB-E 系列	76370	1028226	90
HB-A 系列	64215	1092441	96
HB-B 系列	23186	1115627	98
HB-C 系列	22523	1138150	100

由于 BB-A 产品的客户需求相对稳定,销售份额也较大,所以大家决定先从 BB-A 这个系列开始作为精益生产开展的试点。同时,结合公司之前的生产结构和工厂布局,吕新所负责的价值流部门,还包含 BB-B/BB-C/BB-D/BB-E 的其他系列产品,等到 BB-A 系列产品的精益活动取得一定进展之后,再逐渐向其他系列扩展。

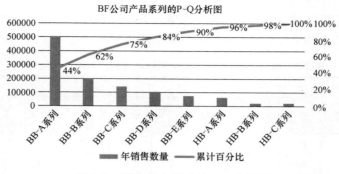

图 3-3　BF 公司产品系列 P-Q 分析图

绘制当前价值流图的要点

1. 价值流经理组织团队绘制价值流图

价值流经理亲自主持价值流图的绘制。这项工作必须是团队活动，团队的成员要来自于不同部门，共同参与价值流图的绘制和后续改进措施的制定。很多时候，我们看到价值流图是由价值流经理委托给工程师，工程师则自己在电脑里进行想象绘制。这种脱离现场、脱离团队而制作的价值流图是毫无意义的，因为价值流图的作用就是使团队共同了解现状，共同决定改进的方向。绘制价值流图时，团队成员一定要到现场获取第一手的数据资料，对库存实物进行清点，而非依赖 MRP 系统，并且尽可能在现场识别更多现场存在的浪费和问题。另外需要注意，价值流图是信息流和物料流在整个产品价值形成过程中概貌展示，所以，没必要过分追求数据的精准而影响价值流图绘制的进展。绘制价值流图时，提倡手工绘制，而非借助于电脑，这对流程的理解和讨论很有帮助。

图 3-4 是 BB-A 当前的价值流图。

2. 正确使用通用的价值流图标

（1）信息流图标　对于信息流部分，最常用的图标见表 3-5。

表 3-5　价值流中的信息流图标

图标样式	图标解释
电子信息流	电子信息方式或在线的信息模式
手工信息流	生产计划、电话等
生产计划 MRP 过程盒	区域的信息流动的过程，小盒子内显示的是所应用的信息技术

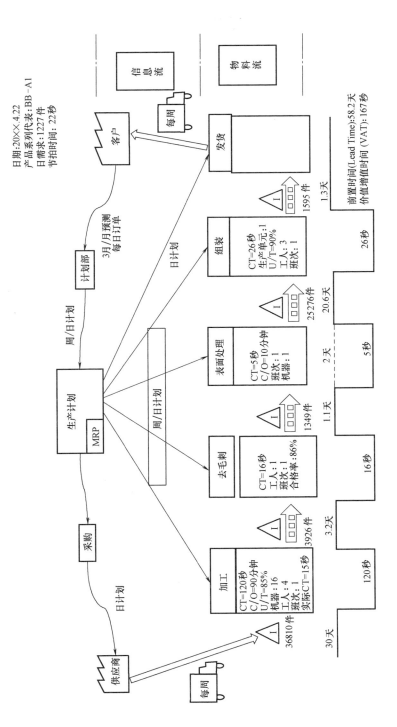

图 3-4　BB-A 当前的价值流图

（2）物料流图标　对于物料流部分，最常用的图标见表 3-6。

表 3-6　价值流中的物料流图标

图标样式	图标解释
外部资源	客户或供应商
库存（I）	在图标的下方要标明库存的数量和所计算出的天数
运输	要标明运输的频次
加工／数据盒	用来表示过程及过程包含的信息 ・周期时间（CT） ・换型时间（C/O） ・设备利用率（Uptime） ・产品一次合格率
推动箭头	表示信息和物流以推动的方式进行，不考虑下游工序是否需要
均衡化	均衡化生产
物料移动符号	原料或产品的移动
增值不增值	凸起代表不增值，凹下代表增值

3. 注明价值流图绘制时间和具体代表的产品型号

价值流图绘制完毕后，一般来说每三个月要重新进行价值流的回顾和绘制，所以标明时间便于进行时间跟踪和归档保存。另外，价值流图也要写上可以代表产品家族的一个具体型号。

4. 当前价值流图要标明客户需求的节拍时间

节拍时间（Takt Time）= 每天可利用时间/客户每天需求量

每天可利用时间 = 总工作时间 − 计划停机时间 − 其他非生产时间（如班会、5S 等）

客户每天需求量是指客户每天实际需要的数量（注意：没有过度生产，是客户驱动的实际需求）。

5. 工序的周期时间和实际的工序周期时间

在价值流图的数据盒中，标明了每个工序周期时间的数据。周期时间英文是 Cycle Time，简称 CT，是指产品在工序中经过的时间，也就是产品从开始经过某工序所有工作步骤到重复下次同样动作之前的时间。工序的周期时间由设备的加工时间或者工人的动作时间决定。当设备的台数和作业单元有多组或多台时，为了便于了解价值流工序的平衡状况，把实际的周期时间写在数据盒里。例如，BB-A1 价值流图中的加工工序，因为是一组（两台）设备分别加工一个零件的两部分，其中较长的加工周期时间是 120 秒，同样的设备有 8 组，所以实际周期时间 = 周期时间/设备台（组）数 = 120 秒/8 = 15 秒。

6. 价值增值时间和前置时间

在价值流图的下方，是一个梯状的图形，写在梯形凹陷部分的数据是工序的增值时间，是指工序的周期时间。把工序的周期时间相加就是价值流的价值增值时间，英文是 Value Added Time，简称 VAT。客户只为增值的部分付钱，并不关心非增值的时间。

写在梯形凸起部分的是非增值时间，以此强调过程中的浪费。把所有的非增值时间相加就是前置时间，英文称为 Lead Time，又叫生产周期时间，其计算公式为

$$前置时间 = 存货数量 \times 节拍时间$$

根据节拍时间的计算公式，可以得到

$$前置时间 = 库存数量 / 客户每天需求数量$$

这个公式来源于利特尔法则，通过计算，把库存用时间进行量化。

库存数量是指原材料、在制品和成品的库存数量。

价值流中的前置时间与通常意义上的交货期的概念不同。交货期（Order Lead Time）是指客户从下订单到工厂发出产品的时间；而价值流中的前置时间（Lead Time）是指按照推动生产的模式，基于生产过程中库存量而计算出的产品在过程中的停滞时间，这是精益生产的概念，其意义是关注整个价值流中的库存状况。

将来价值流图的绘制和应用

将来价值流图告诉我们价值流未来发展的方向和状态。完全实现将来价值流图的目标可能需要较长的时间，所以要在将来价值流图上标明预估的实现日期。

将来价值流图和目前价值流图一样，需要使用一样的语言，所以继续来介绍其常用图标及使用规则，见表 3-7。

表 3-7 将来价值流图所使用的常用图标及使用规则

图 标 样 式	图 标 解 释
看板以批次移动	看板不是单张移动,需要累积到一定批次
领料	用来表示下游工序超市领料
超市	可控的库存 当产品被消耗时,触发信号给上游工序进行生产,通常图标的开口部分要朝向上游工序
看板收集盒	看板在传递之前,被收集到一起所放的盒或板
← FIFO →	物料在工序之间按照"先进先出"原则进行流动 要求注明工序间所允许的最大量

绘制和应用将来价值流图时,需要遵循八点原则。用一句话来概括,就是:为满足客户的节拍时间,确定相关成品策略,在节拍工序下达单点计划,以最小生产单位时间安排不同产品的均衡化生产,过程的生产原则是优先流动,其次拉动,并通过制定行动措施实现精益生产模式。这八点原则中,前七点是将来价值流图的绘制原则,最后一点是保证其实现的关键。

(1) 原则之一:节拍时间

节拍时间=每天可利用时间/客户每天需求量

和当前价值流图一样,需要根据将来产品家族的客户需求量,计算节拍时间(TT)。如果节拍工序的生产节奏和客户的节拍相一致,既不超前也不落后,也就是说当客户需要的时候刚好生产出来,这就是精益生产所追求的准时化生产的完美状态。

(2) 原则之二:成品策略 尽管产品家族中所包含的产品工艺步骤相似,工序周期时间相近,但客户的需求会有大的差异,所以需要对产品进行需求分析。一般来讲,数量较大、需求稳定的产品需要设立库存,其成品策略称为按照库存生产(Make to Stock);而数量较小、需求波动较大的产品则不需要建立库存,其成品策略为按照订单生产(Make to Order),如果在装配前建立半成品库存,其成品策略就变为按照装配生产(Make to Assembly)。这就决定了不同产品不同的生产组织方式。经常在一个价值流中,生产组织的模式是按照库存和按照订单的混合式生产模式。关于成品策略具体的确定方法,在情景5中进行详细的介绍。

(3) 原则之三:确定节拍工序实现单点计划　在以传统模式管理生产的大多数企业中,生产计划部门通过 MRP 系统控制生产的各个环节,从原材料、生产过程一直到成品发货。当收到客户订单时,MRP 系统就会根据系统内物料的基础数据,自动计算出原材料、半成品以及成品的需求,至于生产现场是否立即需要,MRP 系统无法判断。

在精益生产模式下,首先确定节拍工序(Peace Maker),并且只在节拍工序下达生产计划,然后通过流动或拉动的方式由实际的客户(包括下游工序)自动触发物料和生产需求,而非依赖 MRP 系统。

节拍工序的选择一般是最靠近客户端的工序,节拍工序之后的生产方式是连续流的生产方式。

(4) 原则之四:均衡化生产　均衡化生产(EPEI 或 EPEX)就是按照一定的间隔时间,均衡地轮流生产不同型号和数量的产品。通过均衡化生产,可以有效满足客户需求,避免大批量生产造成库存的浪费、人力的浪费和交货期的增加。

举一个非常简单的例子说明大批量生产和均衡化生产的不同:假设组装工序组装 A、B、C 三种不同类型的产品。

A:△

B:〇

C:□

组装工序的生产能力是每天生产 9 个产品,产品生产方式是批量生产,也就是每次生产 9 个 A,再生产 9 个 B,再生产 9 个 C,如此循环生产。客户的要求是一次同时拿到 A、B、C 三种产品,每天的需求是 3 个 A、B、C 的组合,那么,客户在第 3 天才可以拿到货。

经过改进,按照均衡化生产方式一,组装线可以每天组装 3 个 A,然后切换组装 3 个 B,再切换组装 3 个 C,那么客户在第 1 天就可以拿到货。

经过再一次的改进,按照均衡化生产方式二,组装线可以每天依次以 ABC、ABC、ABC 的方式进行组装,那么,客户 1/3 天就可以拿到货。这三种生产方式的比较结果见表 3-8。

表 3-8　批量生产和均衡化生产方式一、二交货期对比表

生产方式	生产顺序	最大库存	交货期
批量生产	△△△△△△△△△ 〇〇〇〇〇〇〇〇〇 □□□□□□□□□	27 个	3 天

(续)

生产方式	生产顺序	最大库存	交货期
均衡化生产方式一	△△△○○○□□□	9个	1天
均衡化生产方式二	△○□△○□△○□	3个	1/3天

与批量生产方式相比,均衡化生产方式一在库存降低和交货期缩短方面,带来大约67%的改善;均衡化生产方式二,在库存降低和交货期缩短方面,则带来大约89%的改善。没有使用特别的方法,就收到了非常明显的效果。

当然刚才举的例子比较简单,实际的生产状况要复杂得多,在情景4中,会以BB-A系列产品为例,详细介绍有关均衡化生产的内容。

(5)原则之五:最小生产计划安排时间(Pitch)

最小生产计划安排时间=节拍时间×包装数量

在均衡化生产模式下,理想的状态就是按照最小生产计划安排时间安排生产不同的产品。但是,由于换型时间、生产安排的实际限制、物料流转等因素的影响,最终的最小生产计划安排时间需要扩大一定的倍数(n),所以最小生产计划安排时间的公式就需要调整为

最小生产计划安排时间=n×(节拍时间×包装数量)

根据公式,案例中不同情况下最小生产计划安排时间的计算结果见表3-9。

表3-9 均衡化生产模式下的最小生产计划安排时间

生产方式	生产顺序	最大库存	交货期	最小生产计划安排时间
批量生产	△△△△△△△△△○○○○○○○○○□□□□□□□□□	27个	3天	批量生产无此概念
均衡化生产方式一	△△△○○○□□□	9个	1天	1/3天
均衡化生产方式二	△○□△○□△○□	3个	1/3天	1/3天

通常使用均衡化目视看板,按照最小生产计划安排时间,把需求进行分解安排生产,同时也决定了物料配送和拿取成品的频次,如图3-5所示。通过这种均衡化的生产方式,可以及时了解生产状况以及对客户的发货情况,而非等到3天以后。

(6)原则之六:流动 流动是指在生产工序之间产品以一个或尽可能小的量连续移动。流动的理想状态是单件流,也就是常说的制造一个移动一个(Make one,Move one)。

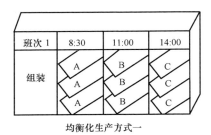

均衡化生产方式一　　　　　　　　均衡化生产方式二

图 3-5　均衡化目视看板

注：11：00 到 14：00 有 30 分钟休息时间。

下面通过一个简单的例子说明流动带来的效果。假设 A 工件的加工工序有 3 个步骤：工序 1、工序 2 和工序 3，每个零件在各个工序的加工周期时间为 1 分钟，如果加工 10 个零件，按照批量加工的方式（见图 3-6），每个工序加工完 10 个以后再移动到下一工序，那么，10 个零件变成成品所需要的时间就是 30 分钟。

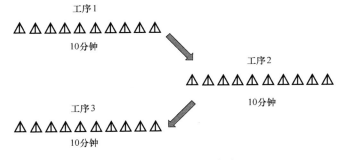

图 3-6　批量加工的方式

如果采取单件流的方式，也就是每个工序加工完一个产品就移动到下一工序，那么所需要的时间就只需要 12 分钟。道理很简单，只有第一个零件会经过 3 分钟时间变成成品，其他 9 个零件，每隔 1 分钟就会有 1 个成品被生产出来，所以推动的生产方式和流动的生产方式效果完全不同，从 30 分钟到 12 分钟，交货周期降了 60%，过程在制品也从 10 个降低到 3 个，降低了 70%。

单件流的生产模式是精益生产的理想状态，它受生产线布局、工序平衡、工序生产等许多因素的制约，所以在实际的生产状况下，很多时候很难实现单件流，但是，工序间的无间断流动始终是我们追求的目标。除了单件流以外，先进先出（FIFO）也是实现工序间连续流动的一种方法。以客户需求拉动生产的整个价值流动来看，先进先出是属于顺序拉动的一种模式（在情景 4 中有详细的说明），但是如果单就不同工序之间的平衡来讲，我们更愿意把先进先出看作是近似连续流动的一种方式。

当工序间的产能不匹配，无法实现单件流，同时下游工序的换型不是主要问题的时候，考虑一个最小可能批量流动的方式就是先进先出，如图 3-7 所示。

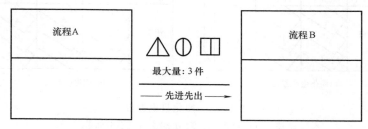

图 3-7　先进先出的连续流生产方式（1）

先进先出的特点：

1）通过先进先出的管理方式，定义了上游生产工序和下游需求工序间的最大库存量，一旦库存超出限制要求，说明下游工序出现异常，上游工序需要停线查找原因。

2）先进先出决定上游加工顺序，即必须按照"先进先出、先流动先生产"的原则执行。

下面讨论工序间的最大库存是如何决定的。

方式一：WIP 数量 = 下游工序 CT/TT。

方式二：下游工序一个班的需求量。

方式三：计算上、下游工序产量波动绝对值的标准偏差，然后取 2 倍标准偏差。

例如，上游工序的标准产量是 100 件/天，每天完成的产量为：98、99、102、85、110，那么，标准偏差可以计算为：$s = \sqrt{\dfrac{\sum_{i=1}^{n}(x_i - \bar{x})^2}{n-1}} = 9$，2 倍的标准偏差是 18。用同样的方法计算下游工序的产量绝对波动标准偏差，然后乘以 2，假设得到的值是 20，那么，工序间的最大库存就是 38 件。在实际操作中，平均的日需求可以取 30 天的数据作为计算基础。

方式四：如果是组合工序，分别计算不同工序的 FIFO 最大量，同样计算上游工序产量波动绝对值的标准偏差之两倍，再加上下游工序的生产间隔周期时间（EPEI）乘以下游工序的平均日需求。

例如，对于流程 A，其 2 倍标准偏差值为 20，下游工序对 A 的日需求是 20，每 3 天需要一次 A，这样得出 60，最后计算 A 的 FIFO 最大量为 80，如图 3-8 所示。

为了保证 FIFO 的有效运行，经常使用 FIFO 通道以确保工序产品的流动和强制限制库存，且有清晰的标准化作业和目视化管理。

（7）原则之七：拉动　通过下游工序触发上游工序生产的一种生产方式。在拉动的生产方式下，上游工序的生产指令，不是来源于计划控制部门，而是来源于

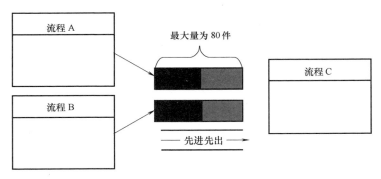

图 3-8　先进先出的连续流生产方式（2）

下游工序的消耗信息，这些信息的传递依靠生产看板来实现。

从图 3-9 中可以看到，当客户需求产品时，通过看板信息传递到流程 B，流程 B 按照客户的消耗情况开始生产，补充所消耗的量。然后依次向上游工序拉动，这种生产方式构成整个价值流的拉动系统。

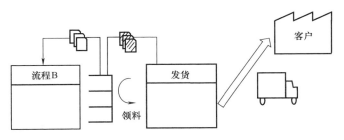

图 3-9　拉动生产方式

在进行价值流生产工序设计时，不是所有的工序都需要建立超市，也不是所有工序都可以实现流动，更多的情况是工序间流动和拉动相互结合式的生产方式，如图 3-10 所示。

在流动和拉动的运用和选择上，吕新和团队讨论了很长时间，有的人说流动比拉动好，有的人说没有拉动，就没有看板，就没有丰田生产模式。

对于如何选择流动和拉动，BF 公司是按照以下原则执行的：

1）可以流动，就要流动。

2）流动的理想状态是单件流，当难以实现单件流时，可以采取以尽可能小量的先进先出模式创造近似单件流的不间断流动模式。

3）当面临原材料采购周期、较长时间的换型、停机、质量缺陷、需求波动以及交货周期等问题时，需要考虑拉动。不过要记住，拉动需要建立超市，超市是库存，有库存的地方就是浪费，需要不断改善，减少超市数量。

单件流、先进先出（FIFO）和拉动的区别见表 3-10。

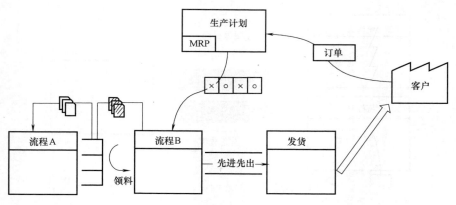

图 3-10 工序间流动和拉动相互结合式的生产方式

表 3-10 单件流、先进先出（FIFO）和拉动的区别

方式	信息流	物料流
单件流	信息流是从前工序到后工序	1）从上工序到下工序 2）生产一件移动一件
先进先出 （FIFO）	信息流是从前工序到后工序	1）按照先进先出（FIFO）的方式小批量移动，规定了工序间最大量的限制，有空间就生产，如果没有空间，上工序就立即停止生产 2）小批量流动通常是指工序间的转运、移动，并不适合原材料和成品（注意：质量管理体系或者库存管理要求的所谓先进先出规则仍然适合）
拉动	信息流是从后工序到前工序	1）上工序根据看板的数量进行生产 2）上工序和下工序间以超市的方式决定库存规模，超市位置不一定在工序间，最优是靠近生产线，但也可能是在离生产线较远的位置 3）通常通过水蜘蛛从超市取料配送到生产线 4）管理超市遵守的先进先出原则与精益中的 FIFO 不是一回事 5）拉动对原材料、半成品和成品都适用

基于绘制将来价值流图的前七个基本原则，吕新和他的团队完成了 BB-A 产品族的将来价值流图，如图 3-11 所示。

（8）原则之八：针对将来价值流图制定行动措施　将来价值流图确定之后，对比当前价值流图，接下来的工作就是制定行动措施来保证实现将来价值流所描绘的目标，这就进入最后的第八条原则——针对将来价值流图制定行动措施。

基于当前价值流图，尽管识别出了许多问题点，但并不是所有的问题可以全部解决掉，需要循序渐进。可以优先选择不超过 3 个问题点，然后列出详细的改善行动计划，分时间、分阶段地去推进。

对比将来价值流图所描绘的状态，从当前价值流图中挑选出优先解决的 3 个问题（见图 3-12），制订行动计划，实施改进：

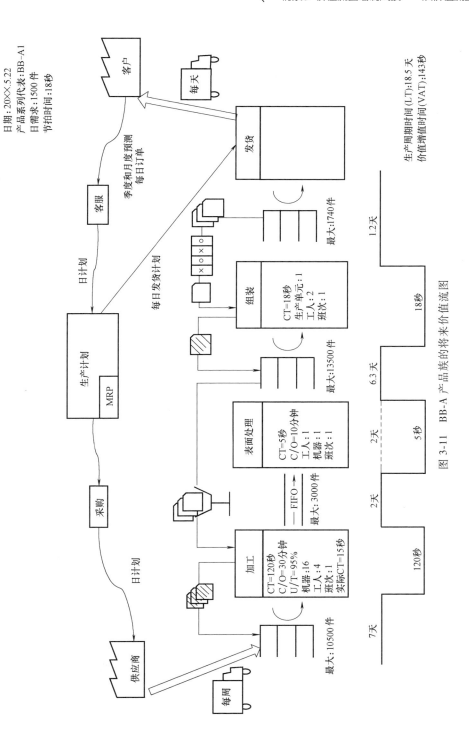

图 3-11 BB-A 产品族的将来价值流图

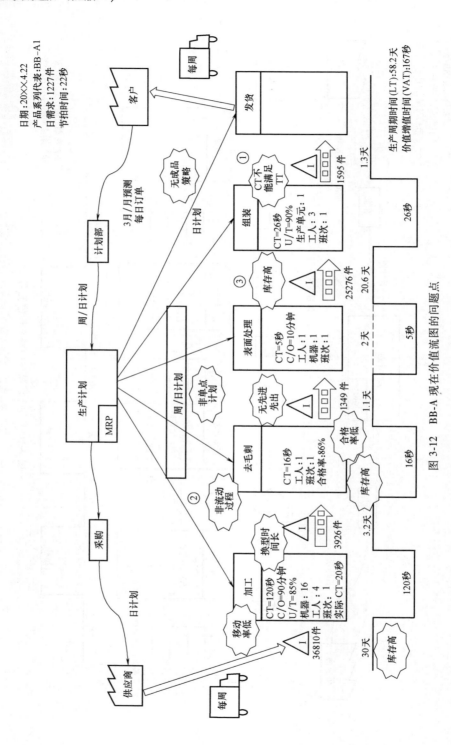

图 3-12 BB-A 现在价值流图的问题点

① 组装工序的 CT 不能满足 TT 的要求。
② 加工工序到表面处理工序的非流动（推动）过程。
③ 表面处理和装配工序之间 20.6 天的库存。

接下来让我们一起随着 BF 公司开展的精益活动，深入了解如何通过流动和拉动的精益方法，解决和改善①、②、③这三个问题。

复杂价值流图的处理方式

当一个产品有多条支线时，这个价值流图绘制就较为复杂，那么怎么绘制较为复杂的产品系列的价值流图呢？

1）对于具有多个部件的产品，选择关键零件的工艺路径，否则价值流图可能会变得很复杂，对于初学者来说，困难会大大增加。

2）关键路径是指最长的那条分支生产线，可以利用工艺流程图进行辨识和选择，如图 3-13 所示，可以选择工序 A、工序 B、工序 C、工序 5 和工序 6 这条最长路径的路线作为绘制价值流的切入点。

3）对于共用工序之前的库存，可以先统计其之前的所有零件，较粗略地处理，为减少工作量，不要按照比例去分摊。

4）对于共用工序的周期时间（CT），可以根据该工序生产产品系列的数量，计算产品系列零件的加权平均周期时间作为该共用工序的 CT 值。

5）如果共用工序之后有许多已经完工的在制品等待移动，可以只统计这个产品族内的产品作为在制品库存。

6）当完成了主要分支的价值流图绘制后，可以逐步把其他分支进行引入。

价值流图绘制的目的是为生产线的改进提供方向，当完成分支价值流的时候，就可以按照价值流的 8 个原则，去设计将来价值流的变革。

在进行价值流变革的时候，最好能把这个系列所涉及的产品工序（尤其是涉及的设备）集中到一起，不然不同系列产品交织在一起，很难完成一个真正意义的价值流，从而产生较大的挫败感，导致精益改革失败！

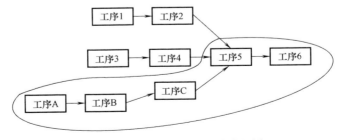

图 3-13 某系列产品的工艺流程图

建立价值流跟踪中心

价值流跟踪中心就是展示价值流活动情况的工作展示板。价值流跟踪中心的内容包括：当前价值流图、将来价值流图、改善计划和措施、关键绩效指标以及解决问题的 A3 报告等。BF 公司的价值流跟踪中心如图 3-14 所示。

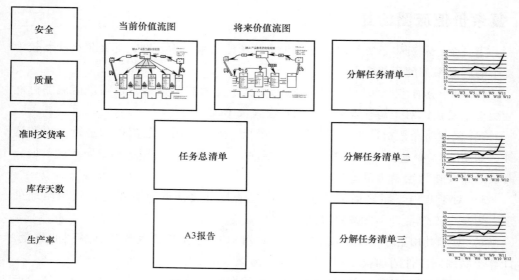

图 3-14 BF 公司的价值流跟踪中心

对于价值流跟踪中心的管理，制定了明确的标准：

1) 展示价值流图。将当前价值流图和将来价值流图放在一起，起到显著对比的作用，可以清楚了解现在的状况与将来的计划还有多大的差距。

2) 对改善点制订改进计划和措施。识别出改善点（用爆炸点的方式将所有的浪费爆炸出来）之后，就要制订详细的改善计划，例如，上面提到的①、②、③项（可以用不同的颜色标识），吕新和他的团队制订了详细的行动计划，并使用趋势图（与标识问题点的颜色相一致）来展示措施的有效性和改进的效果。趋势图的目标值不是一条直线，而是根据时间推移目标逐步变化的折线图。

3) 绩效指标的跟踪。每个价值流都有自己的分解绩效指标，例如，安全、质量、准时交货率、库存天数、生产率等。把绩效指标放在价值流的跟踪中心是非常重要的，通过绩效指标反映在实现将来价值流状态过程所带来的改善结果，随着指标的不断改善，团队士气越来越高，大家也会很快感受到精益的魅力。

4) 定期更新价值流跟踪中心。将来价值流图一年更新一次；当前价值流图一个季度更新一次，以便了解价值流改进的情况，并识别和选择新的改善点；绩效指标一周更新一次，如果连续几周没有达到标准，可以触发 A3 报告（在情景 6 中会详细介绍如何使用 A3 报告解决问题）。

5）确定周期回顾价值流中心状况的会议。价值流经理每周要组织团队成员（不只是价值流部门的人员）对价值流中心的内容进行回顾，包括绩效指标、是否触发 A3 报告以及上次问题解决措施追踪、爆炸点的改善进展情况等，时间一般要控制在 30 分钟以内。

6）完成一个系列产品的价值流转型之后，可以从另外一个价值流开始继续改进。

7）完成全部价值流转型之后，可以用价值流跟踪中心监控运营绩效，持续改善，这不是一成不变的。

要 点 梳 理

1. 可以从价值流图这一精益工具开启精益之路，因为通过价值流图，可以宏观了解整个价值流的形成过程，观察过程中存在的浪费，然后选取优先改进项目实施精益改善。

2. 按照类别，价值流图可以分为生产型价值流图、非生产型价值流图和扩展价值流图；按照状态，价值流图可以分为当前价值流图和将来价值流图。

3. 绘制生产性价值流图前首先要进行产品家族分类，分类时既要考虑生产工艺路线的相似性，又要考虑生产过程总周期时间的差异。

4. 生产性"当前价值流图"的绘制要点：价值流经理组织团队绘制、正确使用图标、标明绘制时间和产品族代表型号、计算当前的节拍时间、确定工序的周期时间并基于"多机台"情况标注实际工序周期时间、标出价值增值时间和前置时间等。

5. 生产性"将来价值流图"绘制和应用的八点原则：为满足客户的①节拍时间，确定相关②成品策略，在③节拍工序下达单点计划，④均衡化生产，以⑤最小生产单位时间安排不同产品，过程的生产原则是优先⑥流动，其次⑦拉动，并通过⑧制定行动措施来实现这样的精益生产模式。这八点原则中，前七点是将来价值流图的绘制原则，最后一点是保证其实现的关键。

6. 复杂价值流的处理方式。

7. 建立价值流跟踪中心，其主要内容包括：当前价值流图、将来价值流图、改善计划和措施、关键绩效指标以及解决问题的 A3 报告等；其主要作用是：定期回顾价值流的改善以及指标的变化状况，并及时进行措施的制定和跟踪。

推动生产模式下的BB-A生产线——
"流动"消除过程中的浪费

现在的BB-A价值流生产线的生产方式是典型的推动生产模式。让我们了解一下每天实际发生在BB-A价值流生产现场的状况，在那里，各种动作的浪费、搬运的浪费、过程库存的浪费无处不在。

- 辛苦工作的组装操作者

组装线的操作者每天需要加班至少2小时，经常发生的状况是，仓库人员要给客户备货了，但许多产品还没有组装入库，装货的物流车辆只好在仓库外延时等候，少则1小时，多则4小时，有的时候实在等不及，只能延迟交货，遇到客户紧急需求，不得不通过快递或者空运的方式满足客户要求；而有的产品又比客户实际的订单需求多生产，装车之后剩余很多。

- 忙碌的现场班长

加工工序和修边工序是两个不同的工序，有各自独立的工作区域，由不同的班长负责管理。当初设置这样的流程，是为了集中管理，专人修边，保证加工后产品外观的效果和质量。每天加工后的产品被集中送到修边工序，去除毛刺之后，再统一运送到表面处理工序。

表面处理工序比较特殊，虽然工序产能很大，但是每次产品的处理时间比较长，需要16小时。由于修边工序和表面处理工序分别属于两个车间，生产计划各自独立，工序间缺少信息沟通，所以，现场堆积了很多待处理的零件，由于过程在制品数量多，因此现场物料摆放混乱，找不到物料的情况时有发生。

几个工序的领班主要的工作是协调工序间的生产，安排物料处理顺序，另外就是寻找物料，当组装工序缺料需要紧急安排生产时，领班们通常能够拨云见日，化解难题而找到物料，所以，吕新认为领班起着很重要的作用。

- ERP的困惑

BF公司生产的产品有4000多种。由于品种繁杂、数量较大，靠人工难以管理，所以，他们早在5年前就应用了ERP软件系统。通过这个系统，BF公司在订单管理、成本控制、原物料需求等方面的管理有了非常大的改善。但是，对于生产计划安排，ERP 的主要功能是生成生产工单（Work Order），至于如何具体安排每天的生产计划则无能为力。因此，计划员还需要通过另外的 Excel 表格进行生产计划安排，这样的生产计划也不能完全指导现场的实际生产，因为计划员并不了解现场时刻发生的情况，如机器故障、质量问题、人员缺勤、机器换型等，所以，即使计划员工作已经非常辛苦和严谨，还是需要现场班长协调具体的生产和计划安排。

生产周期时间真的不能满足客户节拍吗

组装工序总共有 8 条生产线，是以人为主的作业工序，工序使用的是小型设备。组装 BB-A 系列产品的组装线只有一条，其布局如图 4-1 所示。这条组装线一共有 3 个操作者，组装线的所有工作台都是直线形排列，工序之间放置很多周转箱，前一个操作者完成一部分半成品后，放入周转箱，转移到下一个组装工序。作业者除了进行组装外，还需要自己到仓库领料。

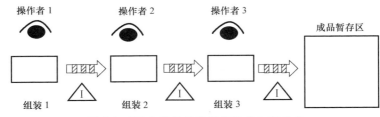

图 4-1　BB-A 产品组装线推动式生产方式

为了了解客户需求和实际产能之间的差异，我们先从计算客户节拍和周期时间开始，然后通过单元化生产模式实现组装线工序的连续流动，提高组装线的生产率。

1. 计算节拍时间（Takt Time，TT）

在情景 3 中学习了节拍时间的计算公式：节拍时间 = 每天可利用时间/客户每天需求量。根据节拍时间的数据，可以了解客户的需求，其单位是秒/件。BB-A 价值流中节拍时间的计算方法：组装操作者每天上班的时间是 8.5 小时，扣除 30 分钟的吃饭时间、10 分钟的 5S 时间以及 20 分钟的休息时间，实际可利用的时间是 7.5 小时×3600 秒/小时 = 27000 秒，客户对 BB-A 系列产品的日平均需求量是 1227 件，得到

节拍时间 = 27000 秒/1227 件 = 22 秒/件

所以，对于 BB-A 系列产品，22 秒/件就是客户的需求节拍。在精益生产准时化的概念里，每个工序的实际生产周期时间不落后也不提前，正好满足这个节拍的时间就是最理想状态。

2. 确定生产周期时间（Cycle Time，CT）

周期时间是指产品在工序中经过的时间，也就是一个产品经过该工序所有工作步骤

到下一次开始重复动作的时间。组装工序是以人员作业为主的工序，因此，周期时间由操作者的动作时间决定，其中动作时间最长的操作者决定工序的最大生产能力。

目前，BB-A装配线的产量情况是，每天7.5小时的工作时间里只能完成934件产品，这样计算每件产品的生产时间大约为26秒（由于没有建立标准化作业，所以26秒的CT只是一个粗略的计算，计算公式为7.5小时×3600秒/小时×0.9/934件＝26秒/件），而目前客户的节拍时间是22秒/件，不能满足客户要求，因此，每天需要安排至少2个多小时的加班。

那么究竟目前组装工序存在哪些问题？有哪些改善机会？2个多小时的加班是否合理？现在我们就要从确定真正的工序周期时间开始。

（1）什么是工作要素（Work Elements）　在现场操作者操作的过程中，存在两类工作：一类工作是明显的浪费，这类工作往往是随机的，所以在计算生产周期时间时，不应该包含此类工作，例如操作者的走动、移动过程批量产品、等待机器完成产品加工的时间等；另外一类工作则是产品在每次经过工序时，操作者都会重复的固定工作，这些工作由一系列的作业动作所组成，被称为"工作要素"，工作要素所需要的时间才是工序周期时间的真正组成部分。

还有一类时间称为间歇性周期时间，它的计算方式为总的操作时间除以产品数量，比如每5分钟（间隙时间）包装一次，每次包装产品60个，每次包装的时间为600秒，间歇性周期时间为600秒/60个，即为10秒/个。

那么如何把操作者的工作细分成各种工作要素呢？"工作要素"的分解原则是：如果一个操作者的某一个动作完成之后，下一个动作可以由另外一个操作者接过来继续完成，操作者的这个动作就可以认为是一个基本的"工作要素"。比如，第一个操作者"拿起零件、套上螺母、放下零件"这几个动作是一个工作要素，而"拿起零件、套上螺母"则不是一个基本的工作要素，因为下一个操作者的动作很难从前一个操作者套上螺母之后开始。

当然并不是每一个"工作要素"都是增值的，仍然需要对那些固定重复却不增值的"工作要素"进行改善，这种改善通常被称为"动作改善"（Motion Kaizen）。

（2）找出真正的工作要素　在了解了工作要素的概念之后，下一步的工作就是确定工序的工作要素，其方法被称作为"快速改善"（Quick Kaizen）。快速改善不是纸上谈兵，需要进行细致的现场观察。现场观察是"现地现物"的体现，是非常重要的方法，一支笔、一张纸、一个秒表（通常手机上有很棒的秒表可以进行时间记录），外加我们善于发现问题的眼睛，就可以观察到许多现场发生的问题。

在现场观察的过程中，把操作者的工作进行记录，然后在纸上划掉那些随机发生的浪费，留下那些重复发生的动作作为工作要素。通过现场观察，可以找到两类改善：立即进行的快速改善和工作要素中需要进行的改善。

现在，让我们和吕新一起来走进组装现场，先找到浪费，通过快速改善的方法来消除，然后再确定真正的周期时间。

小组在现场进行了认真观察,大家对目前组装工序的问题进行了记录:

1) 直线型布局,工序步骤并不复杂,但工序之间的工作台留有较大距离和空间来放置半成品。

2) 操作者需要经常停线,自己去仓库领取装配物料,而且由于仓库管理人员要通过 ERP 系统对所有工序的物料进行进、出库系统操作,所以造成领取物料的速度非常慢,如果遇到原物料库位错误的情况,组装停线的时间会更长。

3) 物料放在周转箱里,由于没有规定操作者每次领用的物料数量,因此,操作者会一次领用尽可能多的物料,以减少领料频次。在工序之间放着一层层叠放在一起的周转箱,当一箱物料消耗完之后,操作者需要拿走上面的空周转箱,再使用下一层的物料。当周转箱的高度低到一定程度时,员工需要弯下身去拿料。

4) 待组装物料放置位置由操作者自己决定,太高或者太低都会造成很多动作浪费。操作者在组装过程中发现物料或上道工序产品的质量问题时,经常需要离开生产线去找质量人员确认处理方式。

5) 第三个操作者每次需要行走大约 220mm 的距离把包装后产品放到成品暂存区的物料架上,然后再由物流部门的人员将成品运送到最后的成品仓库。

6) 第三个操作者有较长的等待时间。

小组成员对 3 个操作者所负责的工作进行记录和分类,按照快速改善的方法,将那些不属于动作要素的工作用"/"划掉,留下的部分组成决定 CT 的工作要素。

为了了解"浪费"的影响,小组对这些随机发生的工作时间、频次等进行记录,然后计算操作者完成每个零件的过程中,这些"浪费"因素所占的大约平均时间见表 4-1。根据表 4-1,绘制员工动作分析饼状图,如图 4-2 所示,得出增值和非增值的时间占比情况,可以非常直观地看到浪费的情况。可以使我们知道浪费多么地惊人。

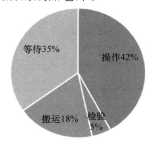

图 4-2　员工动作分析饼状图

表 4-1　操作者工作记录表

操作者 1		操作者 2		操作者 3	
工作要素	时间/秒	工作要素	时间/秒	工作要素	时间/秒
寻找物料	4	寻找物料	3	寻找包装物	6
与检验员确定物料质量状况	2	与检验员确定物料质量状况	2	等待上游工序物料	9
搬运物料	2	搬运物料	2	打印标签	2
拿取零件套密封圈	8	套上盖	4	称重并包装	3.2
套上螺母穿钢丝	8	套下盖	4	走动	2
检查螺母是否转动	2	扣押	5	放到待入库区	3
放入周转箱	2	放入周转箱	2	返回组装 3 工序	2
每 10 件搬运周转箱到组装 2	4	每 10 件搬运周转箱到组装 3	4		

(3) 对工作要素进行时间观测　排除浪费因素后,开始对真正的工作要素进行时间观察,需要遵守以下几项原则:

1) 在进行现场观察之前,要与被观察者进行礼貌的沟通,说明自己的意图,让作业者理解观察的目的,而不是感觉对他们进行检查和监督。

2) 选择中等熟练程度的工人进行时间观测。

3) 观察的方式尽量选择现场观察,因为可以识别更多的浪费状况;也可以先对现场进行录像,然后通过观察录像来记录动作时间。无论采用现场观察还是录像的方式,都不能影响操作者正常的工作状态。

4) 按照工作要素的定义对操作者动作进行分解,这样容易识别其中的浪费。工作要素的动作在每次观察时要保持重复和一致。

5) 选取最低的可重复时间作为该工作要素的时间。

小组人员使用时间观测表对每个操作者的工作要素进行时间记录,最后得到工作要素时间观测记录表,见表4-2。

表 4-2　工作要素时间观测记录表（1）　　　　　　（单位：秒）

时间观测表												日期	20××.3.10	操作者/流程:装配工序
												班次	白班	观测员:LX
任务号	分项任务	1	2	3	4	5	6	7	8	9	10	11	12	最低可重复时间	任务观测
操作者1	拿取零件套密封圈	10	9	10	8	8	9	8	8	检验12	10	10		8	检查零件的时间过长
	套上螺母穿钢丝	8	9	8	8	8	8	钢丝不良10	8	9	8	8	8	8	
	检查螺母是否转动	2	3	3	修理5	4	2	2	2	修理12	2	2	2	2	需要修理保持转动
	放入周转箱	2	2	3	2	3	2	2	2	2	3	2	2	2	周转箱过高
操作者2	套上盖	4	4	4	4	4	4	上盖尺寸6	4	4	4	4	4	4	上盖尺寸小
	套下盖	5	5	5	5	5	5	5	5	5	5	5	5	4	
	扣押	5	5	5	6	5	5	6	5	5	5	5	5	5	
	放入周转箱	2	2	2	2	2	2	3	2	2	2	2	2	2	
操作者3	称重并包装	32	32	30	32									3.2	每10个为一个包装
总的操作者周期时间														38.2	

对于组装 3 中的包装工序,由于每 10 件进行包装,因此小组在进行时间观测的处理时,采用每 10 件一个包装时间的测量,然后平均到每个零件作为组装 3 的

工作要素时间。

将表 4-1 中标"/"的非工作要素去掉，得到组装工序工作要素记录表，见表 4-3。

表 4-3 工作要素时间观测记录表（2） （单位：秒）

操作者1		操作者2		操作者3	
工作要素	时间	工作要素	时间	工作要素	时间
拿取零件套密封圈	8	套上盖	4	称重并包装	3.2
套上螺母穿钢丝	8	套下盖	4		
检查螺母是否转动	2	扣押	5		
放入周转箱	2	放入周转箱	2		

3. 作业平衡图

完成工作要素时间观测后，可以得到作业者的作业平衡图（Balance of Chart, BOC）。所谓作业平衡图，就是将每个操作者各自所涵盖的工作要素堆积在一起，分别得到其总的循环时间，同时把客户节拍时间也放在上面。通过作业平衡图，可以看到每个工人的 CT 时间和节拍时间的差异，其中最长的动作循环时间就是整个工序的瓶颈时间。

图 4-3 为目前组装线操作者的作业平衡图。通过该作业平衡图可以看到，操作者 1 的动作 CT 时间是 20 秒，操作者 2 的 CT 时间是 15 秒，而操作者 3 的 CT 时间却只有 3.2 秒，满足客户需求的节拍时间，但目前每件产品的实际生产瓶颈时间是 26 秒（未考虑寻找物料等随机发生事件的时间）。

为了更清楚地了解每个操作者的工作浪费情况，我们对操作者的工作进行对比，之前的图表包含所有浪费的时间，之后的图表则仅包含工作要素的时间。

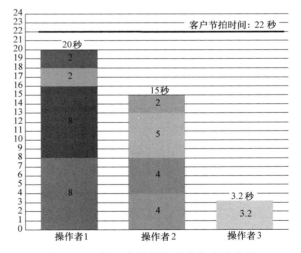

图 4-3 目前组装线操作者的作业平衡图

对于操作者 1，之前的动作总时间是 32 秒，之后的周期动作总时间是 20 秒，减少了 12 秒，大约 37%的浪费，如图 4-4 所示。

对于操作者 2，之前的动作总时间是 26 秒，之后的周期动作时间是 15 秒，减少了 11 秒，42%的浪费，如图 4-5 所示。

对于操作者 3，之前总的动作时间是 27.2 秒，去掉等待、走动、打印标签以及寻找物料等时间，真正的动作周期时间只有 3.2 秒，88%的浪费，如图 4-6 所示。

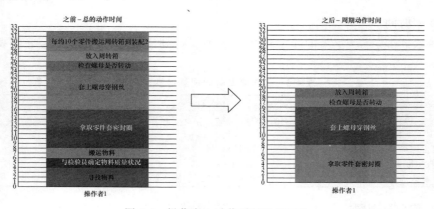

图 4-4　操作者 1 动作时间改进对比

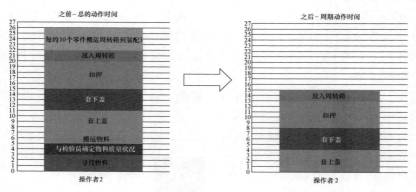

图 4-5　操作者 2 动作时间改进对比

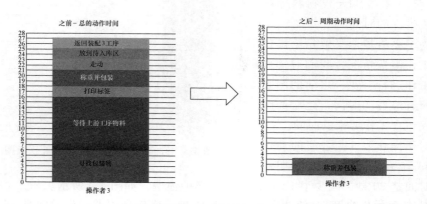

图 4-6　操作者 3 动作时间改进对比

总结一下，在完成作业平衡图的过程中经历了以下几个步骤：
1）观察并在纸上记录操作者的动作。
2）发现属于浪费的工作。

3）划掉浪费的工作，留下真正的工作要素。
4）对工作要素进行时间观察。
5）绘制作业平衡图。

观察操作者的作业平衡图（见图4-3），可以进行进一步的工作要素调整。由于操作者3的动作周期时间只有3.2秒，完全可以由操作者2承担，这样操作者2的动作周期时间为18.2秒，同样可以满足客户需求的节拍时间。在调整后的操作者作业平衡图（见图4-7）里，操作者1和操作者2的动作周期时间基本相匹配，达到组装线工序操作者之间的作业平衡。

调整之后，实际的工序CT时间是20秒，完全满足22秒的TT时间，不过和将来价值流图预计的TT时间18秒还有2秒的差距，我们可以进一步寻找改善机会。

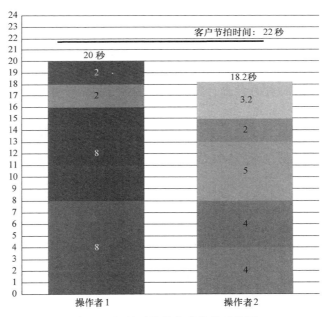

图4-7 调整后的操作者作业平衡图

如何设计单元化生产

1. 从单元化生产入手

理论上工序真正的周期时间应该是20秒，而且只需要两个人就可以满足22秒的节拍时间要求。吕新和小组的成员对这个结果感到非常兴奋，仅仅观察了一条组装线就发现这么多改进的地方，对于8条生产线来说，将来带来的收益可是非常可观的。但是很快问题就来了，改善的数据是基于理论的计算，所有的结果还只是停留在设想的快速改善上而已,事实上现在组装工序还有很多问题,需要如何进行改进,从哪里着手呢?在回答这个问题之前,我们先来学习有关单元化生产的知识,看看什么是单元化生产,如何进行单元化生产的布局设计。

单元的英文名称是 Cell。Cell 在英文中有细胞的意思,细胞是人体功能的最基本单位。精益中使用"单元"的概念,顾名思义就是将生产某个产品的所有工序尽可能放在一起进行生产的组织形式,这种组织形式是工厂的最基本功能单元。

单元生产模式的理念就是打破部门界限,以最小批量、最短交货期实现产品在工序间的无间断流动。

2. 单元生产设计前的数据准备

(1) 单元设计的前提是确定产品家族　情景 2 根据产品的整个工艺流程及工序生产周期时间进行了家族分类。现在范围缩小到组装工序,同样需要对组装工序进行家族划分。例如,BB-A 系列组装的总时间(非工序周期时间)是 38.2 秒(改进后),而 BB-D 和 BB-E 组装的总时间(非工序周期时间)是 30 秒(改进后),是否属于同一个组装家族而可以放在一个组装线呢?这就需要首先确定其组装工艺路径的相似性,然后再看总的周期时间的差异,如果相差 30% 以内,则为同一个组装生产单元。考虑刚刚开始推行精益,所以单元一的组装工序只包含 BB-A 系列产品。

(2) 如何确定单元生产的操作者人数　单元内操作者人数的计算公式为

$$操作者人数 = 总的工序周期时间 / 节拍时间$$

前面介绍了如何计算节拍时间。需要说明,在实际状况下,客户的需求往往不是一成不变的,所以,在计算客户每天的需求量时,用客户过去 6~12 个月的平均需求进行计算。这样计算存在一个问题,就是在客户需求高峰期,节拍的时间可能比较小,需求的人数会增加,为应对这种情况,通常需要考虑以下几种方式:

1) 适当的加班。通过增加工作时间来增加产量,这就是为什么一天有 24 小时,但通常只安排 22 小时来应对客户需求的变化和波动。

2) 提高生产率。不断通过精益改善来提高生产率,这是生产管理永恒的主题。

3) 对于以人工作业为主的工序,可以通过雇佣临时工的方式来解决产量不足问题。不过采用这种方式要考虑岗位的复杂程度和人为因素对产品的影响程度,并且要依靠完善的培训体系确保人员的工作质量。

4) 单元化生产设计时要考虑生产布局的柔性化,实现灵活的合并和调整,可以方便随时添加工人。

(3) 单元生产线的平衡性　平衡率是衡量单元生产工序平衡性的重要指标,其计算公式为

$$\text{生产线平衡率} = \frac{\sum \text{工序周期时间}}{\text{操作者人数} \times \text{瓶颈工序的周期时间}}$$

可以看出,只有缩短瓶颈工序和每个工序周期时间之间的差距,生产线平衡率才能变大,生产线的平衡性才会更好。这里只引入生产线平衡的概念,在后续情景中进一步举例和说明。

3. 单元生产的布局原则

要想实现流动,需要实现单元化生产,这就涉及对传统布局的调整。传统的生产模式以批量生产模式为基础,生产管理模式也是以部门化的方式进行组织,适合客户大批量定制的情况;单元化的生产模式则以生产尽可能小的量为基础,打破原有部门化的生产模式,适用于客户小批量、个性化定制的情况。那么,单元化生产的布局有哪些原则呢?

1)单元的布局尽可能使用 U 型线,因为这样可以使操作者行走的路线最短,并可以随着客户节拍变化灵活调整员工的数量。

2)原料和成品在同一个方向,单元生产线的长度为 5~6 米,宽度约为 4 米,其内部的活动空间宽度保持在 1.5 米左右。

3)当有多个单元生产线时,避免独立安排单元生产线,而是考虑以相互协作的方式安排单元生产线。

4)对于单元生产中操作的员工,选择站立作业还是坐立作业要依据工作特点以及考虑员工的疲劳状况:站立作业的优点是员工的活动和动作范围较大,工作效率较高,但员工肌肉负荷会增加 60%,容易疲劳,所以在选择站立作业的时候,可以通过在工作区域增加抗疲劳垫、脚踏管等方式来减轻员工的疲劳度;坐立作业的优点是员工的疲劳度大大降低,但是动作幅度小,效率降低。

5)利用流利架等方式,使物料及使用后的空周转箱等容器靠重力可以滑动到指定位置,减少操作者的搬运。

6)尽可能缩小工作台、设备之间的距离,以减小操作者的行走距离以及在制品传递的距离。

7)消除布局中任何阻碍操作者走动的障碍,包括物品以及狭窄的通道等。

8)尽可能缩小工序间的空间,避免放置多余的在制品。

9)保持工作台之间的相同操作高度,在设计工作台时优先考虑操作者站立作业的可操作性,并在人机工程学的指导原则下最大程度地减小操作者的疲劳度。

10)基于易拿取原则设计辅助工装放置的合理位置。

11)集成使用功能,减少工具的类型。

12)实际布局中涉及的水、电、气等管路,尽可能考虑使用"掉拉"方式以方便布局的再调整。

4. 单元生产的物料配送原则

1)设置专门的配料人员进行配料(包括组成零件的物料、包装物以及标签等），操作人员不需要离开工作岗位去寻找物料。配料人员通常被称为"水蜘蛛"，他们根据标准化作业所设置的配料信息以及配料标准路线按时配送物料。

2）单元生产线要方便物料配送。物料以"公交车"的方式实现站点配送，而非以"出租车"的方式实现专线配送。

3）根据物料的需求制作合适尺寸的物料架，物料可以沿物料架的轨道滑到操作者使用的位置。

4）缩小工序间在制品的转移批量。

5）取消成品中转区，组装后的成品直接放入可以存放一定数量的滑道，由"水蜘蛛"定时运送到成品仓库。

6）为确保配料的效率，改进仓库布局以及物料摆放方式。

7）建立发现异常停机制度，如操作者发现产品质量问题，通过安灯系统通知相关人员到现场解决问题，而不是操作者离开工作岗位到处找人进行协调解决。

5. 单元化生产的设备选择原则

1）单元设计中如何决定设备的自动化程度。单元化生产中，需要设备的自动化程度有多高呢？在精益生产的模式下，其决定的原则是"小而灵活"。通常，我们将设备的自动化程度分成五个等级，见表4-4。一般来说，实施单元化生产对设备的最低要求为二级，也就是说，上下料由人工操作，自动夹持、自动进料、自动加工等由自动化设备完成，这样可以实现所谓的人机分离。

表 4-4　设备自动化等级

设备等级	操作步骤			
	设备上料	设备运行	卸下加工后产品	加工后产品转移
一级	人工	人工	人工	人工
二级	人工	自动	人工	人工
三级	人工	自动	自动	人工
四级	自动	自动	自动	人工
五级	自动	自动	自动	自动

2）对等级三设备的特别说明。丰田公司有一个术语叫作"Chaku-Chaku"线，是指在单件流的生产单元里，员工不需要停下来拿下加工后的产品，而是通过设备进行自动下料，其生产步骤是：员工上料→设备自动夹持→自动进料→自动加工→自动下料→员工拿取到下一工序，这样可以节省员工的行走或动作时间。所以，对于"Chaku-Chaku"线，设备的自动化程度为三级。对于这一等级的设备，出于安全考虑，设计上要确保操作者在上料时，必须双手操作设备；并且上料后，只要一键操作，设备可以自动运行，没有多余的人工操作动作。

3）利用传感器装置来显示设备的工作状态，如绿灯、黄灯和红灯等。进行"Chaku-Chaku"线的设计时，同时要考虑设备的自动化，即不是靠员工发现问题，而是通过防错设计，在设备异常波动或出现不良品时可以自动停止生产并及时报警。"Chaku-Chaku"线的最大优势在于投入小、灵活度高、维修成本低，为应对小批量、多品种的客户需求提供了相匹配的生产模式。而相对于自动化程度较高的四级和五级设备，尽管使用的人工可能较少，但一般来说，这样的设备价格较高，专业性强，不易换型，大多适用于批量生产模式。而现在随着客户需求的多样化，批量生产模式已经无法适应市场的变化。

4）方便设备的维修和维护。在进行设备设计和单元化生产设备安装时，要考虑设备维修和维护的方便性，以保证设备的快速恢复和保持正常状态。

5）节拍控制工序使用的设备能够实现快速换型，理想的状态是设备的换型时间小于节拍时间。

6. 几种常见的单元生产方式

（1）分割作业单元生产方式　如图4-8所示，分割作业单元生产方式的特点是：典型的U型布局，每个作业者独立完成单元生产中的几个作业步骤，由于其结构紧凑，员工的走动距离较小，相互的协作比较方便。单元生产的目的是实现流动，而实现流动的前提是操作者之间的平衡，如果不平衡，会造成流动受阻而出现在制品（WIP），因此，在设计这样单元生产线时，其难点就是如何分配不同操作者之间的工作而实行线平衡，如果无法实现单件流，就需要规定工序间的最大在制品数量。

（2）独立作业单元生产方式　独立作业单元生产方式由操作者一个人独立完成所有的作业。这样的生产线同样采用U型布局，其结构紧凑，占地面积小，但是对于员工的技能要求比较高。

1）以人为主的独立作业单元生产方式：U型布局，以操作者手动作业为主，考虑人机工程学，通常人们习惯右手拿料，所以其作业步骤为：从右到左逆时针，其中，使用设备的自动化等级为一级，所有的作业步骤由一个人完成，如图4-9所示。这样的布局结构更加紧凑，对员工的技能要求比较高，不涉及操作者之间周期时间是否平衡以及工序WIP的问题，缺点是客户需求增加较大时，由于空间的限制，支援人员较难进行支援。

2）以设备为主的独立作业单元生产方式：U型布局如图4-10所示，布局中设备的自动化等级为二级。员工的作业顺序为：拿下设备3加工后的成品放入周转箱→走到设备3和设备2中间→在放置设备2加工后产品的位置拿取半成品→放到设备3上→起动设备3运行→操作者空手走到设备2→从设备2上拿下加工后产品，放在设备3和设备2中间的物料放置区→操作者空手走到设备2和设备1中间→在放置设备1加工后产品的位置拿取半成品→放到设备2上→起动设备2运行→操作者空手走到设备1→从设备1上拿下加工后产品，放在设备2和设备1中间的物料

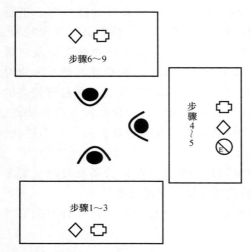

图 4-8 分割作业单元生产方式

图 4-9 以人为主的独立作业单元生产方式

放置区。

独立作业单元生产方式完全实现了单件流，其特点为员工的作业顺序和物料的移动顺序一致，员工在移动过程中，手里会有两件产品。所以，这样的布局又称为"逆向流动"布局。这里只进行简单的说明，实际情况可能要复杂得多，还需要根据现场不断尝试和调整来决定合理的布局。

当单元中所使用设备的自动化等级在四级以上时，员工一个人可以照看多台机器，其主要工作是调试机器、质量检测、加工后物料的转移以及对设备异常报警的及时反应和处理。设

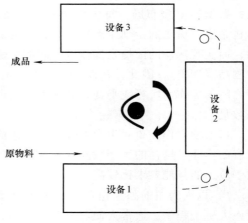

图 4-10 以设备为主的独立作业单元生产方式

备的布局同样可以优先考虑 U 型布局方案，其空间安排要在保证物料移动顺畅和设备维修便利的情况下，尽可能地缩短员工行走的距离。

需要说明的是，以自动化设备为主的 U 型单元中，决定员工照看机器台数的因素更多地取决于设备的自身状况，很多工厂，尽管设备的自动化程度较高，但由于设备频繁出现问题，本来一个操作者可以完成的工作，却需要几个操作者进行故障处理，而且管理者对这种情况司空见惯，实在可惜。

（3）组合作业的单元生产方式　大多数情况，单元生产方式是组合式的生产方式，例如，分割式单元生产方式和独立作业的生产方式进行组合（见图 4-11），这

样就形成了一个较大的空间、U型布局的单元生产方式，其特点是有几个操作者在一个单元进行作业，可以更多地相互协作，同时也自然在整个单元引入一个"相互追逐、彼此竞争、及时发现异常"的机制；这样合并式的单元生产方式适用于多工序的较复杂生产方式。当然，组合作业的单元生产方式对操作者工作安排的合理性要求较高，这样才能保证整个生产单元的线平衡。

如果有多条以人为主的小型相似的独立作业单元，布局时要避免孤立布局的模式，而是要以能够相互支援的方式来布局，如图 4-12 所示。

另外要考虑单元的布局调整灵活性，例如，在不影响组装质量的前提下，可以在装配工作台下装可移动的脚轮，实现单元布局随着客户需求节拍时间的改变而随时做出调整。

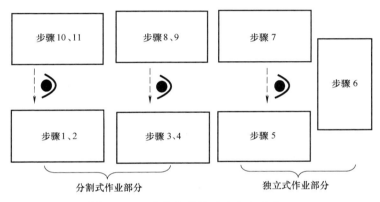

图 4-11 组合作业的单元生产方式之一

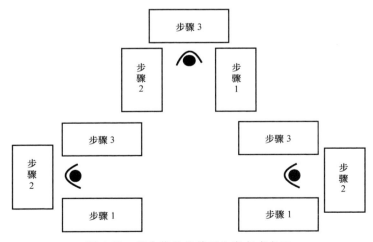

图 4-12 组合作业的单元生产方式之二

（4）直线型的单元生产方式 在单元生产中，应尽量使用 U 型布局方案，但是，还是有一些直线型的单元生产方式，如图 4-13 所示。这种生产方式的特点：

一个工序一个操作者，实现流水线作业，物料常常使用传送带来进行传递。这种生产方式适用于大批量、少品种的生产，产品连续流动，实现了最少中间库存的可能性，但是，对员工工作的平衡性要求非常高，因为一旦某个员工落后，会影响后面整个生产线的正常运行。另外，由于布局的特点，员工之间几乎没有相互协作，在这样的生产线，经常看到由于上一工序发生问题，下一工序的员工在等待和观望的情况。

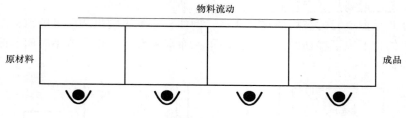

图4-13　直线型的单元生产方式

如何实施单元化生产布局

了解了单元化生产的一些基本知识后，就要开始进入真正生产布局的调整和现场实施阶段了。在这个过程中，绝不是仅仅依据单元生产的理论知识，简单设计后就进入实质性阶段，而是需要团队通过运用PDCA的方法，选择最后方案再进入真正的实施阶段。下面介绍如何运用3P（2P）的方法进行生产布局的策划和实施。

1. 什么是产品和过程准备？

产品和过程准备，英文为Production and Process Preparation，简称3P。在质量管理中，有关于"作业准备验证"的标准条款，是要求在作业初次运行、材料改变、作业变更时，必须进行作业准备验证。作业准备验证的目的是确认当前的生产条件是否具备，是否可以满足生产和质量要求。同样，3P方法是在产品开发初期就同时考虑通过生产过程的正确设计来保证产品质量，从而实现产品质量的事前控制。

如果是全新产品，重大工程变更等涉及产品设计的过程，那么，3P过程包含设计产品的准备过程和实现产品的生产准备过程；如果是生产线全新布局规划、传统生产布局向单元化生产转化的布局调整、工艺重大变革以及生产流程变更等涉及布局重大调整、增加新的生产线或新的设备时，3P过程则只包含生产的准备过程。所以，很多时候把只涉及生产准备的过程称为2P（Production Preparation）。

另外，也有人将3P译为Production Preparation Process，就是生产准备过程，没有进行3P和2P之分。何种叫法并不重要，知道其意义和方法即可。在本情景里，我们愿意使用2P的叫法作为进行单元布局策划和实施的方法，3P和2P的关系如图4-14所示。

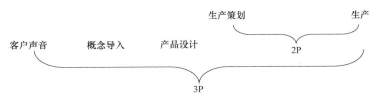

图 4-14 3P 和 2P 的关系

2. 如何利用 2P 进行单元化生产布局设计?

生产准备的过程,其"输入"是客户对质量、成本、交货周期以及节拍时间的要求,"输出"是能满足客户需求的最优生产布局,而其中的过程则会运用到许多精益工具,如图 4-15 所示。

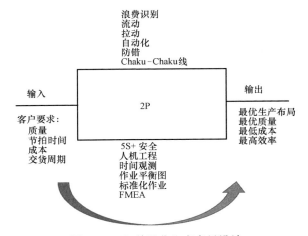

图 4-15 2P 单元化生产布局设计

3. 2P 及其具体操作步骤

(1)建立小组 2P 小组是多功能小组,其成员必须来自于价值流、技术部以及质量部等几个部门,以便在产品设计、流程以及质量控制等方面提供不同角度的支持。小组要确定活动开展时的基本原则,特别强调的是通过"头脑风暴"的方法充分发挥每一个成员的潜力和想象力,在活动的过程中充分尊重他人建议,按照"无责备"原则找到各种可能的方案。

(2)制订 2P 的活动计划 在小组成立后,组长和组员一起制定一个 2P 活动的章程,章程中要说明目前状态以及 2P 所要达到的目标、活动范围、所应用的精益、质量方法等。

(3)2P 计划实施

1)通过头脑风暴法制定初步的布局方案。

2)选择最优布局方案。

3）模型制作。

4）模拟和再调整确定最终布局方案。

5）方案实施。

4. 组装线的 2P 活动

（1）2P 计划　小组制订的 2P 计划见表 4-5。

表 4-5　组装线 2P 活动计划

组长:赵新 组员:王××,潘××,赵×× 活动时间:03/20××-04/20××	需要的工具及方法: ➢头脑风暴法 ➢时间观测 ➢工作平衡图（BOC） ➢2P
项目背景和数据分析: ➢1 条 BB-A 组装线 ➢之后扩展到其他的 7 条组装线 背景描述: ➢BB-A 组装线的 CT 目前为 26 秒,节拍时间为 22 秒,不能满足客户要求,每天员工需加班 1.5 小时,造成成本增加 ➢直线型的布局 ➢在制品:大于 10 个 ➢员工的行走距离为:1508 米/班 人机功效风险评估分数:21.5	计划达成目标及收益: ➢减少周期时间从 26 秒到 18 秒,以满足将来价值流的节拍时间 ➢合理的 U 型线布局 ➢实现连续流的生产模式,在制品小于 3 个 ➢减少员工的行走距离 90% ➢人机功效风险评估分数降低 80%

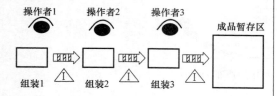

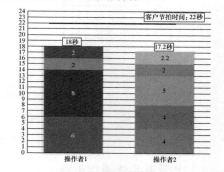

	具体行动方案			
	具体措施	负责人	日期	追踪效果
1	了解现场目前的问题,确定工作要素,并进行时间观测	ZX	20××.3.30	
2	2P 培训	ZY	20××.3.30	
3	布局改进方案及方案评估,并选择最优方案	CS	20××.4.2	
4	按照选择方案,制作实物模型	WQ	20××.4.5	
5	依据模型进行现场的操作模拟,并进行时间观测;标准化作业、FMEA 文件准备;5S、人机功效的评估;持续调整和改进布局以达到最优	LX	20××.4.15	
6	按照确定的最终模型对布局进行改造	TI	20××.4.30	

(2) 2P 计划实施

1) 通过头脑风暴法,讨论几个初步的布局方案,如图 4-16 所示。

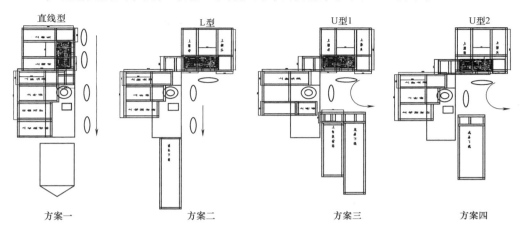

图 4-16 布局选择方案

在讨论方案的过程中,特别要关注操作者的走动、移动过程批量产品、等待机器完成产品加工的时间等明显的浪费是否通过改进布局得到了消除。

2) 选择最优布局方案。使用"权重分析法"(Weighted Decision Analysis) 对方案进行评估,具体的操作步骤如下:

① 第一行列出潜在方案。
② 第一列列出相关的评价标准(例如,安全、质量、成本等)。
③ 第二列为评价标准的权重,1~10 代表影响程度由低到高。
④ 基于评价标准给每个潜在方案打分。
⑤ 使用下面的公式计算各个方案的得分:

$$总分数 = \sum_{i=1}^{n} = W_i X_i$$

式中,W_i 是每项评价标准的权重;X_i 是各个方案根据每项评价标准的得分。

依据上面公式计算每个方案的总分数,得分最高的为最优方案,这就是"权重分析法"。此方法在后续的情景中会多次提到,需要读者熟练掌握和应用。

使用权重分析法对四个组装改进方案的评价结果见表 4-6。其中方案四的得分为 359,是最高分,所以确定为最优方案。

表 4-6 布局方案评估表

评价标准	权重	方案一	方案二	方案三	方案四
安全和人机功效	10	5	5	7	9
物料流动	9	1	3	9	9
行走距离	6	1	1	9	9
空间利用	2	1	3	7	9

（续）

评价标准	权重	方案一	方案二	方案三	方案四
物料可获得性	5	3	3	7	7
可扩展性	2	7	7	7	7
投入成本	6	7	7	3	3
维修方便性	7	7	7	7	7
调整灵活性	1	3	3	3	3
总和		187	185	335	359

权重：1~10 代表影响程度由低到高。
打分规则：
如 9 表示非常好
7 表示好
3 表示一般
1 表示差

方案四为典型的 U 型布局（见图 4-17），该布局的优点在于：
① 持续的物料流动。
② 缩小了工作区域的面积。
③ 消除了操作者的行走距离。
④ 缩小了在制品的放置空间。
⑤ 岗位人机功效的改善。

3）模型制作。在选择最优方案后，接下来的工作是按照布局方案制作实物模型并进行模拟，以便对方案进行进一步改进。为了实现模拟与现场操作的匹配，需要制作与实物等比例的模型。模型的制作方式有两种：一种方式是三维立体模型法，就是按照工作台、机器、物料架等实际尺寸制作成实物模型；另一种方式是二维模型法，是按照工作台、机器等实际的占地面积制作成二维平面模型。2P 模拟制作模型的最低要求是平面模型，根据经验，如果有条件最好制作立体三维模型进行模拟，从而最大程度符合现场实际状况。图 4-18 是对方案四的现场模型制作的情景展示图。

模型完成之后，需要选择与实际生产面积相同的区域，将制作好的模型放在该区域，以便观察方案

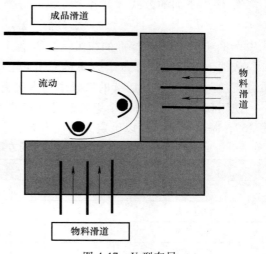

图 4-17　U 型布局

布局的可操作性以及对周围工序的影响等;另外,同时要对工装、工具、文件等辅助物品进行等尺寸的模型制作,遵循布局设计提到的"易于拿取""5S""美观性"等基本原则对其进行布置。

在模型制作阶段,除了制作实物模型外,还需要准备时间观察表、计划达到的工作平衡图(BOC)、FMEA 等相关文件。

4)模拟和再调整确定最终布局方案。模拟和再调整无疑是最重要的阶段。模型需要 1~2 天就可以完成,然后进入实际的模拟操作阶段,这个过程需要持续一到两周的时间。这时要邀请操作者进行实地操作,在操作过程中,仔细进行观察,对工作台的高度、物料的摆放位置及移动、工具的使用、操作者的走动距离、双手的动作幅度、拿取等进行评估。在反复调整过程中,要不断进行时间观测和记录,重新绘制工作平衡表,与最初的作业平衡表进行比较,看是否实现了最初设想的状态甚至比最初的计划更加优化。

最初组装线方案四的布局如图 4-17 所示。小组成员讨论通过调整周转箱的大小和高度来转移和控制工序间在制品的数量,并同时减少操作者拿取的动作浪费。随着模拟的进行,小组成员通过改进,最后确定在工序间增加合适宽度的滑道来代替周转箱,这样操作者放置零件的时间从 2 秒降低到 1 秒,如图 4-19 所示。另外,所有的物料通过物料滑道,其位置正好是员工容易拿取物料的合适位置点(Point of use),所以,拿取物料的时间缩短。

图 4-18 方案四的现场模型制作的情景展示图

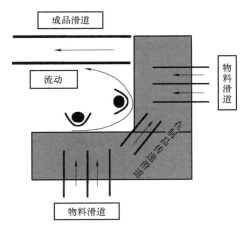

图 4-19 改进后的方案四组装布局图

经过反复模拟,最终对每个操作者的动作进行时间观测,最后得到新的作业平衡图,如图 4-20 所示。在作业平衡图上放置两条 TT 线,分别代表当前价值流图和将来价值流图的客户节拍(实际应用中也可以代表淡季和旺季)时间,然后通过与工序的最长周期时间比较,判断 2P 改善的最终效果。对于组装工序,改善后的周期时间可以同时满足现在和将来客户节拍时间,完全达到了预期的效果。

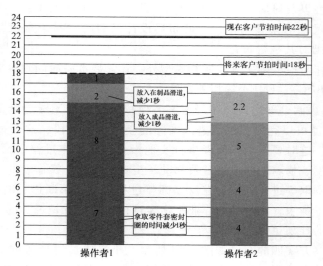

图 4-20 经过布局模拟之后的作业平衡图

(3) 计算整个装配线的线平衡 单元设计中介绍了生产线平衡率的概念和公式，现在计算改进后 BB-A1 组装工序的线平衡率：

$$生产线平衡率 = \frac{\sum 动作时间}{操作者人数 \times 最长的动作周期时间}$$

其中，操作者 1 的动作周期时间为 18 秒，操作者 2 的所有动作周期时间为 15.2 秒，所以，最长动作周期时间为 18 秒。因此得到

$$生产线平衡率 = \frac{18+15.2}{2 \times 18} \times 100\% = 92\%$$

生产线平衡率越接近 100% 越好，因此要不断缩小每个作业者动作周期时间和最长动作周期时间之间的差距。

(4) 确定其标准化作业 标准化作业是对操作者操作动作的规定，其目的是规范作业顺序及动作时间，为后续的改善提供基础。标准化作业的制定一般包含 3 个基本要素：①动作顺序以及每个动作的周期时间；②客户节拍时间；③工序间在制品的最大数量。

BB-A1 产品组装标准化作业指导书见表 4-7。

在标准化作业中，把所有操作者的动作时间相加，得到该作业工序的动作总时间，这个时间是计算工序所需操作者的基础。

$$操作者人数 = 总的工序周期时间 / 节拍时间$$

对于 BB-A1 组装工序，操作者人数（基于当前价值流图）= 34.2/22 = 1.55，说明两个操作者有一定的空闲；操作者人数（基于将来价值流图）= 34.2/18 = 1.9，说

情景4 推动生产模式下的BB-A生产线——"流动"消除过程中的浪费

表 4-7 BB-A1 产品组装标准化作业指导书

标准化作业		BB-A价值流		工作地点		编号	×××
节拍时间	22秒	部门	BB-A系列		XYY	版本	A0
循环时间	18秒	产品类别	BB-A1		ZX	日期	5/30/20××
关键点	过程库存	产品#		质量检验 ◇	防错装置 ⚠	流程图/布局图	
		安全及人机功效 ✚			操作人数 2		

步骤号	工作步骤	动作时间/秒	行走时间/秒	关键点
1	拿取零件、密封圈,并检查外观将O形圈套在零件上	7		检查产品外观质量
2	套上螺母并穿入钢丝	8	0	
3	检查螺母是否转动	2	0	
4	将完成的半成品放入滑道	1	0	放入滑道时要适当用力,确保产品滑到下一工序
5	将上盖套到螺母上	4	0	
6	将下盖套在零件的槽部	4	0	
7	放入扣押机	5	0	在扣押机动作的时候,同时开始第5步
8	称重包装后放入成品滑道	2.2		1. 每次将产品放入包装盒中 2. 每10个产品会进行包装,并整齐装入滑道 3. 包装时,装配1和装配2的中间在制品最大为3个
总时间		33.2		循环时间 18秒

个人防护用品	安全眼镜	安全鞋	手套	耳塞	围裙	套袖

明两操作者几乎没有空闲,因为最长的工序周期时间(CT=18秒)和客户节拍时间(将来价值流图的TT=18秒)相等。

另外,将工序的最长周期时间写在标准化作业中,可以了解工序实际生产节奏与客户节拍的匹配性。

(5)方案的最终现场实施 经过反复模拟,最终的方案确定后,就进入方案实施阶段。在实施的过程中,水、电、气的布置非常重要,要按照单元布局的设计原则使用掉拉方式进行排布。

布局改进中,要考虑安灯系统的实施,操作者通过安灯系统,实现物料质量异常、配料缺料、设备异常等的及时报警,这样可以实现操作者不需要离线就可以通知专人马上处理和解决异常状况。

5. 2P的质量关注

在精益改善中,涉及布局调整、流程变更,必须按照质量管理体系中的变更控制要求进行管理;涉及客户生产件批准程序(Production Part Approval Process, PPAP)的要求,则需提交相关的资料通知客户。这个过程经常被忽略,所以要关注改善中变更的管理,保持过程的受控状态。

人机联合作业工序的流动

加工工序是由人工操作机器,那么,如何对这种人机联合作业的加工工序进行流动设计呢?现在让我们和团队一起,进入对加工工序的精益改善活动中。

1. 人机联合作业的时间观测

在加工工序中,加工BB-A系列产品的设备总共有16台,4个工人,每人操作4台设备。因为BB-A1产品需要两端加工,所以,一组(两台)设备每次产出一个产品。例如,设备01和设备02为一组,设备03和设备04为一组,理论上每个循环的周期时间可以同时产出2件产品,如图4-21所示。

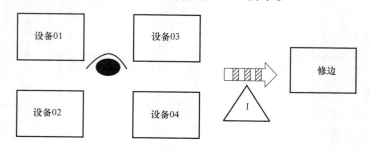

图4-21 加工工序及修边工序的布局图

改进小组团队在现场进行时间观测的过程中,将发现的问题和了解到的情况进行了汇总:

1）操作者在操作机器的过程中动作重复性差，没有固定的行走路线。

2）操作者装夹原材料、取下成品以及检验的动作先后顺序没有固定，每次的动作时间差异较大。

3）加工后的产品，放在固定区域，由下一工序进行去毛刺处理，现场领班和操作者给出如此安排的理由是：①在加工的过程中，操作者既要操作机器，又要测量产品尺寸，再加上去毛刺，操作者忙不过来，因此很难保证产品外观质量；②质量部门曾经强烈建议加工和去毛刺分开进行，因为大家认为由专人处理毛刺更加易于保证质量；③工人和机器都有较长的等待时间。

之后，小组根据现场观测的情况，与操作者重新确定行走路线，如图4-22所示。操作者从设备02开始，拿下加工后的产品，然后装夹毛坯料，开启设备02自动运行，操作者手持设备02加工后的产品，行走到设备01，拿下加工后产品并装夹02加工后的半成品，之后行走到设备04，再行走到设备03，重复和设备02、01同样的拿取和装夹动作。因为产品的一端在设备02和设备04的加工时间为120秒，另一端在设备01和设备03的加工时间为110秒，所以，装夹物料时，优先装夹加工时间较长设备的物料。为了保证时间观测的有效进行，小组团队成员又对操作者拿取物料的动作、夹持方式、检验方法等进行了标准动作培训。

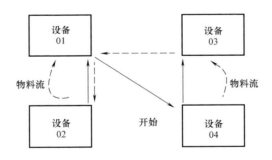

图4-22　改进后加工工序操作者行走路线示意图

根据新的行走路线和确定的基本动作标准，小组成员最终完成加工工序的时间观测，并得到了人机联合作业表，见表4-8。

从人机联合作业表中可以看到，操作者的手动时间加行走时间共100秒（88秒+12秒），而节拍时间是144秒（图中的竖直粗线代表调整后的节拍时间位置。对于多台设备的情况，调整后的节拍时间是用设备台（组）数乘以实际节拍时间，此例中计算为18秒×8＝144秒），所以，操作者完成所有动作后，距离节拍时间还有44秒，完全是操作者等待的时间；根据另外成员进行的时间观测数据，去毛刺的周期时间是16秒，从理论角度计算，实现在线去毛刺是完全没有问题的。

接下来，小组成员进行了一系列的改善工作：

表 4-8　人机联合作业表

过程名称:BB-A产品加工		工位:加工工序			时间	20××.5.30	编号:××	版本:A1
					动作周期时间/秒	88	节拍时间/秒	144
					编制		批准	

动作编号	工作要素	时间/秒			图示
		手动	机器	行走	
1	设备02上下料,起动设备02自动运行	10.0	120.0		
2	移动到设备01			2.0	
3	设备01上下料,起动设备01自动运行	10.0	110.0		
4	移动到设备04			4.0	
5	04上下料,起动设备04自动运行	10.0	120.0		
6	移动到设备03			2.0	
7	设备03上下料,起动设备03自动运行	10.0	110.0		
8	移动到设备加工后产品测量			2.0	
9	设备加工后产品测量01	24.0			
10	移动到设备02			2.0	
11	设备加工后产品测量02	24.0			
12					
13					
14					
15					
16					
17					
18					
19					
20					
21					
总时间		88.0		12.0	

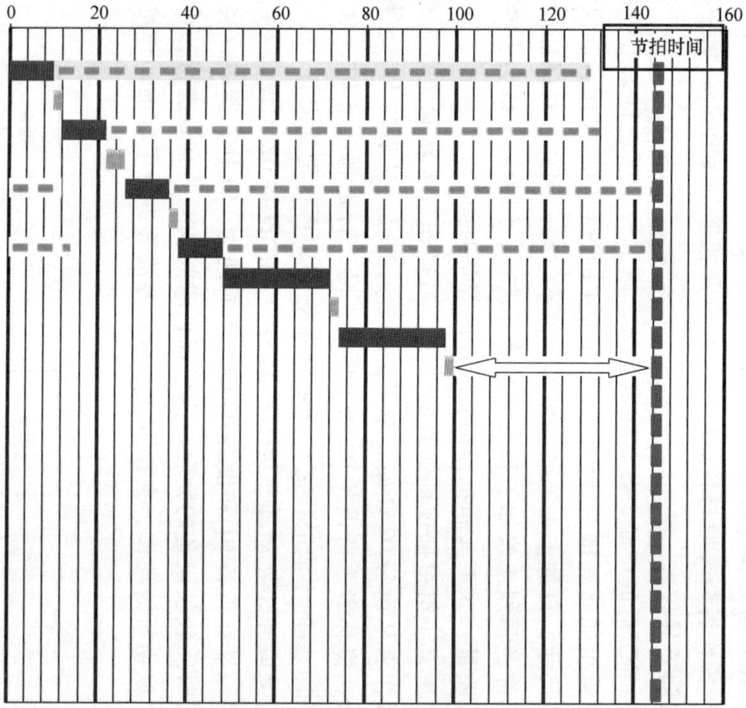

1）设备01和设备03机器旁边放置合适的工作台放置去除毛边工装及工具。

2）安装靠重力可以滑动物料的物料滑道，滑道分为二层，一层用来放置待加工物料，一层用来放置成品，滑道的容纳量为1小时的用量。

3）设置专人（水蜘蛛）按时配料和收取去除毛边后产品，避免操作者离开工作岗位领料和运送加工后的产品。

之后，小组成员再次进行时间观测，并重新得到改进后的人机联合作业表，见表4-9。通过改进后的人机联合作业表可以看到，加上去毛刺动作时间为16秒，操作者总的动作时间和行走时间为132秒，仍然满足节拍时间的要求。所以，去毛刺的工作完全可以由加工操作者完成，加工后产品就不需要等待下一班次由专人处理。

2. 标准化作业

完成人机联合作业表后，为了实现操作者的标准操作和持续性，和组装工序一样，同样需要制定标准化作业，指导操作者以及作为后续改进的基础。

在制定标准化作业时，同样需要三个要素，即客户节拍时间（TT）、作业顺序及其动作周期时间（CT）、工序中间在制品的最大数量。

表4-10是加工工序的标准化作业，对其部分内容略做解释。

1）左上角的节拍时间是调整后的节拍时间。

2）中间偏右下角的总时间是指操作者手工动作时间的总和，这个时间不随机器的自动运行时间而变化。

3）右下角的工序周期时间，表示加工一件产品所需的时间，是工序中最长的机器加工时间和设备开始启动需要的动作时间之和。对于BB-A1产品，设备02加工零件的一端需要120秒，再加上开始启动设备02的动作时间10秒，等于130秒，所以，130秒生产一件产品，同样对于设备04和03也是每130秒生产一件产品。

4）其他动作和行走时间都可以在设备运行期间完成。

5）人机联合标准化作业应该和人机联合作业表共同使用。

3. 工序产能计算

工序的周期时间是计算工序产能的基础数据，不同的产品，机器自动加工的时间不同。同时，由于生产不同产品需要不同的工装、夹具以及刀具等，这就涉及产品之间的切换，这个切换的时间就是所谓的换型时间，所以，每次换型所生产的批量和工序的循环时间最终决定工序的产能。表4-11列出了02/01组和04/03组生产不同产品的工序产能。在实际应用中，由于生产产品的型号可能非常多，如果人工动作的时间不同，需要制作不同的标准化作业，如果人工的动作时间相同，只是机器的加工时间不同，则不需要重新制作标准化作业，只要将机器的加工时间使用列表的形式进行统计，然后计算其工序循环时间，再根据换型时间和每次生产的批量就可以计算其每小时或每班次的工序产能。

表 4-9 改进后的人机联合作业表

过程名称:BB-A 产品加工		工位:加工工序		时间	20××.5.30	编号:xx	版本:A2
				动作周期时间/秒	120	节拍时间/秒	144
				编制		批准	

动作编号	工作要素	时间/秒 手动	时间/秒 机器	时间/秒 行走
1	设备 02 上下料,起动设备 02 自动运行	10.0	120.0	
2	移动到设备 01			2.0
3	设备 01 下上料,起动设备 01 自动运行	10.0	110.0	
4	移动到设备 04			4.0
5	04 上下料,起动设备 04 自动运行	10.0	120.0	
6	移动到设备 03			2.0
7	设备 03 上下料,起动设备 03 自动运行	10.0	110.0	
8	对设备 03 加工后产品进行测量	24.0		
9	移动到设备 03 加工后产品进行毛边去除	16.0		2.0
10	移动到设备 01			
11	对设备 01 生产的产品进尺寸测量	24.0		
12	对设备 01 加工后产品进行毛边去除	16.0		
13	移动到设备 02			2.0
14				
15				
16				
17				
18				
19				
20				
21				
总时间		120.0		12.0

表 4-10 加工工序的标准化作业

标准化作业表格	部门		工序		工作地点		操作人员人数	1	编号	×××	版本	A2	日期	20××.5.30
操作类型	区域名称		加工工序				操作人员编号		流程图/布局图					
BB-A1产品加工														
节拍时间	144秒	产品类别		BB-A1	编制									
工序周期时间	130秒	产品#			审核									
过程库存		安全及人机工程			批准									

关键点	步骤号	工作步骤	质量检验 ◇	防错装置 ⊠	动作时间/秒 ◇	行走时间/秒	关键点
	1	设备02上下料,起动设备02自动运行			10		
	2	手持半成品,移动到设备01工序				2	拿取加工后半成品,待转移到下一工序
	3	取下设备01加工的成品,安装设备02加工后的半成品,起动设备01后自动运行			10		
	4	移动到设备04				4	完成加工后产品为:1件 等待测量和去毛边
	5	设备04上下料,起动设备04后自动运行			10		
	6	移动到设备03工序				2	拿取加工后半成品,待转换到下一工序
	7	设备03上下料,起动设备03后自动运行			10		
	8	设备03加工后产品进行尺寸测量			24		
	9	设备03加工后产品进行毛边去除			16		
	10	移动到设备01				2	完成加工后产品为:1件 等待测量和去毛边
	11	设备01生产的产品进行尺寸测量			24		
	12	设备01生产的产品进行毛边去除			16		
	13	移动到设备02				2	
	14	设备02机床自动运行时间			120		不计入动作总时间中
	15	设备01机床自动运行时间			110		不计入动作总时间中
	16	设备04机床自动运行时间			120		不计入动作总时间中
	17	设备03机床自动运行时间			110		不计入动作总时间中
		总时间			120	12	工序周期时间 130秒

| 个人防护用品 | 安全锁 | 安全眼镜 | 安全鞋 | 手套 | 耳塞 | 围裙 | 套袖 |

表 4-11　工序产能表

步骤号	流程描述	机器编号	基准时间				工具			备注/显示时间
			A 走动时间	B 手动任务时间	C 自动运行时间	D 完成所需时间 (B+C)	E 每次变更件数	F 变更所需时间	G 时间/件数 (F/E)	H 每小时生产能力 [3600/(D+G)]
1	BB-A1	02/01	2	10	120	130	100	3600	36	21
2	BB-A2	02/02	2	10	120	130	110	3600	33	22
3	BB-A3	04/03	2	10	125	135	80	3600	45	20
4	BB-A4	04/03	2	10	125	135	90	3600	40	20
5	BB-A5	04/03	2	10	130	140	40	3600	90	15

4. 什么是三表一书

经常听到大家说三表一书，所谓三表一书是指时间观测表、人机联合作业表、工序产能表和标准作业书。

如何处理必须批量生产的工序

由于加工后的产品需要进行表面处理，而表面处理的时间为 16 小时，所以不可能实现单件流动。对于类似表面处理这样的工序，以及热处理、老化、冷却等工序，为了确保整个价值流的整体流动，可以通过以下方式处理：

1) 设置先进先出通道，如图 4-23 所示。

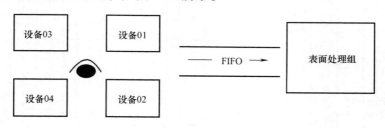

图 4-23　表面处理工序的先进先出通道

通道的宽度由处理的产品类别决定，而其长度与中间在制品最大数量有关。关于先进先出在情景 3 中作过介绍，在批量生产的工序，先进先出可以理解为以一个尽可能小的量（由生产批量工序的最小量决定）的流动模式。对于使用先进先出模式，必须控制在制品最大数量。

2) 建立异常报警机制并及时升级，以便快速解决问题。

3) 设立例外处理规则，如紧急订单需要打破原有顺序规则。

4) 寻找可以实现单件流动的处理方式。例如，通过技术改进，实现生产批量向生产最小量甚至单件转化，但需要很长的时间，并成为停止改善的借口，所以，提倡使用小而灵活的设备、工装等精益方法实现。

BB-A 系列产品表面处理 FIFO 通道设置如图 4-24 所示。

图 4-24　BB-A 系列产品表面处理的 FIFO 通道设置

物料出入库管理和 ERP 系统处理

在小组不断进行精益活动的过程中，遇到一些新问题，让大家争论不休。例如，之前几乎所有的物料、半成品必须首先进入原材料仓库或半成品仓库，并办理入库手续，当下一工序领用时再办理出库手续，各环节所涉及的相关数据还要输入 ERP 系统，这样财务部门才可以适时掌握中间环节的库存水平，并进行成本核算。随着精益的开展，物料由水蜘蛛按时配料，如果仍然按照以前的模式进行出入库，很难实现按照配料频次准时配料。但如果不入库，财务部门又认为库存准确性和成本控制出现问题。

以上情况，许多企业在推行精益的过程中经常遇到，对于 ERP 系统和仓库物料的处理原则如下：

1）为了过程流动的顺畅，尽量减少仓库的设置。

2）必须设置仓库时，要打破传统封闭式仓库的管理模式，由敞开式超市代替，价值特别高的物料可以设置专门仓库并由专人管理。

3）通过前面提到的 FIFO 区域设置最小量，避免仓库设置。

4）对于因批量生产方式而设置 FIFO 模式的后续工序，需要设置超市抵消前一工序较长的生产时间，以确保整个生产线的流动。

5）工序间实现流动减少 ERP 系统 BOM 设置的层级，减少中间环节通过 ERP 进行的收料、投料系统输入动作。因为其成本形成的增值过程由系统中的工艺路径时间决定，只要工艺确定，路径就是固定的，所以，并不影响其整个成本的核算。

6）尽可能取消和减少中间物料领用手续和投料动作，如果可以利用条码扫描方式，实现完工后产品自动入库以及上层 BOM 物料自动倒冲投料。

7）物料的包装和转运，尽可能设置标准容器、标准周转工具。

车间布局的整体优化

在精益改善的活动中，必然会经历从传统生产方式向单元化生产方式改进的过程，这就一定会涉及生产车间布局的调整，如 BF 公司对组装工序改善时进行的单元布局调整。当然，随着精益工作的整体推行，车间布局的改进不仅仅局限于某一个生产单元，而是涉及整个车间的布局调整。

一种比较简易的做法是，先用 CAD 软件按照比例绘制车间布局图并打印（可以复印多张），然后将布局图中的各个生产单元，包括设备、仓库或超市等模块剪下来，通过头脑风暴法对生产布局进行不同的"二维模型"组合；另外一种比上述方法稍微复杂一点但更加直观的方法叫作"沙盘模拟法"，就是按照比例制作设备、仓库货架、运输工具、目视化看板以及重要辅助器材等的三维模型，将这些模型放在同样比例的工厂区域内，形成整个工厂的沙盘模型，如图 4-25 所示。两种方法都可以很方便地设计、调整和观察布局，然后使用"意大利面条图"分析物料、信息的流动情况。

图 4-25　车间布局沙盘模型示意图

"意大利面条图"是用来对过程中物流、人流以及信息流进行分析的一种工具，由于绘制出来的图形由一条条曲线组成，其形状非常像一盘面条缠绕在一起，所以取名为"意大利面条图"。

"意大利面条图"是一种非常实用的工具，可以为我们提供很多有用的信息。它主要关注资源（比如产品、信息）在过程（生产过程、仓库以及整个工厂的其他地方）中的实际物理路线。

通过头脑风暴法我们一定会得出多个车间布局的组合，然后采用权重分析法对这些方案进行打分评估，这时多功能小组可以根据所掌握的工艺流程在不同的方案上绘制"意大利面条图"，帮助我们对不同方案做出合理的判断和打分，然后从中选出分数最高的前 2~3 个最优方案，接下来再通过 2P 方法确定最优方案。

图 4-26 是根据 BF 公司吕新管理的价值流车间目前状态所画出的图，可以看到其中物流流动路线，确实可以发现因布局不合理而造成许多浪费，例如，原材料检验室离原物料太远造成行走浪费；各种物料来回出入仓库造成搬运浪费等。

图 4-27 则是从 7 个方案中选择出来的最优的将来车间布局图，从原材料、过

程到成品,整个布局呈 U 型,物料的流动顺畅,没有来回的物料交叉。

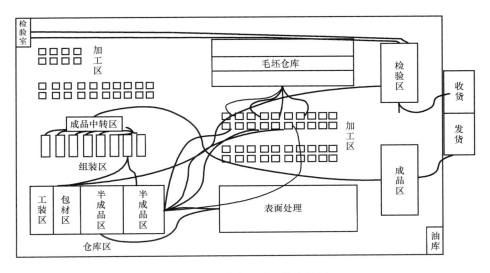

图 4-26　当前车间的整体布局图

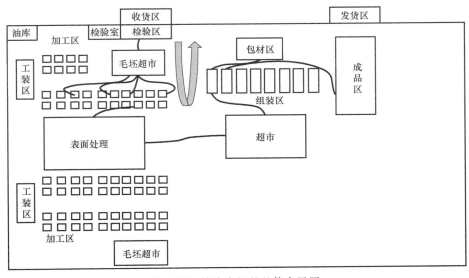

图 4-27　将来车间的整体布局图

车间整体布局的原则

车间精益布局的整体规划原则如图 4-28 所示,具体说明如下:

1) 车间布局是一个系统工程,特别是新工厂的规划,不是简单地输出一个布局图，而是首先要考虑产品的市场定位、未来销售的增长性、企业的市场潜力等前提因素，基于这些信息，要对生产线布局的未来可扩展性要有足够的规划。

2）在建立智能化工厂的背景下，自动化和信息化同样是考虑的重要因素，要保持工厂变化和调整的灵活性。

3）以精益所倡导的价值流原则为优先考虑因素，尽量按照产品系列形成各自的单独价值流模式，按照产品布局原则，实现流动生产方式，减少中间在制品，最后达到的结果是物流顺畅，不走回头路。

4）对于无法实现单件流的工序，如热处理、电镀、喷涂等工序，考虑单独空间，通过超市、FIFO 的方式进行近似流动处理。

5）工厂布局中物流路线是最重要的考虑因素，前提是必须要考虑物料的库存规模、送货频次、容器标准化、搬运工具标准化、标准数量，然后再考虑物流的路线和仓库面积，库存尽可能降低，不得已最后再考虑立体仓库。PFEP 是其重要的数据基础，可以参考情景 4。

6）既要关注宏观布局又要考虑微观布局，如空间利用、物料通道、人行道、参观通道、维修方便性、环境、安全等。

总之，布局的设置没有绝对合理，但是可以通过精益的方法，以减少和杜绝浪费为原则而使之趋于更加合理化。

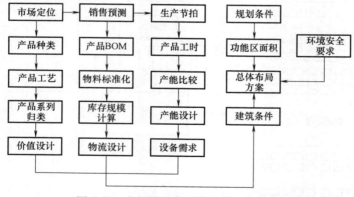

图 4-28　车间精益布局的整体规划原则

要 点 梳 理

1. 通过现场观察找到明显的浪费，利用"快速改善法"消除这些浪费，然后找出真正的工作要素，对这些可重复的工作要素进行时间观察，确定真正的工序周期时间；通过绘制操作者的作业平衡图来判断作业者之间工作的平衡性以及和节拍时间之间的差距。

2. 进行单元化生产设计的原则：首先按照产品家族的分类方法，对组装工序进行进一步分类，确定不同生产单元，然后进行单元作业人数和生产线平衡率的计算。同时，需要按照布局原则、物料配送原则、设备选择原则等一系列原则进行单元化生产设计。

3. 产品和过程准备叫做 3P，其中把只涉及生产准备的过程称为 2P。利用 2P 进行单元化生产布局设计的步骤是：建立小组→制订 2P 行动计划→2P 计划实施。2P 实施的关键点是：通过头脑风暴法制定初步方案；利用"权重分析法"找出优选方案；模型制作、模拟改善和再模拟；最后确定最优方案。

4. 对于人、机联合作业的工序，通过时间观察决定对工序的整合，消除阻碍工序间物料流动的因素。人、机联合作业表以及标准化作业是作业者的操作标准，并基于作业标准计算工序产能。

5. 什么是三表一书。

6. 如何在表面处理、热处理等批量生产工序实现近似连续流？设置先进先出（FIFO）通道；建立异常报警机制并及时升级，以便快速解决问题；设立例外处理规则；进行工艺改进，寻找可以实现单件流动的处理方式。

7. 在实现连续流的过程中，要简化 ERP 系统中物料的中间环节和出、入库手续。

8. 车间布局整体优化的方法：利用"二维模型""沙盘模拟法""意大利面条图"以及 2P 方式选择最优布局，并基于车间布局原则进行实施。

理解价值流的拉动——"拉动"就是"去库存"

在连续流的精益原则指导下，吕新和团队一起在组装工序、加工工序进行了很多的精益改善，接下来的工作就是在无法实现流动的工序间实施拉动，建立整个价值流的无间断精益生产模式。

当初在讨论将来价值流图时，大家对拉动、看板和超市的概念还非常陌生，肖老师这样解释："当初大野耐一参观美国的超市后，得到启发而提出拉动式的生产方式。那么，现在举一个生活中的例子：假如超市有20箱方便面，如果每天客户恰好需要20箱，那么当客户拿走这些方便面后，第二天再及时补上。这仅是非常理想的状态，在现实生活中，这种情况几乎不可能发生。但是我们可以根据实际的客户需求情况，定义一个补货触发点，例如，当方便面被拿走15箱时，立刻通知配货人员补充15箱，这就是拉动的概念；超市消耗的信息通过条码扫描实现，假设没有条码，在每箱方便面上放置一张卡片，每消耗一箱方便面就释放一张卡片，当累计到15张卡片时，代表补货，这些卡片就是所谓的看板；例子中方便面的补货模式就是基于客户需求的拉动方式。"

听了肖老师的解释，又经过多次讨论和不断学习，大家终于初步理解了看板拉动实施的原理以及其中超市所扮演的角色。在这样的认知基础上，经过反复的讨论，大家对于在哪里建立超市也终于达成一致，如图5-1所示。

1）考虑到客户需求的波动以及交货及时性，建立成品超市。

2）由于表面处理工艺的特殊性，机械加工后的产品在该工序只能实现FIFO，不可能是单件流。

3）为了抵消表面处理工序处理时间长的因素影响，需要在该工序后建立超市，这样组装工序在装配时，水蜘蛛可以直接从超市为其配料。

4）加工工序之前设置毛坯超市。

情景5 理解价值流的拉动——"拉动"就是"去库存"

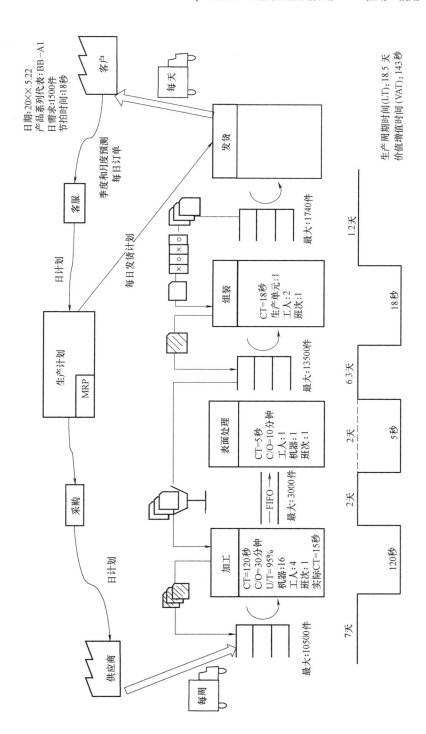

图 5-1 BB-A 价值流的将来价值流图

哪里设置超市的问题清楚后，当真正开始实际工作时，又感觉无从下手，吕新和大家讨论后，汇总以下几个问题：

1）究竟哪些产品要建立超市？
2）产品超市的数量如何进行计算呢？
3）看板到底是如何实施和运作的？
4）如何管理超市并和 ERP 系统进行结合呢？

拉动的目的就是消除库存浪费

1. 库存是最大的浪费

精益生产中的支柱之一——"Just in time"即"准时化生产"的含义就是"刚刚好"的意思，也就是在生产者或客户恰好需要时可以得到正好数量的供应，时间不早不晚，数量不多不少。由此，我们可以知道，准时化生产所追求的就是最低甚至"零"库存，而这种状态的实现是基于"客户"的实际需求，然后由客户需求来驱动上游生产，从而实现库存最低。

丰田生产模式的创始人之一大野耐一先生说："在业务中没有比过度生产更浪费资源的了。"因此，库存浪费是七大浪费之首，有的人甚至说"库存是万恶之源"，因为它会掩盖许多问题，从而失去解决问题的动力和急迫性。所以，不难理解"准时化生产"为什么会成为丰田生产模式的支柱之一，它的目的其实就是消除库存浪费，与政府提出的"去库存"概念不谋而合。

2. 价值流拉动系统超市

尽管库存越少越好，但是由于需求波动、换型、交货周期、批量生产、工序间生产周期时间（CT）不匹配以及质量等各种原因，又不得不需要一定合理数量的库存，在拉动系统里，这些库存通常被称为超市。超市的作用就是起到缓冲需求波动、平衡生产和减小过程异常影响的作用，从而保证准时交货，如图 5-2 所示。

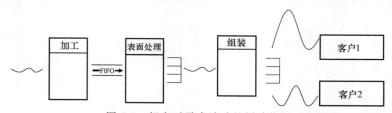

图 5-2 超市对需求波动的缓冲作用

和日常生活中所见到的超市一样，它具备以下几个显著特点：
1）客户可以随时方便地拿到想要的产品。
2）根据产品的消耗情况，及时进行补充。
3）有固定的存放位置，标识明确。

4）有数量的限制。

5）超市内的型号种类和数量大小不是一成不变的，而是随着客户需求的变化进行周期性的调整。

6）超市仍然是库存，只是"受控"而已，所以同样需要持续优化达到超市数量"最小化"。

但是，对于价值流来说，并不是所有的产品都需要建立超市。在拉动系统里，只对那些需求量较大、波动较小的产品通过拉动方式进行拉动管理，使超市的库存量维持在一个合理的水平。

从确定库存策略开始

前文中提到按照超市生产（Make to Supermarket）和按照订单生产（Make to Order）两种成品策略。下面就来看如何确定和选择成品策略，并由此推而广之到半成品、原材料等物料的库存策略。

ABC-XYZ分析矩阵法是根据需求对物料（无论是成品、过程产品或者原材料以下统称为物料）进行分组归类的分析方法。使用该分类法的目的就是对物料进行分类，从而决定不同的策略。ABC-XYZ分析矩阵法从纵轴和横轴两个维度来对物料特性进行分析。应用ABC分类法将纵轴分成A、B、C三个区域，分别表示物料需求数量的不同特性；同样，应用XYZ分类法将横轴分成X、Y、Z三个区域，分别表示物料需求波动的特性。这样就得到3×3的9格矩阵图，物料根据自身特性分别落在这几个区域之内。

（1）ABC分类法的原理　ABC分类法（Activity Based Classification）是基于帕累托图的80/20原则，它被广泛应用于日常管理当中，其核心思想是在众多复杂的因素中找出对事物起决定作用的关键因素。同样，在库存管理中，应用ABC分类法可以对物料进行分类，找出那些需要重点关注的物料。

A类物料的种类占全部物料种类的10%左右，而其数量占全部物料总数量的80%左右；B类物料的型号种类占全部物料种类的20%左右，其需求量大概占全部物料总数量的15%左右；C类物料种类占全部物料种类的70%左右，而数量只占全部物料总数量的5%左右，如图5-3所示。

（2）ABC分类的方法和步骤

1）收集数据。以月为单位，收集价值流所涉及物料的年度需求数据，整理成相应的表格。通常通过ERP系统，很容易就可以获得相关物料的需求数据，例如，对于成品，可以以成品发出仓库的数据作为需求量，对于过程物料以及原材料可以以工单投料作为需求量。

2）计算整理。ERP导出的数据形成Excel表格，然后对数据进行处理。注意对每个型号的年用量进行累计计算并从大到小进行排列，然后根据累计数量计算累计百分数。

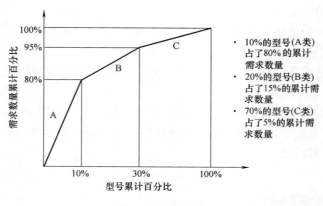

图 5-3 ABC 分类法

3）ABC 分类法。根据分类标准，进行 ABC 分类。如果将累计百分数达到 70%~80%时所覆盖的型号定义为 A 类；将累计百分数达到 80%~90%时所覆盖的型号定义为 B 类；而将累计百分数达到 90%~100%时所覆盖的型号定义为 C 类，见表 5-1。需要说明，百分比只是一个通常的建议数字，并无严格的划分标准和规定，实际操作可以根据实际情况进行一定的调整。

4）XYZ 分类法。XYZ 分类法是基于物料的需求波动进行的一种分析方法。每一种物料的需求都是有波动的，所以，使用 XYZ 分类法将物料分成 X、Y、Z 三类，其中，X 类为波动较小的物料，Y 类次之，Z 类的波动最大。

波动通过波动系数来反映，波动系数 CV（Coefficient of Variation）用物料需求的标准差与物料需求均值的比值表示，其公式为

$$CV = s/\bar{x}$$

$$s = \sqrt{\frac{\sum_{i=1}^{n}(x_i - \bar{x})^2}{n-1}}$$

$$\bar{x} = \frac{\sum_{i=1}^{n} x_i}{n}$$

当 CV≤0.5 时，该物料为 X 类；当 0.5<CV≤1 时，该物料为 Y 类；当 CV>1 时，该物料则为 Z 类，见表 5-2。

ABC-XYZ 分类的方法不仅适用于成品的分类，也适用于所有库存产品的分类，包括过程库存和原材料库存的物料。对于成品来说和价值流的八点原则相对应，称之为成品策略，而过程库存和原材料库存规则可以称为物料的库存策略。

在 BF 公司，确定成品分类后，其 BOM 清单里所对应的主要原材料就采用同样的库存策略。当然很多时候会出现原物料子件共用的情况，解决的方法是根据原物料投料出库情况对其进行 ABC-XYZ 分析，决定原物料库存策略，见表 5-3。

情景5 理解价值流的拉动——"拉动"就是"去库存"

表 5-1 ABC 分类数据表

型号	每月销售量												累计数量	累计百分比	月平均数量 $\bar{x}=\dfrac{\sum_{i=0}^{n}x_i}{n}$	标准偏差 $s=\sqrt{\dfrac{\sum_{i=0}^{n}(x_i-\bar{x})^2}{n-1}}$	波动系数 $CV=s/\bar{x}$	ABC 分类
	1月	2月	3月	4月	5月	6月	7月	8月	9月	10月	11月	12月						
BB-A1	6612	3252	3144	3492	3972	4656	5892	8052	4452	8532	5172	6132	63360	16%	5280	1804	34%	A
BB-A2	4561	3601	4081	4081	3601	4321	4561	5761	5521	5041	3601	4081	116172	29%	4401	726	16%	A
BB-A3	4082	3362	3602	3602	3602	3842	4322	3362	3122	2642	3122	3602	158436	40%	3522	450	13%	A
BB-A4	2642	1442	1922	1922	2162	2642	2162	4562	3602	3122	3122	2402	190140	48%	2642	856	32%	A
BB-A5	1404	1204	1480	3600	1244	1634	1688	3760	2080	3752	3440	1084	216510	55%	2198	1097	50%	A
BB-A6	1785	990	1930	630	1234	1647	3197	4633	2339	3850	350	1630	240725	61%	2018	1294	64%	A
BB-A7	1693	810	825	2335	2065	1857	967	3844	2385	2478	2032	1895	263911	67%	1933	844	44%	A
BB-A8	460	2279	1420	730	736	432	391	6265	2200	1660	2170	3780	286434	72%	1877	1716	91%	A
BB-A9	1040	1090	540	640	574	1671	1490	3073	1284	2290	2890	1890	304906	77%	1540	860	56%	A
BB-A10	468	568	693	668	868	1036	603	2636	2070	3215	1412	393	319536	81%	1220	931	76%	B
BB-A11	952	1368	988	2278	749	921	1412	778	1268	1298	1658	538	333744	84%	1184	473	40%	B
BB-A12	1113	453	978	1443	929	1524	1823	714	1665	931	1183	408	346908	88%	1097	454	41%	B
BB-A13	1458	618	978	918	693	1128	1656	784	909	1979	1377	498	359904	91%	1083	450	42%	C
BB-A14	1075	550	400	610	640	310	1135	1035	1540	2934	1275	1165	372573	94%	1056	703	67%	C
BB-A15	793	1030	1375	1930	849	852	790	820	935	1015	595	1000	384557	97%	999	349	35%	C
BB-A16	568	448	888	688	648	728	768	1239	1757	2248	468	668	395673	100%	927	553	60%	C

表 5-2 XYZ 分类数据表

型号	每月销售量												累计数量	累计百分比	月平均数量 $\bar{x}=\dfrac{\sum_{i=0}^{n}x_i}{n}$	标准偏差 $s=\sqrt{\dfrac{\sum_{i=0}^{n}(x_i-\bar{x})^2}{n-1}}$	波动系数 $CV=s/\bar{x}$	XYZ 分类
	1月	2月	3月	4月	5月	6月	7月	8月	9月	10月	11月	12月						
BB-A1	6612	3252	3144	3492	3972	4656	5892	8052	4452	8532	5172	6132	63360	16%	5280	1804	34%	X
BB-A2	4561	3601	4081	4081	3601	4321	4561	5761	5521	5041	3601	4081	116172	29%	4401	726	16%	X
BB-A3	4082	3362	3602	3602	3602	3842	4322	3362	3122	2642	3122	3602	158436	40%	3522	450	13%	X
BB-A4	2642	1442	1922	1922	2162	2642	2162	4562	3602	3122	3122	2402	190140	48%	2642	856	32%	X
BB-A5	1404	1204	1480	3600	1244	1634	1688	3760	2080	3752	3440	1084	216510	55%	2198	1097	50%	Y
BB-A6	1785	990	1930	630	1234	1647	3197	4633	2339	3850	350	1630	240725	61%	2018	1294	64%	Y
BB-A7	1693	810	825	2335	2065	1857	967	3844	2385	2478	2032	1895	263911	67%	1933	844	44%	X
BB-A8	460	2279	1420	730	736	432	391	6265	2200	1660	2170	3780	286434	72%	1877	1716	91%	Y
BB-A9	1040	1090	540	640	574	1671	1490	3073	1284	2290	2890	1890	304906	77%	1540	860	56%	Y
BB-A10	468	568	693	668	868	1036	603	2636	2070	3215	1412	393	319536	81%	1220	931	76%	Y
BB-A11	952	1368	988	2278	749	921	1412	778	1268	1298	1658	538	333744	84%	1184	473	40%	X
BB-A12	1113	453	978	1443	929	1524	1823	714	1665	931	1183	408	346908	88%	1097	454	41%	X
BB-A13	1458	618	978	918	693	1128	1656	784	909	1979	1377	498	359904	91%	1083	450	42%	X
BB-A14	1075	550	400	610	640	310	1135	1035	1540	2934	1275	1165	372573	94%	1056	703	67%	Y
BB-A15	793	1030	1375	1930	849	852	790	820	935	1015	595	1000	384557	97%	999	349	35%	X
BB-A16	568	448	888	688	648	728	768	1239	1757	2248	468	668	395673	100%	927	553	60%	Y

情景5 理解价值流的拉动——"拉动"就是"去库存"

表 5-3 BB-A 系列产品的 ABC-XYZ 表

型号	每月销售量												累计数量	累计百分比	月平均数量 $\bar{x}=\dfrac{\sum_{i=0}^{n}x_i}{n}$	标准偏差 $s=\sqrt{\dfrac{\sum_{i=0}^{n}(x_i-\bar{x})^2}{n-1}}$	波动系数 $CV=\dfrac{s}{\bar{x}}$	ABC 分类	XYZ 分类	ABC-XYZ 分类	归类
	1月	2月	3月	4月	5月	6月	7月	8月	9月	10月	11月	12月									
BB-A1	6612	3252	3144	3492	3972	4656	5892	8052	4452	8532	5172	6132	63360	16%	5280	1804	34%	A	X	AX	执行者
BB-A2	4561	3601	4081	4081	3601	4321	4561	5761	5521	5041	3601	4081	116172	29%	4401	726	16%	A	X	AX	执行者
BB-A3	4082	3362	3602	3602	3602	3842	4322	3362	3122	2642	3122	3602	158436	40%	3522	450	13%	A	X	AX	执行者
BB-A4	2642	1442	1922	1922	2162	2642	2162	4562	3602	3122	3122	2402	190140	48%	2642	856	32%	A	X	AX	执行者
BB-A5	1404	1204	1480	3600	1244	1634	1688	3760	2080	3752	3440	1084	216510	55%	2198	1097	50%	A	X	AX	执行者
BB-A6	1785	990	1930	630	1234	1647	3197	4633	2339	3850	350	1630	240725	61%	2018	1294	64%	A	Y	AY	执行者
BB-A7	1693	810	825	2335	2065	1857	967	3844	2385	2478	2032	1895	263911	67%	1933	844	44%	A	X	AX	执行者
BB-A8	460	2279	1420	730	736	432	391	6265	2200	1660	2170	3780	286434	72%	1877	1716	91%	A	Y	AY	执行者
BB-A9	1040	1090	540	640	574	1671	1490	3073	1284	2290	2890	1890	304906	77%	1540	860	56%	A	Y	AY	执行者
BB-A10	468	568	693	668	868	1036	603	2636	2070	3215	1412	393	319536	81%	1220	931	76%	B	Y	BY	重复者
BB-A11	952	1368	988	2278	749	921	1412	778	1268	1298	1658	538	333744	84%	1184	473	40%	B	X	BX	执行者
BB-A12	1113	453	978	1443	929	1524	1823	714	1665	931	1183	408	346908	88%	1097	454	41%	B	X	BX	执行者
BB-A13	1458	618	978	918	693	1128	1656	784	909	1979	1377	498	359904	91%	1083	450	42%	C	X	CX	重复者
BB-A14	1075	550	400	610	640	310	1135	1035	1540	2934	1275	1165	372573	94%	1056	703	67%	C	Y	CY	陌生者
BB-A15	793	1030	1375	1930	849	852	790	820	935	1015	595	1000	384557	97%	999	349	35%	C	X	CX	重复者
BB-A16	568	448	888	688	648	728	768	1239	1757	2248	468	668	395673	100%	927	553	60%	C	Y	CY	陌生者

89

5）ABC-XYZ 矩阵。结合 ABC 和 XYZ 分类，就是基于物料需求数量和需求波动的 ABC-XYZ 分类法。将 ABC 和 XYZ 分类的两个维度进行组合，得到 3×3 的 9 格矩阵图，如图 5-4 所示。

所有物料根据其需求的数量和波动情况，分别落在 AX、AY、AZ、BX、BY、BZ、CX、CY 及 CZ 9 个方格中，被分成 9 小类，然后再将 9 小类物料分成 3 大类，见表 5-4。

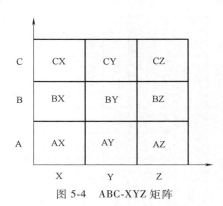

图 5-4　ABC-XYZ 矩阵

① AX、AY 和 BX 类物料称为执行者（Runner），它们的特点是客户需求量大、波动小，所以其成品策略为按照超市生产。

② AZ、BY 和 CX 类物料称为重复者（Middle Runner），它们的特点是较执行者需求量小、波动也略大，其成品策略可以灵活决定。在市场形势好的情况下，可以按照超市生产；而在销售形势不好的情况下，可以只建立适当的库存，其数量比按照超市生产的库存量小。

③ BZ、CY 和 CZ 类物料称为陌生者（Low Runner），它们的特点是需求量很小且波动很大，所以其成品策略为按照订单生产，除非客户能够提供较为准确的需求预测。

表 5-4　ABC-XYZ 矩阵分类表

ABC-XYZ 分类	特点	名称	英文简称	库存策略
AX、AY、BX	需求大、波动小	执行者	R	按超市生产
AZ、BY、CX	需求较小、波动较大	重复者	MR	按超市生产或建立一定库存
BZ、CY、CZ	需求很小、波动很大	陌生者	LR	按订单生产

如何确定超市的数量

1. 超市库存的组成结构

对于库存策略为按照超市生产的物料，需要通过计算确定超市数量。超市库存通常由周期库存（Cycle Stock）、缓冲库存（Buffer Stock）、安全库存（Safety Stock）和临时库存（Temporary Stock）四部分组成，如图 5-5 所示。这四部分的库存按照库存的目的进行分类，每一部分的库存基于一定的原因而存在，无论是内部产品超市（包括成品超市和过程产品超市）还是原材料超市，它们的构成都是按照这四部分进行计算。

周期库存与换型时间、生产间隔时间、物料补充间隔时间以及订单交货周期等因素相关，它在总的超市库存中所占的比例也最高；缓冲库存与客户及下游工序的需求波动相关；安全库存与上游工序的质量水平以及生产过程异常停线、设备故障停机等有关；临时库存严格来说不是正常的超市库存，属于为应对临时情况，如客户订单突然大量增加而准备的库存，所以需要严格管理和控制。

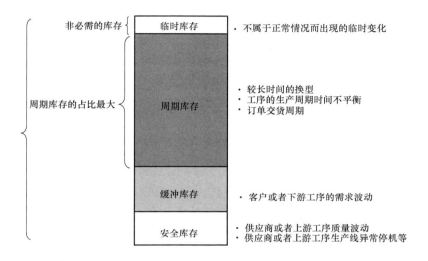

图 5-5 超市库存的组成结构图

2. 周期库存

（1）原材料周期库存的计算

$$周期库存数量 = d \times (T+LT+A)$$

1）d：平均日消耗量。计算物料平均日消耗量时，数据取值的时间跨度可以依据实际情况来灵活决定，没有固定格式，但要考虑可以反映实际的需求状况，如历史12个月数据、6个月数据等。

2）T：补充间隔时间。补充间隔时间是指物料固定的补充间隔时间。考虑物流成本等因素，周期补充间隔时间通常由供应商的发货频次决定（理想状态是供应商在工厂附近，随时送货，这样就可以连续补货）。例如，供应商每5天发一次货，那么物料的补充间隔时间就是5天；如果供应商对该物料有最小订货批量（MOQ）的要求，且平均日消耗量乘以补充间隔时间（d×T）的数量小于最小订货批量时，则要取最小订货批量的数量。

3）LT：订单发出到收货时间。订单发出到收货时间是指供应商从收到订单并把货物发到工厂的时间，包括订单的处理时间、生产时间以及运输时间等。

4）A：其他时间。其他时间是指信息传递、物料周转等内部处理时间，比如物料从超市领出，触发采购指令后到达供应商所需要的信息处理时间，以及收到物料到进入原材料超市的时间等。

总的周期库存时间决定了周期库存的大小，所以，要想降低周期库存时间，就必须降低其中每一项因素的时间。当然，理想状态是供应商能够把物料直接送到生产线上，而无须建立超市。图 5-6 所示为总周期库存时间的构成。

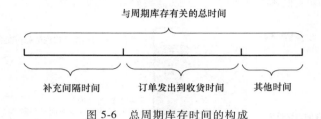

图 5-6　总周期库存时间的构成

（2）内部超市周期库存的计算

$$周期库存数量 = d×(EPEI+LT+A)$$

1）EPEI：上游工序的生产间隔时间（Every Part Every Interval）。比如，一台设备生产 4 个型号，平均每 5 天每个型号会重复生产一次，那么生产间隔时间就是 5 天。生产间隔时间的长短主要与设备换型时间有关，其计算公式为

$$EPEI = \sum 产品换型时间 / 每天剩余可利用时间$$

$$每天剩余可利用时间 = 每天可利用时间 - 有效运行时间$$

$$有效运行时间 = \sum CT × 每个型号生产数量$$

在实际 EPEI 计算过程中，要考虑以下因素：

① 每天的生产数量可以取一段时间（如一年或半年）的平均值。

② 考虑上游工序（如加工工序）生产数量和目标工序（如组装工序）单位包装量的匹配关系。

③ 当 EPEI>1 时，说明每天无法完成所有型号的生产，需要将 EPEI 按照倍数进行圆整。

④ 如果客户或下游工序的拉动频次比 EPEI 要长，那么就要调整到下一个 EPEI。例如，组装工序的 EPEI 是 1 天，但是给客户发货的频次是每 3 天一次，那么就要把组装工序的 EPEI 调整为 3 天。

2）LT：从工序到达超市的时间。从工序到达超市的时间是指产品从上游工序加工出来到超市所需要的时间，包括中间工序的生产周期以及运输时间。比如 BB-A1 产品中间有表面处理的时间，其生产周期时间为 2 天，那么工序的生产周期时间就是 2 天（假设忽略运输时间）。

3）A：其他时间。其他时间是指物料从超市领出后，触发看板信息到达上游工序所需要的时间。

3. 缓冲库存

缓冲库存是为缓冲客户或下游工序的波动而设置的库存。假定 LT 时间（定货量至交货周期）内的需求量服从以 LT×d 为均值的正态分布，如图 5-7 所示。

缓冲库存的计算公式为

缓冲库存 = $Z \times \sigma_{LT}$

1) σ_{LT} 是指订单发出到收货时间（外部工序）或者从工序到达超市（内部工序）的时间内需求的标准偏差，其计算公式为

$$\sigma_{LT} = \sqrt{LT} \times S_d$$

2) S_d 是衡量下游工序的日需求量变化和波动的标准偏差，是以下游工序一段时间（通常为3个月）的每日需求量为基础进行计算，其计算公式为

$$S_d = \sqrt{\frac{\sum_{i=1}^{n}(d_i - \overline{d})^2}{n-1}}$$

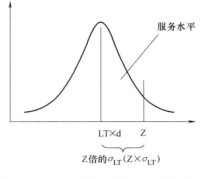

图 5-7 安全系数 Z 和服务水平的关系

对于缓冲库存量的计算，要注意以下几点：

① 当 LT 的单位时间<1 时，$\sigma_{LT} = S_d$。

② 尽管理论计算缓冲库存=$Z \times \sqrt{LT} \times S_d$，但在实际的操作中，可以根据实际情况适当控制缓冲库存的量。

③ 考虑持续降低缓冲库存的可能性。

3) Z 为一定服务水平下查标准正态分布表得到的 Z 值，Z 值越大，服务水平越高，但是库存也越大，Z 值和服务水平的对应关系见表 5-5。

例如，当 Z = 2.0 时，服务水平为 97.7%，缺货概率为 2.3%。

表 5-5 Z 值和服务水平的对应关系

Z	服务水平(%)	缺货概率(%)	Z	服务水平(%)	缺货概率(%)
0.0	50.0	50.0	2.0	97.7	2.3
0.5	69.1	30.9	2.1	98.2	1.8
1.0	84.1	15.9	2.2	98.6	1.4
1.1	86.4	13.6	2.3	98.9	1.1
1.2	88.5	11.5	2.4	99.2	0.8
1.3	90.3	9.7	2.5	99.4	0.6
1.4	91.9	8.1	2.6	99.5	0.5
1.5	93.3	6.7	2.7	99.6	0.4
1.6	94.5	5.5	2.8	99.7	0.3
1.7	95.5	4.5	2.9	99.8	0.2
1.8	96.4	3.6	3.0	99.9	0.1
1.9	97.1	2.9			

4. 安全库存

当物料从超市中领出时，信息会触发到上游工序，上游工序收到信息后开始按照产品的生产间隔（EPEI）进行生产，这是正常情况下的状态。但是，上游工序的生产状况并不总是稳定的，比如质量不良、生产线异常停机等，所以需要设置一定的安全库存来抵消上游供应工序所出现的异常状况。

$$安全库存 = 周期库存 \times (产品不良率 + 停机率)$$

5. 临时库存

临时库存是为应对特殊的临时情况所准备的库存。临时情况如：由于客户促销活动而出现的临时需求；季节性需求变化；供应商工厂搬迁；国内外假期时间差异等。临时库存的设置必须严格控制和审批，不能让其成为不受控的库存，所以最好单独放置、单独管理、优先使用。

6. 超市数量触发点的确定

触发点（Trigger Points）就是超市的再订货点，它是由物料的补充间隔时间或者EPEI决定，简单理解就是物料消耗到一定程度，重复补充物料的点，其具体含义如图 5-8 所示。

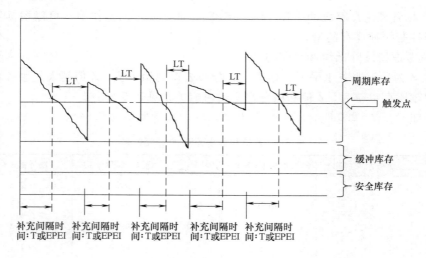

图 5-8 超市周期补货示意图

对于原物料而言，每消耗 d×T 时，就触发补充需求；对于内部物料，每消耗 d×EPEI 的数量时，触发补充需求。

为每个产品制订计划

1. 什么是"为每个产品制订计划"

为每个产品制订计划（Plan For Every Part，PFEP），是一个电子数据库或者电子数据表，它包含与物料相关的必要信息，例如，物料名称、供应商名称、物料的 ABC-XYZ 分类特性、物料地址、补货周期、物料的日需求量、包装规格、物料生产工序的不良率、停机率、需求波动的标准偏差以及看板计算等。

PFEP 是每个物料的库存计划，它不仅应用于外部的原材料，而且也适用于内部的过程产品以及成品等。通过 PFEP，可以准确计算和控制物料的库存，它是精益库存管理的重要工具，因为零库存是理想状态，在实际控制中通过 PFEP 可以做到库存合理和受控。

尽管 PFEP 为每个物料制订计划，但是对于确定库存策略为按订单生产的物料，其库存就是零，应该按照顺序拉动的模式使物料流动，不能再出入仓库，增加中间环节运输、搬运等的浪费；对于库存策略为按库存生产的物料，要定义安全库存量；对于库存策略为按照超市生产的物料，则按照周期库存、缓冲库存、安全库存以及临时库存的计算方式对超市数量进行计算。所以，PFEP 是所有物料的数据信息，更是超市数量计算的重要依据，是确定看板数量和进行超市拉动的数据基础。

2. PFEP 的关键点

1）PFEP 是一个动态的数据表，包含物料的必要信息，依据库存策略计算相应库存。

2）PFEP 是库存控制的重要工具，所以必须指定一个 PFEP 的负责人进行数据更新，保证其准确性，并要经过批准。

3）最低要求是每月进行一次 PFEP 更新，当有过程改善和提高时，如缩短换型时间、改善交货周期时间等，PFEP 要进行相应的调整。

4）PFEP 中任何的更改都要经过批准，例如，使用"更改申请表"等纸质表格，显示对于库存的严格控制。

5）每季度要对物料的 ABC-XYZ 分类进行更新，PFEP 也要做相应的更新。

6）PFEP 要在超市现场可以随时得到，方便对库存的核对和检查。

3. PFEP 计算范例

表 5-6 是一个原物料超市 PFEP 的部分数据表（不包括看板计算部分），包含上面所提到的基本物料信息和基础的计算数据。为了大家理解其中的逻辑关系，将周期库存、缓冲库存和安全库存的计算公式列在表上。需要说明，在计算周期库存、缓冲库存和安全库存时，根据单位包装对其进行圆整，所以实际的超市库存略大于理论需求量。说明，单位包装数量的多少，影响库存的实际量，包装越小，圆整所带来的影响越小，但是，包装成本和库位数又会增加，所以需要综合考虑。

- PFEP 看板的计算

除了物料信息和库存数据，PFEP 还包含看板的计算部分。通常一个单位包装需要一张看板，所以，一张看板代表一个单位包装的数量。周期库存、缓冲库存和安全库存分别除以单位包装数量，圆整后就得到看板的张（或个）数，见表 5-7。

表 5-6 原料超市 PFEP 的部分数据表（数据计算部分）

物料号	ABC-XYZ安全系数	供应商	总周期库存时间 F=G+I+J /天	物料补充间隔时间 /天	订单发出到收货时间 /天	其他时间 /天	不良率	使用工序	日用量	标准偏差	标准包装 P	周转箱高度	周转箱长度	周转箱宽度	超市库位	周期库存 U=ROUNDUP(F×M/P,0)×P	缓冲库存 V=ROUNDUP(D×N/P,0)×P	安全库存 W=ROUNDUP(U×K/P,0)×P	理论最大动态库存 X=U+V+W
B	C	D	F	G	I	J	K	L	M	N	P					U	V	W	X
FM01	AX	ZF	5.5	2	3	0.5	0.36%	加工	39	19	10	300	200	115	原物料 F-3-1-1	220	40	10	270
FM02	AY	ZF	5.5	2	3	0.5	0.36%	加工	23	17	10	300	200	115	原物料 E-2-1-5	130	40	10	180
FM03	AX	ZF	5.5	2	3	0.5	0.24%	加工	30	12	10	300	200	115	原物料 C-1-3-1	170	30	10	210
FM04	AX	ZF	5.5	2	3	0.5	0.29%	加工	24	11	10	300	200	115	原物料 D-1-1-2	140	30	10	180
FM05	BX	RQ	6.5	3	3	0.5	0.29%	加工	20	9	10	300	20	115	原物料 F-2-3-1	140	20	10	170
FM06	AX	RQ	6.5	3	3	0.5	0.24%	加工	20	9	10	300	200	115	原物料 X-1-2-1	130	20	10	160
FM07	BX	RQ	6.5	3	3	0.5	0.29%	加工	30	14	10	300	200	115	原物料 E-1-3-2	200	30	10	240
FM08	BX	RQ	6.5	3	3	0.5	0.36%	加工	44	18	10	300	200	115	原物料 E-1-1-2	290	40	10	340
FM09	BX	RQ	6.5	3	3	0.5	0.78%	加工	43	20	10	300	200	115	原物料 Y-2-5-1	290	40	10	340

注：
1. 表格中第二行所列出的字母是为方便对第一列中的公式进行说明而设置的，与 BB-A 价值流的实际消耗并不完全匹配，该表无须在具体数字上过多纠结，与 Excel 中的小数保留位数为"0"有关。
2. 此表作为 PFEP 的计算范例，本模块中其他表格也有类似应用，不再另外注解。
3. 表中的日用量并不一定整数，与 Excel 中的小数保留位数为"0"有关。

表 5-7 原物料超市 PFEP 中看板的计算部分

周期库存 $U=ROUNDUP$ $(F×M/P,0)×P$	缓冲库存 $V=ROUNDUP$ $(D×N/P,0)×P$	安全库存 $W=ROUNDUP$ $(U×K/P,0)×P$	理论拉动最大库存 $X=U+V+W$	每张看板数量	触发点看板数 $Z=ROUNDUP$ $(G×M/Y,0)$	周期库存看板（张数） $AA=U/Y$	缓冲库存看板（张数） $AB=V/Y$	安全库存看板（张数） $AC=W/Y$	看板总数（张数） $AD=AA+AB+AC$
U	V	W	X	Y	Z	AA	AB	AC	AD
220	40	10	270	10	8	22	4	1	27
130	40	10	180	10	5	13	4	1	18
170	30	10	210	10	6	17	3	1	21
140	30	10	180	10	5	14	3	1	18
140	20	10	170	10	7	14	2	1	17
130	20	10	160	10	6	13	2	1	16
200	30	10	240	10	9	20	3	1	24
290	40	10	340	10	14	29	4	1	34
290	40	10	340	10	13	29	4	1	34

对于看板的类别和作用以及如何通过看板进行拉动，在后续的情景中进行详细的介绍。在这里介绍如何计算看板，是为了不把 PFEP 进行分割，而是以一个完整的方式介绍这个数据系统，因为它是超市库存和拉动系统建立的数据基础，在后面将要提到成品超市、半成品超市。

- PFEP 触发点看板数的确定

触发点看板数指所消耗物料代表的看板数量，如图 5-9 所示。

1）对于原物料，用每日的消耗量乘以物料的补充间隔时间再除以看板代表的数量，圆整后得到的看板数。

2）对于内部物料，用每日的消耗量乘以 EPEI 再除以看板代表的数量，圆整后得到看板数，也就是说，每当释放一定看板数（d×T 代表的看板数）后，就要触发物料补充信号。

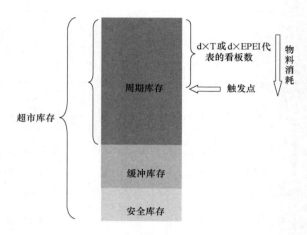

图 5-9　基于 PFEP 超市触发点示意图

4. PFEP 与 ERP 系统的关系

PFEP 是简单的数据表，使用 Excel 表格完全可以实现 PFEP 功能。PFEP 的重要作用是对于超市库存进行计算，是建立看板拉动系统的数据基础。如果建立拉动系统，除了那些必要的为成本管理而设置的出、入库手续需要录入系统外，涉及具体需求就要尝试不去依赖 ERP 系统，因为 ERP 最大的问题就在于不能适时掌握现场正在发生的问题，存在一定的滞后性。

如何建立看板拉动系统

1. 成品策略

根据成品 ABC-XYZ 的分类，确定 BB-A 系列产品中的执行者和重复者，见表 5-8。

表 5-8 BB-A 系列产品的 ABC-XYZ 分类

型号	每月销售量												日平均需求数量	ABC 分类	XYZ 分类	ABC-XYZ 分类	归类
	1月	2月	3月	4月	5月	6月	7月	8月	9月	10月	11月	12月					
BB-A1	6612	3252	3144	3492	3972	4656	5892	8052	4452	8532	5172	6132	240	A	X	AX	执行者
BB-A2	4561	3601	4081	4081	3601	4321	4561	5761	5521	5041	3601	4081	200	A	X	AX	执行者
BB-A3	4082	3362	3602	3602	3602	3842	4322	3362	3122	2642	3122	3602	160	A	X	AX	执行者
BB-A4	2642	1442	1922	1922	2162	2642	2162	4562	3602	3122	3122	2402	120	A	X	AX	执行者
BB-A5	1404	1204	1480	3600	1244	1634	1688	3760	2080	3752	3440	1084	100	A	Y	AY	执行者
BB-A6	1785	990	1930	630	1234	1647	3197	4633	2339	3850	350	1630	92	A	X	AX	执行者
BB-A7	1693	810	825	2335	2065	1857	967	3844	2385	2478	2032	1895	88	A	Y	AY	执行者
BB-A8	460	2279	1420	730	736	432	391	6265	2200	1660	2170	3780	85	A	Y	AY	执行者
BB-A9	1040	1090	540	640	574	1671	1490	3073	1284	2290	2890	1890	70	A	Y	AY	执行者
BB-A10	468	568	693	668	868	1036	603	2636	2070	3215	1412	393	55	B	Y	BY	重复者
BB-A11	952	1368	988	2278	749	921	1412	778	1268	1298	1658	538	54	B	X	BX	执行者
BB-A12	1113	453	978	1443	929	1524	1823	714	1665	931	1183	408	50	B	X	BX	执行者
BB-A13	1458	618	978	918	693	1128	1656	784	909	1979	1377	498	49	C	X	CX	重复者
BB-A14	1075	550	400	610	640	310	1135	1035	1540	2934	1275	1165	48	C	Y	CY	陌生者
BB-A15	793	1030	1375	1930	849	852	790	820	935	1015	595	1000	45	C	X	CX	重复者
BB-A16	568	448	888	688	648	728	768	1239	1757	2248	468	668	42	C	Y	CY	陌生者

目前市场情况比较好，所以确定这 14 个产品的成品策略为"按照超市生产"，其生产方式如图 5-10 所示。

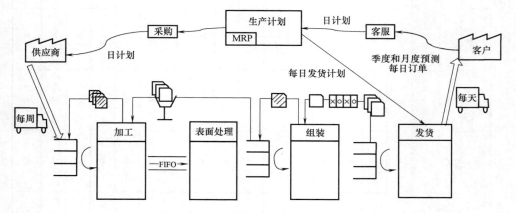

图 5-10　按照超市生产的拉动生产方式

按照超市生产的拉动方式，也称为补充拉动（Replenishment Pull），即后工序消耗之后，上游工序进行生产补充。其特点是订单交货期短，但是，需要一定的超市库存。

还有剩下的两个型号是陌生者，确定它们"按照订单生产"，其生产方式如图 5-11 所示。当接到客户订单后，开始采购原物料，然后按照先进先出的顺序进行加工、表面处理、组装和发货，这种按订单生产的方式又称为顺序拉动（Sequential Pull），即客户需求触发原材料的采购，然后按照生产流程的顺序进行生产。

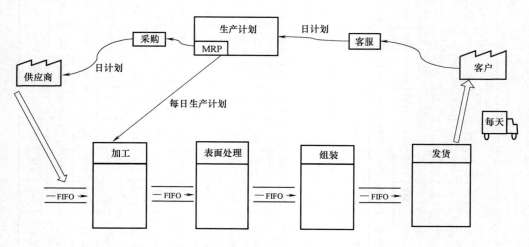

图 5-11　按照订单生产的顺序拉动生产方式

订单生产的特点：库存少，但对供应商的交货期、内部生产过程的稳定性等要求较高，通常对客户的订单交货期也较长，这就是为什么"陌生者"产品适用于该类生产方式。

不同的成品有不同的策略，在一般情况下，生产方式是按照超市和订单生产的混合式生产方式。

上面提到的三种不同成品策略，它们各有优缺点，成品策略的选择也并非固定不变，在生产周期短、过程稳定的情况下，即使是执行者，也可以按照顺序拉动生产；同样在某些情况下，例如，考虑重点客户、换型影响等因素，陌生者也可以按照补充拉动生产。

三种成品策略的优缺点对比见表5-9。

表5-9 三种成品策略优缺点对比

成品策略	优点	缺点
补充拉动生产	产品可以立即发货，交货期短	库存较大
顺序拉动生产	库存最小	1）交货期长 2）对过程的稳定性要求较高
混合式生产	1）不同产品，不同的交货期 2）库存适中	1）未建立超市的产品交货期较长 2）产品之间的轮流切换生产时间不固定，对生产安排挑战较大

2. 确定成品超市的数量

（1）成品周期库存　当确定按照超市生产的产品后，接下来的工作就是依据PFEP进行成品超市库存的计算，由于没有特别的临时需求，暂时不考虑临时库存，那么，成品超市由周期库存、缓冲库存和安全库存三部分组成。

成品超市中周期库存的计算，根据上面介绍的超市库存计算方法有：

周期库存数量=下游工序物料平均日消耗量×（上游工序的生产间隔时间+
从工序到达超市的时间+其他时间）

下游工序物料平均日消耗量是指客户的成品日平均需求数量，根据最近半年或一年客户实际需求而计算得出的日平均数量。

上游工序的生产间隔时间，是指组装工序的 EPEI，EPEI 与总的换型时间有关。BF 公司组装工序品种之间的切换非常迅速，所以，几乎不用考虑换型对生产的影响。根据表 5-10 的数据可以知道，每天成品的平均需求大约为 1500 件，TT 为 18 秒，与组装的周期时间 CT 基本匹配，也就是说，每天每个产品都可以在组装工序被生产一次，所以 EPEI 是 1 天。不过这只是理想的情况，考虑到客户实际每天的需求拉动情况，对 EPEI 进行调整：对于 X 类产品，需求稳定，每天要给客户发货，所以 EPEI 设定为 1；对于 Y 类产品，大约 2 天给客户发货一次，所以 EPEI 设定为 2。

对于 BF 公司，工序的生产周期时间和其他时间近似为 0，所以，最后得出周期库存就等于 EPEI 乘以客户的成品日平均需求数量。

（2）成品缓冲库存　客户每日需求的标准偏差乘以 2，其中，标准偏差取 3 个月的成品发货数据。Z 的取值为 2，代表约 97.7% 的服务水平。

（3）成品的安全库存　考虑到成品不良率和组装工序的停机率对客户需求的影响，所以，周期库存乘以这两个百分比之和，得到安全库存的数量。由于 BF 公司组装工序的质量稳定，并且没有停机问题，所以其安全库存数量非常小。

同样，在计算周期库存、缓冲库存和安全库存时，根据单位包装量对数据进行圆整，加和后得出成品超市的总数量（由于向上圆整的原因，周期库存会略大），见表 5-10。

3. 在节拍工序进行均衡化生产

在 BF 公司，为确定按照超市生产的执行者和重复者，生产节拍工序确定为组装工序。而确定为按照订单生产的陌生者，其生产节拍工序确定为加工工序。

如果想要实现均衡化生产，通常有三个因素：

（1）不同产品之间的切换　根据 ABC-XYZ 的分类标准，按照超市生产产品的数量占比约为 95%，所以，在组装工序中，大部分的时间是生产超市产品，当陌生者按照先进先出（FIFO）原则从加工工序流到组装工序时，可以与超市产品一起混搭在组装工序进行生产。

（2）产品切换需要的换型时间　组装工序的换型时间为 0，这样的混合生产就变得容易很多。由于客户的需求变化其实是比较大的，如图 5-12 所示，所以，可能会产生一定的加班来匹配实际的客户节拍时间。

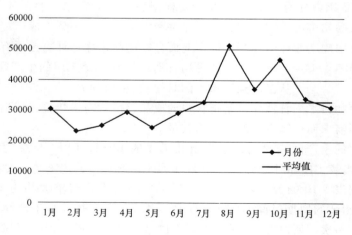

图 5-12　BB-A 产品需求变化趋势

（3）最小生产单位时间　最小生产单位时间是按照节拍工序进行生产的最短时间。

$$最小生产单位时间 = 节拍时间 \times 包装数量$$

情景5 理解价值流的拉动——"拉动"就是"去库存"

表 5-10 成品超市 PFEP 数据

序号	型号	ABC-XYZ	安全系数	组装工序	总周期库存时间 $F=I+J+K$	不良率	停机率	组装工序 EPEI	从工序到达超市的时间(LT)	其他时间	使用工序	日用量	标准偏差	标准包装	周期库存 $U=$ ROUNDUP $(F×M/Q,0)×Q$	缓冲库存 $V=$ ROUNDUP $(D×N/Q,0)×Q$	安全库存 $W=$ ROUNDUP $(U×(G+H)/Q,0)×Q$	最大拉动库存 $X=U+V+W$
	B		D		F	G	H	I	J	K		M	N	Q	U	V	W	X
1	BB-A1	AX	2	单元一	1	0.3%	0	1	0	0	客户	240	100	10	240	200	10	450
2	BB-A2	AX	2	单元一	1	0.1%	0	1	0	0	客户	200	90	10	210	180	10	400
3	BB-A3	AX	2	单元一	1	0.3%	0	1	0	0	客户	160	50	10	170	100	10	280
4	BB-A4	AX	2	单元一	1	0.0%	0	1	0	0	客户	120	100	10	130	200	0	330
5	BB-A5	AX	2	单元一	1	0.3%	0	1	0	0	客户	100	80	10	100	160	10	270
6	BB-A6	AY	2	单元一	2	0	0	2	0	0	客户	92	70	10	190	140	0	330
7	BB-A7	AX	2	单元一	1	0.3%	0	1	0	0	客户	88	65	10	90	130	10	230
8	BB-A8	AY	2	单元一	2	0	0	2	0	0	客户	85	70	10	90	140	0	230
9	BB-A9	AY	2	单元一	2	0	0	2	0	0	客户	70	38	10	140	80	0	220
10	BB-A10	BY	2	单元一	1	0	0	1	0	0	客户	55	48	10	60	100	0	160
11	BB-A11	BX	2	单元一	1	0	0	1	0	0	客户	54	39	10	60	80	0	140
12	BB-A12	BX	2	单元一	1	0	0	1	0	0	客户	50	46	10	50	100	0	150
13	BB-A13	CX	2	单元一	2	0	0	2	0	0	客户	49	20	10	100	40	0	140
14	BB-A14	CX	2	单元一	2	0	0	2	0	0	客户	45	20	10	100	40	0	140

在 BB-A 价值流的组装工序，节拍时间是 18 秒，包装数量是 10 个，所以，最小生产单位时间 = 18 秒×10 个 = 180 秒，即 3 分钟，也就是说，每 3 分钟，可以生产组装一个包装单位的产品发给客户。在实际生产中，由于 3 分钟时间很短，不可能每 3 分钟进行不同型号的切换，应该根据实际情况确定合理的均衡化生产时间。

表 5-11 是组装工序根据 Pitch 计算的理论生产间隔，以此安排日常的生产，但是，在实际情况下，看板的释放并非如此有规律，需要在实践中进行调整。

表 5-11 组装工序的理论生产间隔计算

型号	日用量	ABC-XYZ	需求比例	总间隔=每日可利用时间/Pitch =450/3/分钟	间隔数= 需求比例×间隔	时间=间隔数×Pitch/分钟
BB-A1	240	执行者	16%	150	24	72
BB-A2	200	执行者	13%	150	20	60
BB-A3	160	执行者	11%	150	16	48
BB-A4	120	执行者	8%	150	12	36
BB-A5	100	执行者	7%	150	10	30
BB-A6	92	执行者	6%	150	9	27
BB-A7	88	执行者	6%	150	9	27
BB-A8	85	执行者	6%	150	9	27
BB-A9	70	执行者	5%	150	7	21
BB-A10	55	重复者	4%	150	6	18
BB-A11	54	执行者	4%	150	5	15
BB-A12	50	执行者	3%	150	5	15
BB-A13	49	重复者	3%	150	5	15
BB-A14	48	陌生者	3%	150	5	15
BB-A15	45	重复者	3%	150	5	15
BB-A16	42	陌生者	3%	150	4	12

在实际生产过程中，每个型号的需求有较大的变化，但是，大部分的时间还是生产执行者，其次是重复者。对于陌生者，因为成品的策略是按照订单生产，从加工工序开始，最后到达组装工序，所以，需要留出大约 5%~10% 的产能直接安排陌生者的组装。

4. 建立看板拉动系统

（1）看板分类和作用　根据看板的功能和作用，看板被分成不同的类型。从大类可以分为两类：一类是用来触发生产信号的，叫作生产指示看板；另外一类是用来从超市领料和触发外部补货的，叫作领料看板。它们的外形可能没有太大差别，但是由于功能不同，所以名字不同。看板分类见表 5-12。

表 5-12 看板分类

看板类型		看板作用
生产看板	生产计划看板	用来安排在节拍工序的均衡化生产,通常把看板卡放在均衡化板上
	生产指示看板	触发上游工序生产的看板。可以是一个批量的三角看板,或者是多功能的看板
领料看板	内部领料看板	看板到达触发点时触发领用需求,使用领料看板从超市中领料,它是连接使用点和超市之间的循环看板
	供应商看板	用来进行物料补充的看板。当看板释放到订货点时,触发补货信息

(2) 节拍工序的生产计划看板 根据成品 PFEP 的数据得出超市看板的数据,见表 5-13。这样可以建立成品超市,并且每一箱成品有一张看板。

当成品消耗时,这些看板会释放到均衡化板上用来指示节拍工序进行生产,因此,这些看板就是生产计划看板,具体流程如下:

1) 根据发货计划,从成品超市取走成品发货。

2) 成品看板释放到看板卡收集板。

3) 到达触发点后,将生产计划看板卡释放到均衡化板。

4) 组装工序根据均衡化板上释放的看板卡安排生产,如图 5-13 所示。

对于 BB-A 价值流的组装一单元,最后确定均衡化的生产间隔时间为 15 分钟,如图 5-14 所示。

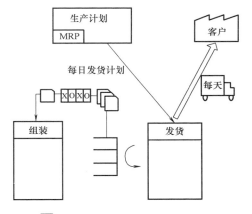

图 5-13 组装工序的生产计划看板

班次1	7:30	7:45	8:00	8:15	8:30	8:45	9:00	9:15	9:30	9:45
组装1	BB-A1 BB-A1 BB-A1	BB-A1 BB-A1 BB-A1	BB-A1 BB-A1 BB-A1	BB-A1 BB-A1 BB-A1	BB-A1 BB-A1 BB-A1	BB-A1 BB-A1 BB-A1	BB-A2 BB-A2 BB-A2	BB-A2 BB-A2 BB-A2	BB-A2 BB-A2 BB-A2	BB-A3 BB-A3 BB-A3

图 5-14 组装工序均衡化生产板

表 5-13 成品超市看板的数据计算

序号	型号	组装工序 EPEI	周期库存 U=ROUNDUP (F×M/Q,0)×Q	缓冲库存 V=ROUNDUP (D×N/Q,0)×Q	安全库存 W=ROUNDUP (U×(G+H)/Q,0)×Q	最大拉动库存 X=U+V+W	每张看板数量 Y	触发点看板数 Z=ROUNDUP (I×M/Y,0)	周期库存看板(张数) AA=U/Y	缓冲库存看板(张数) AB=V/Y	安全库存看板(张数) AC=W/Y	看板总数(张数) AD=AA+AB+AC
	B	I	U	V	W	X	Y	Z	AA	AB	AC	AD
1	BB-A1	1	240	200	10	450	10	24	24	20	1	45
2	BB-A2	1	210	180	10	400	10	21	21	18	1	40
3	BB-A3	1	170	100	10	280	10	17	17	10	1	28
4	BB-A4	1	130	200	0	330	10	13	13	20	0	33
5	BB-A5	1	100	160	10	270	10	10	10	16	1	27
6	BB-A6	2	190	140	0	330	10	19	19	14	0	33
7	BB-A7	1	90	130	10	230	10	9	9	13	1	23
8	BB-A8	1	90	140	0	230	10	9	9	14	0	23
9	BB-A9	2	140	80	0	220	10	14	14	8	0	22
10	BB-A10	1	60	100	0	160	10	6	6	10	0	16
11	BB-A11	1	60	80	0	140	10	6	6	8	0	14
12	BB-A12	1	50	100	0	150	10	5	5	10	0	15
13	BB-A13	2	100	40	0	140	10	10	10	4	0	14
14	BB-A14	2	100	40	0	140	10	10	10	4	0	14

（3）如何拉动上游工序

1）看板释放流程。当组装工序按照生产指示看板进行生产时，按照下面的看板流程自动拉动生产：

① 从半成品超市中领取加工后产品到组装工序。

② 将半成品超市中的看板释放到看板卡收集板。

③ 当看板卡的数量到达触发点时，触发生产（触发生产信息的看板卡可以使用代表一个批量的三角看板，或者直接使用释放出的多功能生产指示看板卡）。

图 5-15 所示为加工工序的多功能生产指示看板。

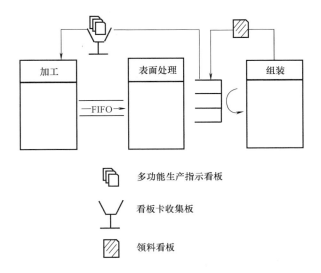

图 5-15　加工工序的多功能生产指示看板

图 5-16 所示为加工工序的生产批量三角指示看板。

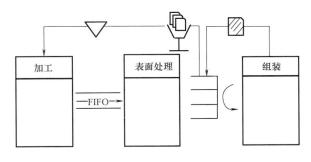

图 5-16　加工工序的生产批量三角指示看板

如果使用三角看板,看板卡收集板通常放在半成品超市的旁边,当释放出的看板到达触发点时,将一张代表触发点批量的三角看板释放到加工工序。如果使用多功能生产看板卡,看板收集板则放到设备的旁边,当释放的看板到达触发点时,操作人员安排生产。在 BB-A 价值流,使用的是多功能看板卡,看板收集板放在加工设备的旁边,如图 5-17 所示。

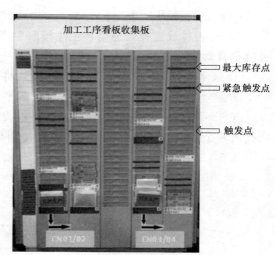

图 5-17 看板收集板

2)计算加工工序生产间隔时间(EPEI)加工工序的生产信息来自于半成品超市中生产指示看板,半成品超市的数量同样依据 PFEP 进行计算。根据前面半成品超市 PFEP 的介绍,首先需要计算加工工序的 EPEI。

关于 EPEI 的计算方法,在前面已经详细介绍,不再赘述,为了方便大家理解,在这里仅对表 5-14 略做解释。

表 5-14 加工工序的 EPEI 计算

型号	日需求量	盒装量	圆整后日需求量 C = ROUNDUP (A/B,0)×B	换型时间	周期时间(C/T)/分钟	有效运行时间(分钟)按照圆整后日需求计算 H=C×E	每天可利用时间(分钟)I = 7.5×60×UT (UT = 95%)	总的换型时间(分钟)J = SUM (D)	生产时间间隔(天)注:调整盒装量 L = ROUNDUP (J/(I−SUM (H)),0)
	A	B	C	D	E	H	I	J	L
BB-A11	54	10	60	30	2.0	120	428	120	3
BB-A12	50	10	50	30	2.0	100			
BB-A13	49	10	50	30	1.5	75			
BB-A14	45	10	50	30	1.5	75			

① 每天的可利用时间是计划的生产时间,但是要考虑实际的利用率,在上例的计算中设备利用率取值为 95%。设备利用率(考虑时间宽放等因素)要基于历史统计数据而得出。

② 在计算每个型号的生产时间时,日需用量需要按照盒装量进行圆整。

③ 按照公式计算的 EPEI 需要进行圆整,取整数。

④ EPEI 计算不是精准科学,要持续缩短换型时间,减小 EPEI。

3)确定半成品超市的数量、看板及触发点。得到 EPEI 的值,根据 PFEP 可以得到半成品超市的数量、看板及触发点,见表 5-15 和表 5-16。

情景5 理解价值流的拉动——"拉动"就是"去库存"

表 5-15 半成品超市 PFEP

序号	型号	ABC-XYZ	安全系数 D	加工工序	总周期库存时间 F=I+J+K /天	不良率 G	停机率 H	加工工序 EPEI I	工序间的生产周期 J	信息传递时间 K	使用工序	日用量 M	标准偏差 N	超市	标准包装 Q	周期库存 U=ROUNDUP (F×M/Q,0)×Q	缓冲库存 V=ROUNDUP (D×N/Q,0)×Q	安全库存 W=ROUNDUP (U×(G+H)/Q,0)×Q	最大拉动库存 X=U+V+W
1	BB-A11	AZ	2	CN01/CN02	5.3	0.1%	1.0%	3	2	0.25	组装	54	80	WIP	10	290	160	10	460
2	BB-A12	BY	2	CN01/CN02	5.3	0.2%	1.0%	3	2	0.25	组装	50	90	WIP	10	270	180	10	460
3	BB-A13	CX	2	CN01/CN02	5.3	0.4%	1.0%	3	2	0.25	组装	49	30	WIP	10	260	60	10	330
4	BB-A14	CX	2	CN01/CN02	5.3	0.3%	1.0%	3	2	0.25	组装	45	30	WIP	10	240	60	10	310

表 5-16 半成品超市 PFEP 看板计算

序号	型号	周期库存 U=ROUNDUP (F×M/Q,0)×Q	缓冲库存 V=ROUNDUP (D×N/Q,0)×Q	安全库存 W=ROUNDUP (U×(G+H)/Q,0)×Q	最大拉动库存 X=U+V+W	每张看板数量 Y	触发点看板数 Z=ROUNDUP (I×M/Y,0)	周期库存看板(张数) AA=U/Y	缓冲库存看板(张数) AB=V/Y	安全库存看板(张数) AC=W/Y	看板总数(张数) AD=AA+AB+AC
	B	U	V	W	X	Y	Z	AA	AB	AC	AD
1	BB-A11	290	160	10	460	10	17	29	16	1	46
2	BB-A12	270	180	10	460	10	15	27	18	1	46
3	BB-A13	260	60	10	330	10	15	26	6	1	33
4	BB-A14	240	60	10	310	10	14	24	6	1	31

（4）如何拉动供应商的原物料　当加工工序开始生产时，会消耗毛坯，拉动原物料超市，具体的流程如下：

1）生产指示看板到达触发点时，水蜘蛛从原材料超市中领取物料。

2）物料上的供应商看板卡释放到看板卡收集板。

3）当供应商看板卡到达触发点时，触发采购信息给供应商。

供应商拉动看板如图 5-18 所示。

关于原物料超市数量和看板数量的计算，同样按照 PFEP，上面已经作为 PFEP 的范例进行说明，不再重复。

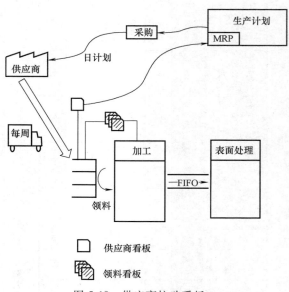

图 5-18　供应商拉动看板

（5）看板拉动中的紧急触发点　紧急触发点指当物料消耗一定程度的时候，必须采取紧急措施，否则会影响正常的生产。

原物料的紧急触发点＝供应商最快的反应时间（天数）×下游工序的日平均需求量

内部产品的紧急触发点＝内部最快的反应时间（天数）×下游工序的日平均需求量

根据上面公式可以计算一定的数量，物料被消耗到这个数量时，需要采取紧急措施。

在看板卡收集信息板上，通常有绿、红、黄三条线，其中，绿色代表最大库存点，红色代表紧急触发点，而黄色则代表触发点，即再订货点，如图 5-17 所示。

建立和管理实际的超市

1. 超市的建立原则

1）根据 PFEP 的计算原则，确定超市的数量，并建立实际的超市。

2）超市物料是可以即时领取的。

3）每个物料在超市中有明确、清晰的库位。

4）超市中的库位要标识清楚，易于识别，并标出每个型号的最大数量和最小数量。

5）超市中的物料应拿取方便（通常使用流利架），并且必须实行先进先出。

6）使用超市里的物料，一定伴随着领料看板、生产信号看板、供应商看板的释放。

7）看板上要有明确的地址系统，并与厂区、库位等一一对应。

8）看板和包装的数量必须是匹配和对应的。

9）临时库存必须单独存放，并且在正常库存上有优先使用临时库存的标识。

10）对于辅助材料，如包装材料以及价值非常低的螺钉、防护盖等材料，可以单独设置库位并定义最小的库存批量。

11）建立超市可以使用高度合适、便于拿取的流利架，避免使用高货架，同时考虑与使用点的位置。图5-19所示为BF公司拉动系统中的超市。

2. 如何管理超市？

超市是开放的，水蜘蛛拿取物料非常方便，但是并不等于超市没有管理，恰恰需要更加严格的管理。

1）至少每季度更新一次ABC-XYZ分类，超市里的型号要增加或删减。

2）至少每月更新一次PFEP，超市里物料的数量也要及时更新。

3）建立超市审核制度，检查超市里物料的型号、数量、看板卡等与PFEP的一致性。

图5-19　BF公司拉动系统中的超市

4）对于达到紧急触发点的物料，及时采取措施。

5）对于溢出物料要单独存放，放在明显位置，便于引起大家的注意，并对其出现的原因进行分析，对其后续消耗予以跟踪。

建立水蜘蛛的配料方式

当流动的生产线和超市运行方式建立之后，开始考虑建立水蜘蛛精益配料方式。

那么什么是水蜘蛛呢？水蜘蛛是工厂内部定时定点（注意是定时定点的非大批量配送方式）进行物料配送的操作工。水蜘蛛配送方式或者系统是内部物流中创造流动的一个重要方法。

水蜘蛛的运作就好像公交车一样，有一个固定的路线（有的工厂把配送的地点或者单元命名为泰山站、北京站等，很有新意），它一直循环地保持相同的路线，为分布在车间的各个单元线进行物料配送。水蜘蛛的配送循环时间是可以计算出来的，如果每个站点的时间是5分钟，配送12个站点就是60分钟，那么水蜘蛛一个小时就会往站点配送一次物料，同时收回空的物料箱。

水蜘蛛可以使用能携带几节车厢的配送车（这样的车叫作 Tugger 车，即小火车，如图 5-20 所示），甚至更多（可以使用更多节的车厢）。如果设计好了水蜘蛛配送方式，将来用 AGV 小车可以替代人开的 Tugger 车。

当然，每个站点的时间都为 5 分钟是一个理想的状态，你可以像观察员工的作业时间一样，对水蜘蛛的工作时间进行观测，做出它们的标准化作业：

图 5-20　水蜘蛛使用的小火车

1）水蜘蛛工作的地点就是线边使用点（Usage of Point，UOP）、零件箱物流超市、成品配送物流超市。

2）通过测量几个站点将要做的工作，加上运送时间得到循环周期，这样就知道水蜘蛛工作时间。

那么，水蜘蛛这样的配送方式和传统的叉车配送有什么区别呢？

传统的生产线或机器供应是通过叉车把托盘运送到使用地点来完成的，包括原材料、过程品以及成品。由于没有建立超市，物料的放置没有实现先进先出，经常会发现叉车驾驶员取托盘的时间是不固定的，叉车驾驶员会花很多的时间，来辗转腾挪这些托盘，才找到该配送的物料。

传统的叉车供应形式就和出租车的运作一样，叉车的配送过程通常也因为没有固定的路线、没有固定的周期时间，所以不是标准化的。叉车驾驶员根据他们接收到的指示或者命令来操作，并且没有容量控制。即在一天的某个阶段，叉车接到的订单所涉及的容量是超负荷的，而在其他时间，却不能满载。

叉车的负载能力也是有限的。通常它可能一次只携带一个托盘，相当于在一个水蜘蛛列车上只有一个车厢，虽然，有时叉车可能堆放两个或三个托盘，在运送期间，速度可以非常快，但在许多情况下，从安全或交通方面考虑，叉车必须减慢速度。

另外，叉车的最大风险在于安全问题，车间里叉车撞伤、压伤员工的案例是非常多的。水蜘蛛的配送车要比叉车系统成本更低、更容易操作，它只需要电动机车头和货车就可以组装，货车的数量可以根据需求决定，只要通道的拐弯处可以灵活通过就可以。

当然水蜘蛛系统的实现不仅仅是设置一个岗位，而是与均衡生产密切相关，均衡型号和均衡数量，然后把订单转化为按照一定时间，即价值流八点原则中的 Pitch（通常是一个小时）的可视化信息，叫作均衡化箱（Heijunke Box），在这个前提条件下，可以进行水蜘蛛的配送系统设计。

水蜘蛛的配送方式的设计步骤如下：

1）产品容器的标准化。
2）物流超市的计算和设计（信息收集、库存规模、单元线边、物流超市）。
3）配送路线的设计（标准路线图）。
4）Tugger 车的设计。
5）试运行。
6）调整和再调整。
7）制定水蜘蛛的标准化作业。
8）建立水蜘蛛的目视化配送管理。

看板拉动系统的目视化管理

这天，肖老师和吕新在回顾看板系统方面的内容，肖老师特别做了如下总结："虽然后续会建立专门的目视化管理系统，但看板拉动系统本身就体现着目视化管理的要求，所以需要提前特别说明：

1）看板卡、看板收集板、超市等实际的物理要素本身就构成可视化的看板拉动系统。

2）现在很多公司使用电子看板替代传统的实物看板，不过在看板系统建立初期建议使用实物看板，使大家容易掌握看板系统的运行原理。

3）看板拉动系统中的异常管理，可以通过安灯系统实现。"

要 点 梳 理

1. 按照 ABC-XYZ 分类法，对物料从需求数量和需求波动两个维度进行分类，定义 3 个大类（9 个小类）物料：执行者、重复者和陌生者。基于这样的分类，确定物料不同的库存策略：按照超市生产还是按照订单生产，对于成品来说特指"成品策略"。

2. 对于按照超市生产的产品，需要建立超市，超市的构成分为周期库存、缓冲库存、安全库存和临时库存。临时库存属于非正常状态的库存，所以要严格管理，高度关注。

3. 超市的再订货点不等于周期库存的消耗点，对于原料，触发点与物料的补充间隔时间有关，而对于内部加工的中间产品，触发点与生产间隔时间有关。

4. 通过"为每个产品制定计划"（PFEP）的方法，计算超市数量以及看板数量，包括成品超市、在制品超市以及原料超市。

5. 如何建立看板拉动系统？拉动系统的数据基础是 PFEP，拉动开始点始于客户和上游工序的需求，其媒介就是"看板卡"。

6. 介绍如何建立和管理实际的物流超市，以及看板拉动的目视化管理。

情 景 6

"交货"风波——如何解决问题

经过一年多时间的努力,吕新带领价值流部门进行了许多现场改善,通过应用流动和拉动等精益工具,生产线有了明显的进步,而且价值流也从BB-A系列逐渐向其他系列扩展。尽管每个系列的周期时间差异比较大,但由于工艺基本相似,所以,几个系列产品价值流的工作仍然由吕新负责。自从推行精益生产以来,整个团队经历了许多曲折和痛苦,不过每当看到看板能够基本流畅地运行,库存金额不断减少并维持在合理的水平,整体生产率稳步提升,大家开始有了成就感。

当然并不是所有事情都一帆风顺,目前,困扰吕新的一个问题就是交货问题。虽然自从推行精益生产以来,准时交货率有了一定的提高,但总是没有想象的那样稳定,年初制定的准时交货率目标是96%,但还是经常出现交货率低于目标值的情况。

吕新经常思考几个问题:大部分的产品,尤其是建立了成品超市的产品可以准时交货,但对于没有建立超市的产品,为什么总是有那么几种不能按时交货?自己管理的生产线所生产的品种有3000种左右,随着不断开拓市场,研发部门还在不断研发新的产品,产品型号还要继续增加,在这样的情况下,如何保证准时交货率?即使自己管理的生产线可以改进,但因原材料没有按时交货而影响订单交货又该如何处理呢?今年准时交货率的目标是96%,明年计划目标是98%,这样富有挑战性的目标怎么才能达到呢?同时,生产线也经常遇到一些质量问题的挑战,影响生产线的稳定运行,设计好的流动生产线经常被打断,如何解决这些问题,面临着不小的挑战。

问题从何而来

1. 问题与目标有关

当结果不能达到预期目标就会产生问题。所以,问题首先与目标有关,过去有些情况可能不是问题，但是随着时间的推移，目标改变，问题就产生了。情景9中提到的交货问题，如果昨天的目标是90%，那么基于目前的状况，大家感觉还不错，所以就没有人认为是问题，但是，今天的目标是96%，所以准时交货率就变成问题。因此，在推行精益的过程中，要不断提高目标，这样就会促使团队不断发现问题，不断进行改善，避免停留在原地，沉浸在过去的成绩当中，失去前进的动力。

通常我们把因为提高目标而出现的问题称为"设定型"问题，即有意识地创造差距，驱动改善和提升。另外，问题的发生与"波动"有关。有时，目标虽然没有发生变化，但是，由于过程的波动，曾经达到既定的目标，却又退回到原来的水平。

波动来源于人员（Man）、机器（Machine）、物料（Material）、方法（Method）、环境（Environment）和测量（Measurement）几个方面，通常称其为5M1E。由于这些因素的影响造成了波动的产生，出现了变异和偏差。按照正态分布的概率统计，结果出现在正负3个西格玛以外的概率大约为0.27%，这样看来问题的发生似乎变成了偶然中的必然。但是，解决问题的目标就是要消除这些造成变异的波动，通常，把因为"波动"造成的问题称为"发生型"问题。

一般来说，我们遇到的问题往往是看得见的问题，这些问题是可感知的，但它们仅仅是凸显在海平面以上的冰山一角，隐藏在海平面之下，其实还有许许多多的小问题，它们不断累积，形成些看得见的大问题。图6-1所示为问题"冰山理论"结构。

2. 问题的分类

每天我们都会面临许多问题，但并不可能把所有的问题都解决，所以，要对问题进行分类。分类的方法如图6-2所示。第Ⅰ象限是重要而紧急的问题，第Ⅱ象限是不重要但紧急的问题，第Ⅲ象限是既不重要也不紧急的问题，第Ⅳ象限是不紧急但重要的问题。

一般情况下，管理者每天以处理重要且紧急和不重要但紧急的问题居多，但我

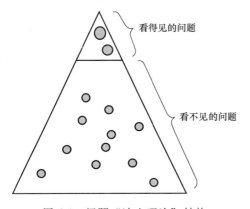

图6-1 问题"冰山理论"结构

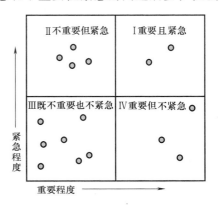

图6-2 问题分类的方法

们期望的是管理者能把更多精力放在处理重要但不紧急的问题上来。重要且紧急的问题马上解决，重要但不紧急的问题有计划地解决，不重要但紧急的问题让别人去解决，不重要也不紧急的问题有空再解决。

如何解决问题

1. 摒弃传统解决问题的方法

问题解决（Problem Solving）是丰田模式的关键要素，因为只有问题得到快速和有效解决，才能不断提高企业的管理水平，让员工切实体会到精益的作用。常常听到许多企业的员工说，问题反馈了也没用，解决不了，这实在是对员工士气的极大伤害。出现这样的情况，除了大家解决问题的意愿不够强烈外，更多时候是由于问题解决能力的欠缺。因此，在推行精益生产的过程中，学习解决问题的方法是至关重要的。

应用精益解决问题的方法，就必须摒弃传统解决问题的思路、习惯和方法。表 6-1 列出了传统解决问题方法和精益解决问题方法之间的区别。

表 6-1 传统解决问题方法与精益解决问题方法之间的区别

类别	传统解决问题方法	精益解决问题方法
什么样的问题（What）	没有对问题进行分类，胡子、眉毛一把抓	需要优先解决的重要问题
谁来解决（Who）	领导或者临时指派相关人员	团队
在哪儿（Where）	忽视现场、遥控指挥、拍脑袋	现地现物、基于数据
何时来解决（When）	救火式，哪里需要出现在哪里	按照计划有序安排
为什么（Why）	被迫推动	基于目标的持续改善
如何（How）	凭地位、经验和感觉	科学系统的问题解决方式，遵循基本的 PDCA 和 SDCA 思想

2. 选择要解决的问题

根据问题分类和选择原则，我们希望解决重要但不紧急的问题，这些问题是内部改善的驱动力。那么，如何在这些问题中进行选择呢？一般要考虑以下因素：

1）对关键业务指标的影响程度。
2）实际情况和标准的偏离程度。
3）成本和收益。
4）依照规划。

在 BF 公司，定义了明确的触发问题解决的标准，例如，内部报废率超过 2%、过程良品率低于 98%、发生客户退货、准时交货率不达标等；另外，还要考虑问题出现的频次，是一次不达标就要去解决问题，还是连续几次等。

对于生产线发现问题立即停机的问题，都是紧急和重要的问题，这是另外一个主题,将在情景 8 中的目视化管理中讨论。

3. 问题解决十步法

解决问题是 PDCA 的一个过程,即计划(Plan)、实施(Do)、检查(Check)和行动(Act);解决问题后,需要维持取得的效果,防止波动和倒退,这就要进入 SDCA 过程。SDCA 是标准化(Standardization)、实施(Do)、检查(Check)和行动(Act)的过程。将 PDCA 和 SDCA 相结合,使"问题"变成"机会",实现持续改善,当然这是一个曲折渐进的过程,如图 6-3 所示。

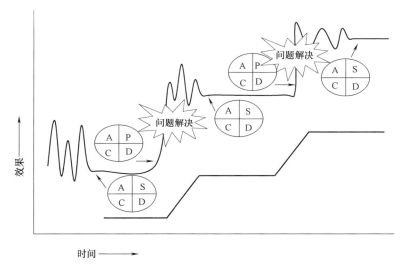

图 6-3　PDCA 和 SDCA

下面介绍的问题解决十步法,其核心是 PDCA 思想的体现,见表 6-2。

表 6-2　基于 PDCA 的问题解决十步法

PDCA 循环	问题解决的步骤	使用的工具	此步骤考虑的关键点
计划(Plan)	1. 定义和描述问题	● 趋势图 ● 4W2H 法 ● "IS-IS NOT"比较法	问题被准确描述了吗
	2. 分解问题	● 帕累托图 ● SIPOC 工作表 ● 细化过程流程图 ● 价值流图	● 问题是否被深入分解 ● 找出最优先解决的问题了吗
	3. 组成团队,确定目标	● 多功能团队 ● 团队章程 ● 角色和边界条件确定 ● 总目标和分目标的确定	● 建立多功能小组了吗 ● 可以进行整体的目标设定,根据分解的问题,也可以制定分级目标

（续）

PDCA 循环	问题解决的步骤	使用的工具	此步骤考虑的关键点
计划(Plan)	4. 识别潜在原因	• 鱼骨图 • 系统图(树状图) • 继续分解的帕累托图	• 必要的信息被考虑了吗 • 五个 Why 之间是否符合因果逻辑关系
计划(Plan)	5. 收集和分析数据，确定真因	• 5Why • 假设性检验 • 方差分析 • 试验设计	• 选择的原因可控制吗 • 消除原因后能够取得效果吗
计划(Plan)	6. 制定和选择解决方案	• 摘取低垂果实法 • 权重分析法 • 试验设计 • 成本-收益分析法 • 其他各种精益工具	• 对可以快速完成的项目是否进行了确定 • 对所有可选择方案是否进行了成本考虑
计划(Plan)	7. 确定行动计划	• 甘特图 • 详细行动计划跟踪表	• 是否按照 What、How、Who、When 进行了行动计划的制定
计划(Plan)	8. 获得领导批准和支持	A3 报告	—
实施(Do)	9. 实施方案	• 甘特图 • 详细行动计划跟踪表	是否定期跟踪
检查(Check)	10. 衡量、监控和控制结果	• 趋势图 • 控制图 • 过程能力分析 • 标准化作业 • 审核表	• 下一步可以在哪些方面进一步改善 • 没有达成计划，继续新一轮的问题解决
行动(Act)	11. 回顾和奖励，进入到 SDCA 的过程		

下面和吕新一起应用十步法解决交货问题。

（1）第一步：定义和描述问题　描述问题，看起来好像比较简单，但事实并非如此。描述问题是前期对问题了解的过程，一个准确的问题描述，等于解决了问题的一半。在描述问题时，可以使用以下几种方法：

1）趋势图。如果把目标值放到趋势图上，直观显示过去结果随着时间的变化情况，可以非常清楚地了解实际状态与标准的差别变化情况。趋势图对于设定型问题的展示是非常清晰的。

2）4W2H 法。4W2H 法是通过对谁（Who）、什么问题（What）、什么地方（Where）、什么时候（When）、多少数量（How many）、多少成本（How much）几个方面对问题进行描述，这样就可以清晰地把问题描述清楚。需要补充的是，对于

4W 进行描述的时候,要考虑事情发生的主题,也要考虑被发现的主题,比如"谁"这一项,要问谁发现的问题,也可以问谁造成了这个问题。4W2H 法多用于发生型问题的描述上。

3)"IS-IS NOT"比较法。"IS-IS NOT"比较法是 4W2H 方法的扩展,是进一步对问题进行调查和了解的一种方法,多用在解决质量问题时发现和寻找变异。进行"IS-IS NOT"提问和比较,找出问题的关键点,从而可以客观准确地描述问题,见表 6-3。

表 6-3 "IS-IS NOT"比较法

类别	IS(实际是)	IS NOT(本来应该是)	不同	变化和差异
谁	• 谁发现的问题,具体到人、班次、客户 • 谁造成的问题	谁应该发现这个问题但是并没有发现	在"是"和"不是"之间有什么不同	评估发生怎样的变化,这个变化可以解释"是"和"不是"的差异(如果有的话)
什么问题	什么产品/项目/部门有这个问题,这个问题是什么	什么产品/项目/部门应该有这个问题,但是并没有发生		
什么地方	在什么地方发现的问题 问题发生在产品的什么位置,在过程的哪个步骤	什么地方应该发现这个问题但没有发现 问题应该发生在产品的哪个位置和过程的哪个步骤但没有发生		
什么时候	问题是在什么时候产生的,第一次发现这个问题是什么时候,应有具体的日期和时间	什么时候同样的问题应该发生但是并没有发生,第一时间应该发现问题但并没有发现是什么时候		
多少数量	有多少产品有这个问题,有多少客户发现这个问题,产品有多少缺陷	有多少产品应该有这个问题但并没有		
多少成本	这个问题花费了多少成本、资源和时间	这个问题应该花多少成本但是并没有,这个问题可能要花费多少成本、资源和时间		
问题描述	在问题描述中不能只有一个方面,要包括以上比较和分析中得到的相关资料			

通过使用"IS-IS NOT"比较法,避免大家在面对问题时,没有客观了解问题就立即跳到问题的结论。例如,当问题发生时,很多时候我们马上就会说,这是员工责任心问题、是工作态度问题、是设备问题、是原料不良问题、是管理问题等。

"IS-IS NOT"比较法多用在解决质量问题上。

现在，对 BF 公司出现的交货问题进行描述。

1）BB-A 价值流的准时交货率趋势图如图 6-4 所示。

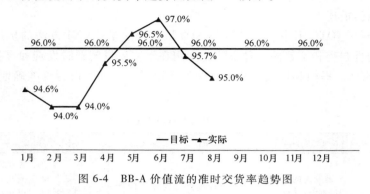

图 6-4　BB-A 价值流的准时交货率趋势图

2）趋势图已经非常直观地展示了目前的问题，下面使用 4W2H 法对问题进行描述，见表 6-4。

表 6-4　用 4W2H 法描述交货率问题

4W2H	问题描述
谁	客户服务部门
什么问题	BB-A 价值流 7 月份准时交货率为 95.7%，8 月份准时交货率为 95%，目标是 96%，两个月没有达标
什么地方	BB-A 价值流部门
什么时候	7 月份和 8 月份
多少数量	总共 1552 行订单，其中 80 行延期交货
多少成本	20000 元的空运费；3000 元的快递费；总运输费用为 192000 元，异常费用占比为 11.9%
定义和描述问题	根据客户服务部门统计的准时交货率数据，BB-A 价值流 7 月份准时交货率为 95.7%，8 月份准时交货率为 95%，没有达到 96% 的准时交货率目标要求。7、8 月份总共交货行数为 1552 行，有 80 行没有按照给客户的承诺日期准时交货，其中，内部过程原因导致延迟交货行数为 70 行，占比约为 88%，由于供应商原因造成零部件没有按时到货导致延迟交货行数为 10 行，占比约为 12%，未准时交货造成 23000 元的额外运输费用，约占总运输成本的 12%

（2）第二步：分解问题　在描述问题后，开始第二步，对问题进行分解。第一步所描述的只是问题可见的表面现象，现在需要深入分析问题产生的过程细节，对大而模糊的问题进行分解，找到最优先要解决的问题。

在这一步中所使用的方法有帕累托图、系统图、SIPOC 工作表、工艺流程图、价值流图等，最常用的方法是通过使用帕累托图来进一步缩小问题解决的范围。

1）帕累托图。对缺陷、不良类型、发生类别等因素按照它们对问题的影响程度进行排列，识别出其中的主要贡献者（Contributor）。问题的 80% 是由 20% 的因素决定，这就是 80/20 法则。帕累托图是 80/20 法则的直观展示。

图 6-5 所示为交货影响因素一级帕累托图。

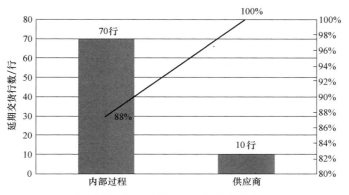

图 6-5　交货影响因素一级帕累托图

如果一级帕累托图对问题的分解太粗略，还可以绘制二级帕累托图，对主要问题项或因素进行进一步的分解，前面交货问题的一级帕累托图结果显示"内部过程"是主要问题，造成了 70 行的延期，那么内部过程是哪个流程、哪个因素造成的还很模糊，这就需要进一步分析，图 6-6 所示是对内部过程进行分解的二级帕累托图，最终识别出主要原因是"库存与系统不符"，共 50 行，占比约为 71%。

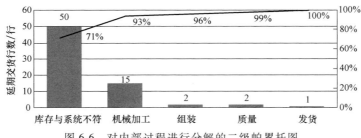

图 6-6　对内部过程进行分解的二级帕累托图

2）系统图。系统图是一种针对现象产生的原因或解决的方法，以系统且合乎逻辑的方式加以分析并展开。从定义的角度可以看出，系统图既可以对问题进行分解，也可以对原因进行分析（对潜在原因进行分析时和采用鱼骨图分析有类似之处，但建议初学者从鱼骨图开始，在问题解决的第四步会详述）。图 6-7 所示是系统图的分解展示，通常系统图对于解决非质量问题使用得比较多，系统图是对每一项问题进行逐层分解。

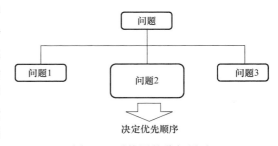

图 6-7　系统图的分解展示

3) SIPOC 工作表。SIPOC 由 Supplier（供应商）、Input（输入）、Process（过程）、Output（输出）和 Customer（客户）五个英文单词的首字母构成。通过使用 SIPOC 工作表可界定过程范围，识别问题发生的主要过程。

供应商（Supplier）是指为所分析的过程提供材料、信息和资源的人员、部门或组织。

输入（Input）是指由供应商所提供的各项资源、信息。识别这些资源、信息的需求和目标，可以帮助了解问题发生工序目前的状态和目标之间的差距。

过程（Process）是指输入和输出之间的步骤。

输出（Output）是过程的结果。

客户（Customer）是指接受输出资源、信息的人员、部门或组织，识别目前输出的结果和客户目标的差距，了解问题发生的工序。

SIPOC 分析按照从 S 到 C 的顺序进行分析，从过程步骤开始向客户和供应商扩展。

在六西格玛方法中，把 SIPOC 分析作为确定问题范围的方法，通常其过程步骤不超过 6 步。通过 SIPOC 分析识别出问题的范围后，再使用过程流程图（Process Mapping）的方法继续细化对过程的分析。在实际操作过程中，可以直接使用 SIPOC 进行过程分析，了解过程的目标和需求，不必过分追求严格的步骤和方法。针对交货问题进行的 SIPOC 分析见表 6-5。

由图 6-5 可见，内部过程因素造成的交货问题占了 88% 的原因，再结合 SIPOC 分析表，目前供应商的交货准时率和交货周期时间均在要求范围内，所以我们把问题解决的范围确定为从原材料检验到成品出货。

通过 SIPOC 分析，发现了几个需要关注的点：

1) 供应商提供的零部件检验时间较长，目前平均检验时间为 4 天。
2) 组装工序经常出现缺料状况。
3) 只有每月准时交货率数据，无固定的日交货率统计。

(3) 第三步：组成团队，确定目标　第三步分成两个步骤，第一个步骤是要通过团队来解决问题，确定团队的组长、成员等。因为解决问题不是个人，而是要依靠团队。许多公司在解决问题时，不是依靠团队，更多的时候是工程师自己解决问题。尤其是质量部门，当收到客户投诉时，为了尽快提供给客户 8D 报告，经常自己在办公室编制报告，这实在是巨大的浪费和毫无意义的事情。

在问题解决时，要采用团队的方法，在组成团队时，要做到以下几点：

1) 团队是一个多功能小组。
2) 要让最了解现场的一线员工加入到团队中。
3) 团队的组长负责组织和协调，并不是承担所有的工作任务。
4) 运用头脑风暴法，坚持无责备原则。
5) 要制定一定的团队活动规则，如准时参加会议、人人发言等。

表 6-5 SIPOC 分析表

供应商	输入	要求	过程	输出	要求	客户
毛坯供应商	毛坯准时到货	供应商准时交货率100% 从下单到发货时间：18~21天	毛坯 ↓ 检验 ↓ 加工 ↓ 表面处理 ↓ 组装 ↓ 入成品超市 ↓ 发货	毛坯超市	合格的毛坯；满足PFEP的库存量	满足客户要求
	及时送检	货物到达，当天送检完毕		在规定的时间内完成检验	2天内完成检验 <u>平均检验时间为4天</u>①	
	合格的毛坯	满足加工要求		● 按照计划完成生产 ● 质量合格	● 要求完成率100%，<u>实际完成率99%</u> ● 一次合格率大于99%	
组装零件供应商	加工后产品			● 按照计划完成生产 ● 质量合格	● 完成率100% ● 质量合格	
	供应商生产的零件,加工后产品	零件准时配送到现场 <u>经常出现缺料状况</u>		● 完成生产计划 ● 质量合格	● 要求月度准时交货率大于96%；<u>目前没有日准时交货率统计</u> ● 合格率100%	
	组装后产品	提前一天入库		按照超市补充物料	及时补货	

① 划横线的内容为后续需要重点关注的。

6）团队在一定范围内要被充分授权。

要有这样的观念：没有个人是完美的，但是团队可以是完美的，必须遵循"依靠团队的智慧解决问题"的原则。

第二个步骤：在组成团队之后，根据二级帕累托图的分析（见图6-6），主要问题是库存与系统不符，占比约为71%，所以如果想提升整个价值流的准时交货率，必须要解决库存与系统不符的问题，也就是说要提高系统与物料的符合性。团队最后设定的目标是，库存与系统的符合性提高到95%，最终实现交货率96%的目标。

（4）第四步：识别潜在原因　在问题解决的前两步，使用帕累托图及SIPOC分析表对问题进行聚焦，初步确定问题的范围，接下来的工作就是识别问题发生的潜在原因。注意，是潜在原因，就只是可能的原因，可能有很多，但影响最大的那几个或者一个才是真正的原因。这个过程是团队观察现场、分析已有相关数据、运用头脑风暴法挖掘潜在原因的过程。这个过程可以通过使用二级帕累托图，进一步缩小问题解决范围，然后利用鱼骨图识别出潜在原因，鱼骨图中所涉及的人员、机器、物料、方法、环境、测量（即5M1E）包含了造成问题的所有因素。

进行鱼骨图分析时，可以准备一些不干胶贴纸，将自己想到的原因按照5M1E的分类，粘贴到相应的类别中。

利用头脑风暴法，会识别出很多潜在的原因，那么，究竟如何识别哪些原因是重要原因，哪些又是非重要原因呢？推荐的方法是将原因进行列表打分，打分赋值使用数字0、1、3、9，分别代表无影响、次要影响、一般影响和重要影响，这样潜在原因的影响重要程度自然就按照从高到低的顺序排列出来了。

1) 对于重要影响的原因继续进行5个"为什么"的提问，直至找到最终的根本原因。

2) 对于无影响的原因则直接划掉。

3) 那些次要影响和一般影响的原因由团队进行评估，如果可以采取快速改善措施（Quick Action）直接消除的，列入后续的措施中执行。

这样我们就将问题的范围缩小到"库存与系统不符"的这个影响因素上了，之后团队成员一起通过头脑风暴，使用鱼骨图进行潜在原因的识别，如图6-8所示。

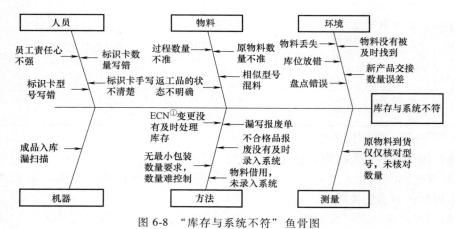

图6-8 "库存与系统不符"鱼骨图

① ECN：engineering change notice，工程变更通知。

根据鱼骨图的分析，团队总共识别出20项与问题有关的潜在原因，然后对这些潜在原因进行列表，并对每一项的影响程度进行分析和赋值，得到库存与系统不符的潜在原因，见表6-6。

需要特别注意的是，在识别潜在原因的时候，应首先对其进行初步分类，通常归纳为三类，即事实、观点和猜想。很容易理解，事实就是指客观存在的事实，是现地现物发现和存在的；观点有些是团队成员的观点，比如前面提到的"员工责任心不强"，这其实可能就是一个观点；猜想是根据经验、认知和想象得出的。

表 6-6　库存与系统不符的潜在原因

5M1E	潜在原因	事实	观点	猜想	影响程度
人员	员工责任心不强		√		1
	标识卡型号写错	√			3
	标识卡数量写错	√			3
	标识卡手写不清楚	√			3
机器	成品入库漏扫描	√			3
物料	过程数量不准	√			3
	原物料数量不准			√	9
	相似型号混料	√			3
	返工品的状态不明确	√			9
方法	ECN 变更没有及时处理库存	√			3
	无最小包装数量要求，数量难控制	√			3
	不合格品报废没有及时录入系统	√			3
	漏写报废单	√			3
	物料借用，未录入系统	√			1
环境	库位放错	√			3
	盘点错误	√			3
	物料没有被及时找到	√			9
	新产品交接数量误差	√			1
	物料丢失			√	1
测量	原物料到货仅仅核对型号，未核对数量	√			3

注："√" 表示归属的类型。

在表 6-7 潜在原因重要程度列表中，"员工责任心不强"这一项被排列到了最后，因为其影响程度得分为"1"，那么，是不是就意味着"人员"的因素并不重要呢？其实"人员"的因素是非常重要的，正因为非常重要，任何一个问题，都可以简单地把它归结为人的问题，让大家找到一个轻松的借口，而不再去深入挖掘背后的真因。所以，在寻找原因时，有一条原则必须坚持：虽然将问题发生的原因最后才归结为人的因素，但也要找到系统发生了什么才导致是人的原因。

赋值完成之后，按照从高到低的顺序对潜在原因项进行排列，可以清楚地看到，属于重要影响因素的有 3 项，可以采取快速改善措施的有 8 项，留作后续问题解决进行改善的有 7 项。对于猜想和观点，其影响因素为 3 以下的，可以忽略，是 9 的，需要到现场进一步验证。

（5）第五步：收集和分析数据，确认真因　现在进入收集和分析数据确认真因的过程。在这个过程中，通过使用 5 个为什么（5Why）的方法，对识别出的重

表 6-7 潜在原因重要程度列表

序号	潜在原因	影响程度	对潜在原因的初步反应
1	物料没有被及时找到	9	继续 5 个 Why
2	原物料数量不准	9	继续 5 个 Why
3	返工品的状态不明确	9	继续 5 个 Why
4	标识卡型号写错	3	快速措施,培训员工
5	标识卡数量写错	3	快速措施,培训员工
6	标识卡手写不清楚	3	快速措施,培训员工
7	过程数量不准	3	留作后续问题解决的改善项目
8	原物料到货仅仅核对型号,未核对数量	3	留作后续问题解决的改善项目
9	相似型号混料	3	留作后续问题解决的改善项目
10	ECN 变更没有及时处理库存	3	留作后续问题解决的改善项目
11	无最小包装数量要求,数量难控制	3	留作后续问题解决的改善项目
12	不合格品报废没有及时录入系统	3	留作后续问题解决的改善项目
13	漏写报废单	3	快速措施,培训员工
14	库位放错	3	快速措施,培训员工
15	盘点错误	3	快速措施,培训员工
16	成品入库漏扫描	1	留作后续问题解决的改善项目
17	物料借用,未录入系统	1	快速措施,通知到相关部门及时办理手续
18	新产品交接数量误差	1	快速措施,培训员工
19	员工责任心不强	1	忽略
20	物料丢失	1	忽略

要影响因素不断进行"为什么"的提问,直至找到隐藏在表面原因背后的最根本原因(Root Cause)。

在进行 5Why 提问时,常常会发现下一层的原因不止一个,会有几个方向的分支,这时就需要判断是哪个分支的原因,在进行措施制定和改善时所花费的成本会更低。

通过 5Why 的方法找到的根本原因是通过逻辑推理、基于一定知识和经验判断找到的,接下来还需要通过收集过程的相关数据对根本原因进行进一步的验证和确认。现在,我们看到表 6-7 中第一个潜在原因是"物料没有被及时找到",表面看它似乎和"物料与系统不符"的问题没有太多关联,但事实上,在水蜘蛛配料的时候,确实因没有及时找到物料,影响了当班组装工序的订单完成率,之后经过再次寻找,又找到了该物料,所以,当时的现象就是物料与系统不符。

问题:物料与系统不符

Why1：物料没有被及时找到
Why2：许多物料没有固定库位
Why3：库位数量不够　　Why3：库位数量不够
① Why4：物料型号太多　② Why4：仓库面积不够
─① Why5：客户多元化定制
─② Why5：客户选型前期参与较少
─③ Why5：缺少对产品复杂性分析和简化的流程

在进行 5Why 的提问过程中，对于 Why3"库位数量不够"的下一层原因出现了两个分项：一个是"物料型号太多"，一个是"仓库面积不够"。两个原因似乎都有道理，但是基于精益生产的原则和实际的经验判断，先不考虑"仓库面积不够"的原因，选择 Why4"物料型号太多"。

继续进行 Why5 的提问，得到 3 个分项原因：
① 客户多元化定制。
② 客户选型前期参与较少。
③ 缺少对产品复杂性分析和简化的流程。

经过小组反复讨论，最后确定第③条是真正的根本原因。

现在进行相关数据的收集和分析，了解目前产品的复杂性状况，作为对根本原因的验证。

当识别出的根本原因涉及产品复杂性时，按照"陌生者""执行者"和"重复者"进行三级帕累托图的分析，发现"陌生者"对问题的贡献最大，约占总数的 84%，如图 6-9 所示。

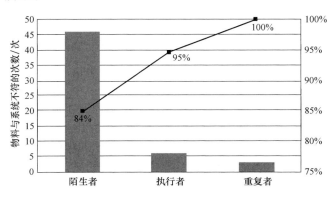

图 6-9　物料与系统不符的三级帕累托图

据统计，目前销售的型号共 4684 个，其中 221 个型号贡献了销售额的 88%，而另外 4463 个型号仅仅贡献了销售额的 12%。

型号数量	销售额
221	88%
4463	12%

为验证根本原因而进行的统计分析，给大家带来许多意外的收获。目前，产品的型号复杂，品种繁多，这样的复杂性确实带来诸多的库存管理问题，造成管理和资源的浪费。

接下来就是对表 6-7 中第 2 项潜在原因进行 5Why 分析：

问题：物料与系统不符

Why1：原物料数量不准

↳ Why2：供应商来料数量短缺

对第 2 项潜在原因进行 5Why 分析时，得出的结论是可能由于供应商来料数量短缺，但是，这样的结论缺少依据，所以需要从"为什么没发现"的角度进行分析。

问题：物料与系统不符

Why1：原材料数量短缺没有发现

↳ Why2：进料检验仅仅核对型号，没有对数量的检验

↳ Why3：进料检验标准中没有规定对数量的检验

在进行 5Why 分析时，除了考虑问题发生的根本原因外，还要考虑为什么没有发现（Detect）和系统（Systematic）的原因，如系统在哪里有疏漏从而导致问题的发生。

使用同样的方法，团队完成了表 6-7 中第 3 项潜在原因的 5Why 分析：

问题：物料与系统不符

Why1：返工品的状态不明确

↳ Why2：不合格物料返工过程中，系统难以识别其过程的状态

↳ Why3：缺少对不合格品数量和处理完成时间的追踪和控制

↳ Why4：不合格品管理程序中缺少返工处理时间和数量核对的流程

（6）第六步：制定和选择解决方案　根本原因找到后，接下来的工作是针对原因制定措施，措施也包括那些可以进行快速改善的项目。

在制定措施时，针对原因的措施常常会有多种方案，并非所有方案都是必需的，要考虑其难易程度、投入成本及带来的收益和效果。我们要摘取容易够着的

果子。

下面介绍3种常用的方法。

1）立场分析法。立场分析法又称为动阻力分析法，尤其是在解决感性问题时，是一种很好的将措施进行量化处理的方法。其原理是任何事物都处在一对相反的作用力之下，且处在平衡状态。为了发生变革，驱动力必须大于制约力，从而打破平衡。

立场分析的结果就是建立立场分析模型图，其步骤是将所期望达到的目标放在上面，然后找出对目标影响的驱动力和阻力，并在图上标出箭头，驱动力在右侧，制约力在左侧，用1~10的数字对每一力量强度进行判分，1代表最弱，10代表最强（注意：无论驱动力还是阻力都是正数，不是抵消的关系），选出最强的驱动力和阻力，对于驱动力要采取措施进行增强，对于阻力则要采取措施进行减弱或消除。

2）方案权重分析法。在情景4中已经介绍过方案权重分析法在2P中的应用，在此不再赘述。

3）容易实现目标矩阵法。将所有的潜在解决方案列表（见表6-8），按照预期收益和执行的难易程度打分。10分表示预期收益最好并且最容易执行，1分表示预期收益最少并且最难执行。

表6-8 潜在解决方案列表

编号	方案	收益	难易程度	编号	方案	收益	难易程度
1	A	1	5	6	F	9	4
2	B	5	7	7	G	10	3
3	C	6	3	8	H	2	8
4	D	4	2	9	I	4	4
5	E	8	5	10	J	3	5

然后，得到两个维度的容易实现目标矩阵，如图6-10所示。特别说明，在解决质量问题时，经常应用试验设计（DOE）的方法来找到最优参数组合，这时使用容易实现目标矩阵法来确定其优先性和必要性就更加重要。

对于BB-A价值流准时交货问题，针对5Why分析的根本原因，制定以下几项措施：

1）对目前产品进行简化。

2）对供应商的原物料进行数量控制。

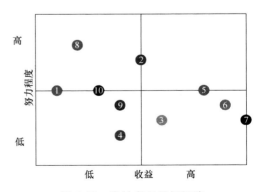

图6-10 容易实现目标矩阵

3）修订不合格品管理和控制程序。

4）对员工书写流程卡进行标准化和培训。

这四项措施实施起来比较容易，并不需要使用"容易实现目标矩阵"来进行分析。

（7）第七步：确定行动计划　根据第六步中所选择出的方案，制定行动计划，要按照什么措施（What）、谁来负责（Who）、什么时候完成（When）、哪个区域和地方（Where）、如何完成（How）及多少成本（How much）等方式形成措施清单，具体步骤如下：

1）列出一级任务清单（如1、2、3…）。

2）对一级任务进行分解，列出细化的任务清单（如1.1、1.2、1.3、2.1、2.2、2.3…）。

3）确定每个任务的负责人、目标完成日期等。责任人必须是某个具体的负责人，而非某类岗位的统称，而且最好放一个负责人的名字，而非两、三个人的名字，因为放了两三个人的名字等于是都负责，也都不负责。

4）涉及成本投入的项目要列出预计需要的金额等。

5）进行后续追踪。

表6-9列出了BB-A价值流准时交货问题的具体行动计划。

表6-9　BB-A价值流准时交货问题的具体行动计划

项目	任务	负责人	W24	W25	W26	W27	W28	W29	W30	W31	W32	W33	W34	W35	W36	W37	W38	W39	W40
1	对目前产品进行简化	LX	○																
1.1	分析陌生者产品的历史销售数据	SH		○			△												
1.2	制定产品简化标准,依据标准对陌生者产品进行分类	SH						○				△							
1.3	修订产品目录清单,并与客户沟通	LX										○							△
2	对供应商的原物料进行数量控制	ZZ		○					△										
2.1	修订进料检验标准,将数量检验纳入质量检验标准	ZZ			○	△													
2.2	收集至少一个月的原料数量检验结果,进行分析	HY					○			△									

（续）

项目	任务	负责人	W24	W25	W26	W27	W28	W29	W30	W31	W32	W33	W34	W35	W36	W37	W38	W39	W40
2.3	对目前没有标准包装的原物料进行标准化	ZZ		○				△											
3	修订不合格品管理和控制程序	ZZ		○				△											
3.1	对目前各过程的不合格产品处理情况进行了解	ZZ		○	△														
3.2	对不合格品管理和控制程序进行初步修订	HY			○		△												
3.3	组织各部门讨论程序并最终确定和更新流程	ZZ						○	△										
4	对员工书写流程卡进行标准化和培训	LX	○	△															

○ 计划开始时间　　△ 计划完成时间　　**准时**　绿色
　　　　　　　　　　　　　　　　　　　　不准时　红色

（8）第八步：获得领导批准和支持　在完成行动计划后，需要获得领导的批准，批准的目的是得到领导的支持，特别是当涉及较大资源的投入时。这样的批准过程也是沟通的过程。

在问题解决的过程中，领导所扮演的更多是教练的角色，帮助和启发问题解决团队确实应用头脑风暴法对问题原因进行深入的寻找和挖掘。

（9）第九步：实施方案　根据第七步所制定的行动方案，责任人按照既定计划去执行。团队要定期对措施的完成情况进行回顾，并用红色、绿色表示不准时和准时情况，达到目视化的作用。

（10）第十步：衡量、监控和控制结果　措施是否有效，要通过数据来显示结果是否得到改善，可以使用趋势图、帕累托图、控制图等各种直观的图表及过程能力指数等方法进行监控和测量。结果的改进一定要与行动计划相关联。很多时候看到行动计划还没有开始，结果就变得很好了，但缺少逻辑关系，这说明要么数据有问题，要么就是没有找到问题的根本原因。在解决问题的过程中，我们并不希望问题"不治而愈"。

在问题解决后，很重要的一个工作就是后续的标准化，因为问题的改善常常会涉及失效模式和结果分析（FMEA）、控制计划（Control Plan）及其他的作业指导书（Work Instruction）等文件的更新，以便维持所取得的成果。

学会使用 A3 报告

1. A3 报告及其作用

将问题解决的过程用 A3 纸的形式记录下来形成问题解决的报告，这种方式在丰田已经成为精益的标准方法，而"A3 报告"也成为问题解决的代名词。

在 BF 公司，将 5Why、鱼骨图及 A3 报告的格式印刷在白板上，小组成员可以在现场应用这些白板"现地现物"地解决问题，然后将报告用拍照的方式进行存档。团队解决问题的氛围非常好，其中一个重要的原则是问题涉及的当事人必须参与问题解决。无论是使用纸质的 A3 报告还是其他形式的 A3 报告，解决问题的方法不变，现地现物的思想不变。

将 A3 报告编号，形成一个清单，包括解决的问题、涉及的文件更改、取得的效果、行动计划是否关闭、收益情况等，见表 6-10。

有的 A3 报告可能需要长期持续不断地进行改进，例如上面提到的准时交货问题，第一次的 A3 报告仅仅解决问题的大约 35%，初期的目标达到了，但是，后续对于潜在原因还要继续进行改善，也可能又有其他新的潜在原因。

表 6-10　BB-A 价值流 A3 报告

BF 公司问题解决 A3 报告编号：20××-09-01
日期：20××.9.15
批准：FQ

1. 定义和描述问题

根据客户服务部门统计的准时交货率数据，BB-A 价值流 7 月份准时交货率为 95.7%，8 月份准时交货率为 95%，没有达到 96% 的准时交货率目标要求。7、8 月份总共交货行数为 1552 行，有 80 行没有按照给客户的承诺日期准时交货，其中内部过程原因导致延迟交货行数为 70 行，占比约为 88%，由于供应商原因造成零部件没有按时到货导致延迟交货行数为 10 行，占比约为 12%。未准时交货造成 23000 元的额外运输费用，占总运输成本的 12%。

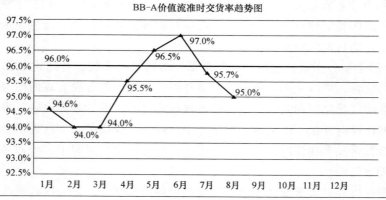

2. 分解问题

2.1 通过 SIPOC 分析内部过程原因和供应商原因,发现了几个需要关注的点

1)供应商提供的零部件的检验时间较长,目前平均的检验时间为 4 天。
2)组装工序经常出现缺料状况。
3)只有每月准时交货率数据,无固定的日交货率统计。

2.2 一级帕累托图问题分解

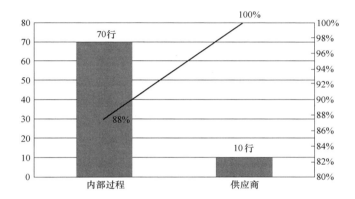

2.3 二级帕累托图问题分解

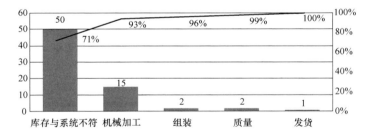

3. 组成团队,确定目标

3.1 团队组成

组长:LX。

组员:SH、ZZ、HY。

活动规则:头脑风暴,知无不言、言无不尽。

3.2 目标计划

库存与系统的符合性提高到 95%,最终实现交货率 96% 的目标。

(续)

4. 识别潜在原因

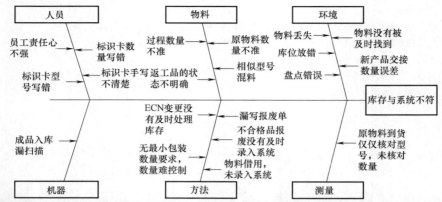

	潜在原因	影响程度	对潜在原因的初步反应
1	物料没有被及时找到	9	继续 5 个 Why
2	原物料数量不准	9	继续 5 个 Why
3	返工品的状态不明确	9	继续 5 个 Why

5. 收集和分析数据,确认真因

问题:物料与系统不符

Why1:物料没有被及时找到

Why2:许多物料没有固定库位

① Why3:库位数量不够　　② Why3:库位数量不够

① Why4:物料型号太多　　② Why4:仓库面积不够

① Why5:客户多元化定制
② Why5:客户选型前期参与较少
③ Why5:缺少对产品复杂性分析和简化的流程

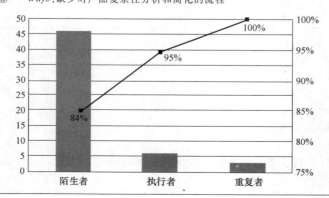

情景6 "交货"风波——如何解决问题

（续）

问题：物料与系统不符
    Why1：原材料数量短缺没有发现
        Why2：进料检验仅仅核对型号，没有对数量的检验
            Why3：进料检验标准中没有规定对数量的检验

问题：物料与系统不符
    Why1：返工品的状态不明确
        Why2：不合格物料返工过程中，系统难以识别其过程的状态
            Why3：缺少对不合格品数量和处理完成时间的追踪和控制
                Why4：不合格品管理程序中缺少返工处理时间和数量核对的流程

6. 制定和选择解决方案
- 对目前产品进行简化。
- 对供应商的原物料进行数量控制。
- 修订不合格品管理和控制程序。
- 对员工的书写进行培训。

7. 确定行动计划

项目	任务	负责人	W24	W25	W26	W27	W28	W29	W30	W31	W32	W33	W34	W35	W36	W37	W38	W39	W40
1	对目前产品进行简化	LX	○																
1.1	分析陌生者产品的历史销售数据	SH	○				△												
1.2	制定产品简化标准，依据标准对陌生者产品进行分类	SH							○			△							
1.3	修订产品目录清单，并与客户沟通	LX												○					△
2	对供应商的原物料进行数量控制	ZZ			○					△									
2.1	修订进料检验标准，将数量检验纳入质量检验标准	ZZ			○	△													
2.2	收集至少一个月的原料数量检验结果，进行分析	HY					○				△								

(续)

(续)

项目	任务	负责人	W24	W25	W26	W27	W28	W29	W30	W31	W32	W33	W34	W35	W36	W37	W38	W39	W40
2.3	对目前没有标准包装的原物料进行标准化	ZZ			○				△										
3	修订不合格品管理和控制程序	ZZ			○				△										
3.1	对目前各过程的不合格产品处理情况进行了解	ZZ			○	△													
3.2	对不合格品管理和控制程序进行初步修订	HY				○		△											
3.3	组织各部门讨论程序并最终确定和更新流程	ZZ						○	△										
4	对员工书写流程卡进行标准化和培训	LX	○		△														

○ 计划开始时间　　△ 计划完成时间　　准时　绿色
● 实际开始时间　　▲ 实际完成时间　　不准时　红色

8. 获得领导批准和支持

该项目的投入：没有实物资源的投入。

批准人：FQ

9. 实施方案

依据第七步行动计划实施

10. 衡量、监控和控制结果

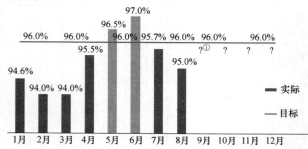

对后续的准时交货率持续进行跟踪：红色（深色）柱子代表没有达到目标，绿色（浅色）柱子代表达到目标要求。

① "?"表示对后续结果的持续跟踪。

2. A3 报告和 8D 报告的关系

吕新和肖老师正在分享自己通过问题解决方法来解决交货问题的心得。

"我过去曾经是质量经理,经常使用 8D 报告处理客户抱怨的质量问题,感觉 A3 和 8D 的方法有异曲同工之妙。"吕新说。

"你说得没错。将问题解决的过程总结成 A3 纸大小的报告,称为 A3 报告。开始推行精益时,提到 A3 报告许多人感觉比较陌生,但提到 8D 报告大家就非常熟悉了,都是利用团队进行问题解决的方法,虽然名称都叫"报告",但实际已经成为问题解决的代名词,只是大多数企业并没有像丰田一样把这种解决问题用 A3 报告的方法提高到企业文化的高度。"肖老师解释说。

"我查阅了相关的资料,对 A3 报告和 8D 报告进行了比较。"吕新兴奋地说。

表 6-11 是吕新总结的 A3 报告和 8D 报告的对比表。

表 6-11 A3 报告和 8D 报告的对比表

	A3 报告	8D 报告
目的	问题解决	问题解决
起源	日本丰田公司	美国福特公司
发展历程	1)随着丰田公司的发展逐渐形成 2)丰田公司解决问题的标准方法 3)成为精益企业文化的一部分	1)提出于 20 世纪二三十年代,成型于 20 世纪 80 年代 2)为大多数导入 ISO 9000 认证的企业所应用 3)作为解决客户抱怨的常用方法
应用范围	解决与企业运营相关的问题	解决与质量相关的问题
工作步骤	没有绝对固定的标准步骤,一般按照以下基本步骤进行,最后将内容呈现在一张 A3 大小的纸上: 1)定义和描述问题 2)分解问题 3)组成团队,确定目标 4)识别潜在原因 5)收集和分析数据,确定真因 6)制定和选择解决方案 7)确定行动计划 8)获得领导批准和支持 9)实施方案 10)衡量、监控和控制结果	按照以下 8 个步骤进行: 1)问题描述 2)制定并实施临时围堵措施 3)原因分析并确认根本原因 4)制订长期行动计划 5)执行行动计划并确认最终效果 6)预防再发生及标准化 7)恭喜小组 8)最后形成一定格式的报告

看完对比表,肖老师接着说:"你的总结很好。从对比表可以看出,二者虽有所区别,但原理基本相同,都是体现 PDCA 循环的思想。"

"对于质量问题,通常给客户提供纠正措施报告的时候,由于 8D 报告在质量管理体系中的广泛使用,需要将 A3 报告转化为 8D 报告的格式传递给客户。"吕新补充说。

"这是习惯问题,并不重要,现在需要学习的是把A3报告推广到公司的每一个部门,比如对于员工流动率高的问题人力资源部门就需要写A3报告;若销售利润不达标,财务部门就要组织人员进行A3报告的撰写。你看,在你对比表中的'应用范围栏'里也列出了这一点。"肖老师接着说。

"是的,过去只知道对于质量问题写8D报告回复客户,现在A3报告的范围无所不包啊!"吕新赞同地说。

精益问题解决方法和六西格玛方法的区别

吕新和肖老师的谈话继续进行。

"六西格玛方法同样是问题解决的方法,那么和精益中的问题解决方法有什么区别呢?总感觉A3方法比六西格玛方法要简单得多。"吕新问。

"精益问题解决方法(A3报告)起源于日本丰田汽车公司,而六西格玛方法则起源于美国的摩托罗拉,并被美国通用公司发扬光大。就解决问题的方法论而言,精益问题解决方法确实比较简单,也更加关注现场和基层团队的作用,而六西格玛则更加关注个人能力以及基于大量数据基础下的统计技术分析。丰田没有应用六西格玛方法,主要是他们更注重防错和内建品质的建立,从一开始就把质量做好,而不是事后再费周折找原因。"肖老师说。

"用一个形象的例子来说明它们二者的区别,精益问题解决方法像中医,通过提高整个机体的综合能力而达到标本兼治;而六西格玛方法则像西医,经过一系列的化验、仪器检测,然后使用手术刀直奔病灶解决问题。当然我们的目的不是要评价孰重孰轻和进行取舍,而是综合应用这些方法,达到相得益彰。例如,前面情景中介绍的问题解决十步法、SIPOC方法就是六西格玛常用工具。当确定根本原因时,可以使用六西格玛方法中的假设性检验、方差分析等统计方法来科学地选择和确定潜在原因。"肖老师接着说。

肖老师最后补充说:"有人问我,六西格玛为什么没有以前流行了?精益好像比较热门,我告诉他,不是不流行了,是因为以下几个原因:

1)六西格玛本身有点难度,不那么容易掌握,精益相对简单,容易实践,问题是六西格玛又不容易坚持。

2)很多人用六西格玛是为了故弄玄虚,没有掌握实质。我举个例子,有人问,从24楼掉下一滴水,会砸伤人吗?用六西格玛的人说:'我来研究一下,'然后用了大量的统计数据,最后得出结论:不会。用精益的人则马上会说:'不会呀,现场会说话,你看到雨天的雨滴砸伤过人吗?'这就是解决问题的思路、手段和方法不同。

3)六西格玛的工具以数据为基础,比较科学,但要用对场合,大原则是能防错的,能人机分离做到自动化的,要优先考虑,不要等事后问题发生了,再去做数据分析,去制定措施,这样成本会增加很多。

4)六西格玛中的假设性检验、方差分析、试验设计(DOE)、统计过程控制(SPC)是非常重要的工具,我再强调一遍,它们可以和精益很好地结合去管理项目,获得更好的收益。"

事实上,BF推行精益的时候,同时也培养了多名黑带、绿带,让他们来协助和指导运用六西格玛工具来解决问题,取得了非常好的效果。

培养团队问题解决的能力

培养团队问题解决的能力决非朝夕之功,需要花时间反复训练,从领导层开始,学习使用科学的系统性问题解决方法,改变直接跳到问题结论上面的惯性思维。

(1)确实改变对待问题的态度　虽然人们经常说"问题就是机会",但是,当问题真正发生时,绝大多数的人并不认为是机会,而仅仅看到问题本身,甚者更多时候,大家并不是讨论如何解决问题,而是很快将问题发生的原因归咎于某个人。所以,面对问题的态度很重要,问题的出现使我们看到不增值的部分,从而使流程更加优化,过程更加受控,结果更加完美。许多人不愿面对问题,采取回避的做法,但是,由于问题没有得到解决,最后造成的后果越来越严重,好的结果不是自然发生的,而一定是经过努力取得的。

(2)善于在现场发现问题　在前面谈到选择问题的原则,将优势资源运用到最增值的地方,同时还有一个重要原则就是善于在现场发现问题,及时解决问题。现场永远是管理者解决问题最大和最重要的舞台,管理者要学会在现场观察和收集第一手资料,这就是为什么丰田公司将"现地现物"作为精益管理模式基本原则的原因。管理者要以身作则,在现场解决问题的同时,也培养下属处理问题的方法和能力。

(3)建立问题解决的培训机制　将解决问题的方法形成一套完整的培训教材,最好所有人员都能够接受问题解决技能的培训。当然,对于不同层级的人员,要求掌握的标准和内容有所不同。例如,一般员工要了解什么是变异和波动、造成波动的5M1E的因素等,而工程师及管理人员则要掌握更多与问题解决相关联的技能和技巧,包括许多质量工具、精益工具,需要持续学习才能熟练掌握。

(4)将问题解决作为工作技能要求　将解决问题的能力作为对管理者乃至基层员工的一项基本技能要求,逐级形成一个从上至下都善于解决问题的团队,从而确保决策符合运营目标。

(5)将问题解决扩展到非生产价值流领域　使用A3报告解决问题,绝不是价值流部门、质量部门、供应链等部门的专利,还可以扩展到人力资源、财务、行政及 IT 等部门。例如，员工的离职率超过预定的控制限、净利润低于目标值、非生产性用品的消耗超过季度预算等问题，都可以用 A3 报告进行问题解决。

（6）培养问题解决的正确思维和习惯　前面反复提到要正确对待问题，培养问题解决的正确思维和习惯，下面的问题清单可以作为检查表帮助团队进行自我评估，了解团队在问题解决方面的实际状况。

1）解决问题时，花费更多的时间在现场而不是在办公室吗？
2）解决问题时，使用了结构性的系统方法吗？
3）解决问题时，是组成团队通过面多面的头脑风暴法来找到根本原因吗？
4）团队解决问题时，不是领导层来决定问题解决方案，而是邀请最接近问题的人员一起讨论解决吗？
5）解决问题时，使用了 5 个为什么来刨根问底，而不是直接跳到结论上吗？
6）出现问题时，没有首先把原因归咎于人吗？
7）解决问题时，有对成本进行分析吗？
8）解决问题后，有进行标准化吗？
9）解决问题后，有持续追踪和验证吗？
10）解决问题后，有给予团队鼓励和表扬吗？

以上 10 个问题，如果其中 9~10 个问题的回答是"yes"，那就说明团队形成了问题解决的正确思维和习惯；如果回答是"yes"的个数小于 6 个，那么，说明团队还没有形成问题解决的正确思维和习惯，需要持续努力。

要 点 梳 理

1. 应用流动和拉动的精益工具，会收到很好的改善效果，但这并不代表就一帆风顺，例如，按照超市生产的产品可以准时交货，但是按照订单生产的产品就有可能遇到交货不准时的问题。

2. 要正确理解和对待发生的问题，将问题看作改善的机会。

3. 解决问题时，不是使用传统解决问题的方法，而是使用精益问题解决方法。前者的特点是解决问题没有计划，依靠领导的经验、地位和感觉以救火式的推动方法解决问题，而后者则是按照计划依靠团队以 PDCA 和 SDCA 的科学方法解决问题。

4. 问题解决十步法是系统的问题解决方法，基于 PDCA 和 SDCA。其中前 8 步，即①定义和描述问题；②分解问题；③组成团队，确定目标；④识别潜在原因；⑤收集和分析数据，确认真因；⑥制定和选择解决方案；⑦确定行动计划；⑧获得领导批准和支持属于计划（Plan）部分，占的篇幅最大，说明计划的重要性。

实施（Do）和检查（Check）的阶段各包含一个步骤：分别是⑨实施方案和⑩

衡量、监控和控制结果两个步骤，然后进入行动（Act）和 SDCA 的阶段。

5. 将问题解决的过程用 A3 纸的形式记录下来形成问题解决的报告，这种方式在丰田已经成为精益的标准方法，而"A3 报告"也成为问题解决的代名词。

6. A3 报告和 8D 报告相比，前者使用范围更广泛，而后者主要应用于解决质量问题、回复客户抱怨。

7. 对于精益问题解决方法和六西格玛方法，不是比较它们孰重孰轻，而是相互结合、相得益彰。

8. 培养团队问题解决的能力，重要的是确实改变对待问题的态度；利用问题清单来评价团队在使用系统方法解决问题方面是否形成了正确的习惯和思维。

紧急救火还是TPM——通过TPM实现"零损失"

在 BF 公司最初导入精益时,大家开始的感觉是新鲜、陌生,继而是排斥甚至恐惧;对于许多精益方法和工具的使用,大多是迫于公司领导的压力而不得以为之,表面上是按照精益的模式进行,暗地里还是按照老的方法我行我素。不过随着精益生产推行的不断深入,大家逐渐意识到精益所带来的收益。

进步虽然不可否认,但存在的问题也仍然很多。例如,吕新感觉到,现在最需要解决的问题就是设备问题,本来设计好的拉动系统,常常因为设备的异常停机而出现看板库存被拉断的情况。当找到设备维修人员,问他们为什么不能及时修复设备,维修人员一脸无辜地说,工作节奏很紧张,操作者只是按照看板生产,他们几乎没有时间来事前检查设备,所以出现问题很正常。例如,前天设备异常停机,就是因为排屑机的铁屑没有及时清理,造成排屑机堵塞而停止工作。当找到操作者时,操作者则说,铁屑清理其实很及时,主要的问题还是由于排屑机很长时间没有维护,内部的摩擦片磨损而出现排屑机无法正常工作。类似的事件还有很多,维修人员和操作者双方总是各执一词。

除了设备本身故障外,维修人员抱怨最大的还有设备备件的问题。急用的备件常常没有库存,即使要求采购部门去紧急采购,采购周期也非常长,所以这也是造成维修效率低下的主要原因。吕新和采购部门沟通了好多次,希望仓库能备一些常用备件,但由于成本因素,最终也没有达成一致。

设备使用多年,由于没有良好的维护和保养,很多设备漏油严重,不仅影响生产拉动的正常运行,而且现场的5S也一直让吕新感到头疼。

精益之"TPM屋"

精益系统运行中经常提到三大损失,即"浪费""波动"和"僵化",而其中设备问题就是造成"波动"损失的非常重要的原因,例如"异常停机""制造废品""设备性能下降而产出波动"等。尽管设计了非常好的流动和拉动系统，但是由于设备的种种异常，无法按照预期的计划完成正常的生产。正如 BF 公司，操作者一直认为设备问题就是设备维修部门的事，对待设备的态度就是"我来用，你来修"，所以，维修人员始终处在"救火式"的紧急抢修状态。

为了保证精益生产的正常运行，BF 公司正式开始 TPM 活动的推行。TPM 就是全员生产力维护（Total Productivity Maintenance）。顾名思义，TPM 虽与设备管理有关，但又不只局限于设备管理，而是一种范围更广、参与人员更多的保证生产力的活动。

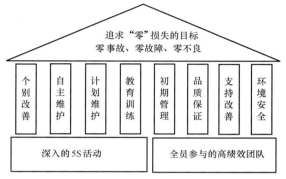

图 7-1　TPM 屋

很多人认为 TPM 很复杂，实施起来很难，不知如何开始。为了让大家对 TPM 有清晰的了解，我们用"TPM 屋"概括其内容，如图 7-1 所示。

屋顶：追求"零"损失的目标，即零事故、零故障和零不良。

地基：深入的 5S 活动和全员参与的高绩效团队。5S 是比较简单的精益工具，但做好并非易事，不是做表面文章，而是要深入贯彻，起到提高效率的作用；TPM 必须是全员参与，既要关注群众性、普及性，又要关注团队的效率。

TPM 八大支柱：连接屋顶和地基的支撑部分，它们分别是个别改善、自主维护、计划维护、教育训练、初期管理、品质保证、支持改善和环境安全。

TPM 屋直观展示了 TPM 体系的构成，几个支柱之间相辅相成，缺一不可。

基于八大支柱实施 TPM

1. TPM 支柱之一：个别改善

在初期进行 TPM 时，不可能对所有的设备进行立刻的改善，所以需要从关键设备开始，然后根据 80/20 原则识别出目前最大的损失及来源，然后决定实施个别改善的设备和项目。个别改善的流程如图 7-2 所示。

（1）关键设备的选择方法　使用情景 4 介绍的"权重分析法"，找出关键设备，见表 7-1。

假设定义总分数大于 100 为关键设备，那么，根据各个设备的评价得分，找出哪些设备是关键设备，并在设备的台账中进行标注。当然，关键设备并不是一成不变的，需要定期进行再评估。

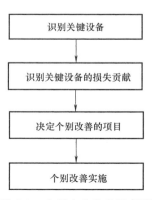

图 7-2　个别改善流程示意图

表 7-1 关键设备评估表

机器名称	设备编号	使用区域	严重失效的可能性	设备可替代性	产能利用率	是否特殊过程	关键特性的CPK	维修的成本	是否需要外包技术性支持	得分
权重			4	9	7	6	8	6	3	
切割机	BX-001	BB-A	3	9	9	1	1	1	3	167
压力机	BX-002	BB-A	3	7	8	1	1	1	3	167
弯管机-L	BX-003	BB-A	3	9	3	1	1	1	3	143
弯管机-M	BX-004	BB-A	3	9	3	1	1	1	3	143
真空炉	BX-007	BB-A	3	3	3	9	1	1	3	137
装配-M1	4#	BB-A	1	1	3	1	1	1	3	63
装配-M2	5#	BB-A	1	1	3	1	1	1	3	63
装配-M3	6#	BB-A	1	1	3	1	1	1	3	63
装配-M4	7#	BB-A	1	1	3	1	1	1	3	63

注：1. 评估项设定权重，1~10代表评估项目对设备关键性的影响程度等级。1代表影响非常小，10代表影响非常大。
2. 设备对权重项目的赋值，1、3、7、9分别代表设备在相关项目的关联程度从低到高。

（2）个别改善设备的选择　在决定关键设备后，对设备的停机时间、存在问题进行统计分析，然后运用柏拉图找出影响程度最高的设备。由图7-3所示的柏拉图可以看到月度停机工时排第一位的是CNC-S设备，其故障原因是设备漏油，所以可以选择该设备作为个别改善的设备。

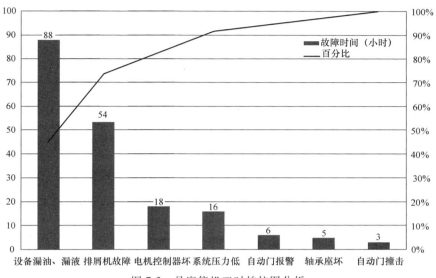

图7-3　月度停机工时柏拉图分析

（3）实施个别改善的步骤

1）确定目标。以"零损失"的思想为指导，制定具有挑战性的目标。对于CNC-S设备，由于该设备使用了较长时间，漏油问题似乎是非常难解决的事情，但这恰恰就是要进行个别改善的原因。

2）建立团队。首先需要确定个别改善团队的负责人。负责人并非必须要来自设备管理部门，也可以来自生产部门，团队成员可由专业的维护人员和来自一线的操作设备员工组成。在组建团队时，最好邀请一位上级领导作为支持者给予资源上的支持以及对团队进行必要的指导。

3）改善之前要识别潜在原因。要充分发挥小组的作用，对设备存在的问题、故障进行原因分析，透过现象看本质。使用鱼骨图从人员、机器（部件、备件等）、材料、方法等4M因素方面寻找可能的潜在原因，然后利用5Why法不断提问，确定最终的根本原因。图7-4所示为对排在月度设备停机工时柏拉图中第一位的因素进行鱼骨图分析的结果。

从鱼骨图中找出潜在的可能原因，然后进行5Why分析，如图7-5所示。

4）编制项目计划。制定行动计划时，一定要列出具体的措施项目负责人以及完成时间，并得到团队领导的批准。改善的项目常常会涉及较大的成本投入，获得领导的批准就是事先沟通的过程，这样也加快了后续工作的进展。

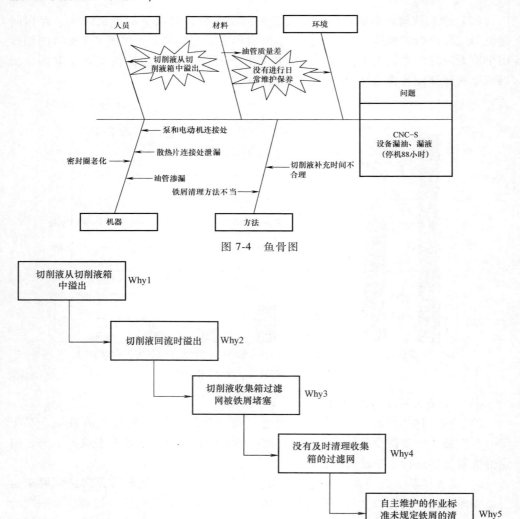

图 7-4　鱼骨图

图 7-5　5Why 分析

5）实施方案并衡量结果。按照项目计划具体实施，在措施完成后，团队成员要对效果进行验证和评估，确定是否达到了预期的目标。如果没有达到目标，则需要重新进行原因分析和方案的再修订，直至达到预期目标。

6）进行标准化。团队成员要对个别改善项目及时进行经验和方法的工作总结，必要时重新修订相关的作业维护标准，并对相关的作业人员进行培训和教育，也可以制成 PPT，作为 TPM 的资料归档保存。

2. TPM 支柱之二：自主维护

自主维护是推行 TPM 的关键活动，是体现全员参与的关键环节，也是真正体现预防为主、实现"零损失"的最主要途径。通过自主维护,不仅使设备达到良好状态,而且可以提高员工的技能,使员工有成就感,营造"我的设备我做主,我的设备我管理"的良好氛围。自主维护的具体步骤见表7-2。

表 7-2 自主维护步骤

输入	自主维护步骤	输出
1)团队小组 2)计划维护的设备 3)设备说明书 4)相机	彻底的5S——初期的清扫	1)5S后的改善图片 2)临时5S作业标准 3)困难部位、发生源及现场挂签标识
1)团队小组 2)困难部位及发生源	困难部位处理 发生源处理	1)对发生源进行"个别改善" 2)困难部位改进,为清扫、点检、作业的易于操作进行改进
1)团队小组 2)5S清扫、注油、点检、紧固等活动回顾及记录	临时标准的制定	1)临时5S标准作业,包括所需时间记录 2)点检、加油、紧固等临时标准
1)团队小组 2)临时维护标准 3)设备结构了解	总点检	1)全面设备内部点检: • 自主维护团队可以恢复的部分进行自主维护 • 自主维护团队不能恢复的,邀请专业维护人员支持 2)OPL
1)团队小组 2)活动总结	自主点检	1)更新临时自主维护标准及自主维护检查清单 2)培训教育
1)团队小组 2)所有的临时维护标准	标准化	正式的自主维护标准: • 5S标准 • 注油、润滑标准 • 自主点检作业标准

注:所有标准最好附图片、规定频次以及所需时间。

表7-3是经过自主维护后,在专业维护人员的指导下,由现场作业者制作的自主维护点检标准。

基于自主维护标准,制定相应的自主维护点检记录表,以保证日常的执行,见表7-4。

3. TPM 支柱之三:计划维护

当自主维护成为现场设备管理的重要活动时,至少80%以上的故障可以得到预防和提前解决,设备的管理进入良性运转阶段。此时,专业维护团队的精力从原来的"救火"状态转向对设备真正的"管理"状态,其工作主要包括以下内容:

(1) 对自主维护团队的支持 在自主维护团队的成长过程中,特别是TPM的初期,专业维护团队需要协助其进行发生源和困难部位的处理,同时对操作者进行设备知识和现场培训。

(2) 对操作者的教育和训练 专业团队要对设备的相关知识和操作技能要求进行归纳和总结,对操作者进行现场培训,提高自主维护团队成员解决问题的能力。

表 7-3 自主维护点检标准

序号	检查部分	检查内容及要求（操作者）	检查方法/工具	检查频次	检查点
1	整机	1）设备是否振动/异响	触摸/耳听	每班	
		2）清洁机床表面及防护玻璃	抹布	每天	
		3）清洁各电磁阀、电动机风扇滤网及空调滤网	抹布	每周三	
		4）检查防护门限位开关工作是否正常	目测	每班	
2	冷却系统	5）检查切削液液位	目测	每天	
		6）确认切削液流量正常，泵工作正常	目测/触摸	每天	
		7）清洁切削液箱过滤网			
		8）清洗切削液过滤网			
		……			
4	润滑系统	15）确认润滑油液在指示范围内	目测	每班	
		16）润滑油管路无泄漏	目测	每班	
5	其他	17）卡盘润滑	加油枪	每班	
		18）铁屑输送机电动机检查	目测/触摸	每天	
		19）机器内部铁屑清理（每班清理）	目测/刷子清理	每班	

编制：　　　　　　　　审核：　　　　　　　　批准：

情景7 紧急救火还是TPM——通过TPM实现"零损失"

表7-4 自主维护点检记录表

设备编号：　　　　　　　　　　　　　　　年/月：　　　　　　　　　负责人：

序号	检查部分	检查内容及要求	1	2	3	4	5	6	7	8	9	10	……	22	23	24	25	26	27	28	29	30	31
1	整机	1) 设备是否振动/异响																						
		2) 清洁机床表面及防护玻璃																						
		3) 压缩空气管路有无漏气																						
		4) 安全门推拉是否正常																						
		5) 电气控制线路是否有破损情况																						
2	冷却系统	6) 检查切削液液位											按照每月30天或31天进行日常的点检记录											
		7) 确认切削液流量正常,泵工作正常																						
		8) 清洁切削液箱过滤网																						
		9) 清洁切削液箱过滤器																						
		10) 清洗切削液喷嘴																						
3	液压系统	11) 检查液压电动机是否异常																						
		12) 检查油位是否在指示的范围之内																						
		13) 夹紧油压检查(5~27kgf/cm²)																						
		14) 系统油压检查(35kgf/cm²)																						
4	润滑系统	15) 确认润滑油液在指示范围内																						
		16) 润滑油管路无泄漏																						
		17) 卡盘润滑																						
5	其他	18) 铁屑输送机电动机检查																						
		19) 机器内部铁屑清理																						
		班长确认																						

注：设备操作人员完成相关检查,请在空白处画√；G为公休标记；F为放假标记；X为修理标记；W为没生产标记。每日班长确认。

（3）进行个别改善 选择损失影响较大的设备进行改善，并对改善案例定期总结沟通。

（4）设备管理

1）与使用部门一起，在设备采购初期提出技术要求，并组织设备的验收工作。

2）建立设备管理制度以及设备台账，并对设备的说明书、图样等资料进行归档管理。

3）对备品、备件的采购需求进行分析和提出采购需求。

4）对设备维修成本的分析、控制和改进。

（5）预防性维护管理

1）建立定期维护计划。维修人员依据预防性维护标准，定期对设备进行预防性维护，见表7-5。

2）实施定期维护。根据预防性维护标准，维护人员按照计划完成各个项目后，填写维护记录表，见表7-6。

除了对单台设备制定预防性维护标准外，BF公司还建立了全部设备（尤其是关键设备）的整体预防性维护保养计划，便于统一协调和安排。计划完成后，可以张贴在TPM的目视化管理中心。关于TPM的目视化管理情景8将进行介绍。

（6）设备维护评价体系的建立

1）建立TPM体系评价指标。

2）故障统计和分析。

3）设备状态分析。

4. TPM支柱之四：教育训练

对于TPM而言，对员工的教育和训练是非常关键的，只有这样才能真正达到全员参与的目的，"零损失"的目标才能变为现实。

（1）利用单点课程（One Point Lesson，OPL） 在TPM的活动中，推行单点课程是非常好的方法。所谓OPL由员工自己编写相关设备方面的培训教材，并对其他员工进行培训。对于教材的内容，要求每次一个主题，要简洁、明了、图文并茂，放在一页纸里，5~10分钟左右就能够完成培训。制作OPL的人员既可以是专业的设备维护人员，也可以是现场的操作者，只要他们是排除故障、解决问题并熟悉所要培训内容的人员即可。OPL的素材源于以下几个方面：

1）个别改善案例。

2）自主维护方法。

3）故障分析和解决问题的过程。

4）设备操作技巧以及心得。

5）设备安全操作注意事项。

情景7 紧急救火还是TPM——通过TPM实现"零损失"

表 7-5 设备预防性维护标准

序号	检查部分	检查内容及要求（操作者）	检查方法/工具	检查频次	检查点
1	整机	1）设备是否振动/异响	触摸/耳听	每周	
		2）主轴同步带胀紧	专用工具	每半年	
		3）安全门动作灵活，限位开关工作正常	目测	每周	
		4）设备水平检测（±0.04mm 之内）	水平仪/目测	每年	
2	冷却系统	5）检查切削液液位	目测	每周	
		6）确认切削液流量正常，泵工作正常	目测/触摸	每月	
		7）检查冷却管路无老化，泄漏	目视，试车	每三月	
		8）清洗切削液过滤器/切削液箱	手动		
...		按照设备的状况，制定预防性的维护标准；维护的项目，具体要求，检查方法以及检查频次等。			
4	润滑系统	14）确认润滑油液在指示范围内	目测	每周	
		15）润滑油管路无泄漏	目测	每周	
		16）润滑油箱清理	清理	每半年	
		17）检查卡盘润滑情况（润滑脂自然外漏）	目测/触摸	每周	
5	其他	18）润滑输送机电动机以及减速装置检查		每周	
		19）确认操作人员班后将铁屑清理干净	目测	每周	

编制： 审核： 批准：

151

表 7-6 设备预防性维护记录表

设备编号：　　　　　年/月：　　　　　负责人：

检查部分	项目序号	频次	1月 W1	1月 W2	1月 W3	1月 W4	2月 W1	2月 W2	2月 W3	2月 W4	3月 W1	3月 W2	3月 W3	3月 W4	……	10月 W1	10月 W2	10月 W3	10月 W4	11月 W1	11月 W2	11月 W3	11月 W4	12月 W1	12月 W2	12月 W3	12月 W4
整机	1	每周	○	○	○	○	○	○	○	○	○	○	○	○	……	○	○	○	○	○	○	○	○	○	○	○	○
整机	2	每半年	○												……									○			
整机	3	每周	○	○	○	○	○	○	○	○	○	○	○	○	……	○	○	○	○	○	○	○	○	○	○	○	○
冷却系统	4	每年													……									○			
冷却系统	5	每周	○	○	○	○	○	○	○	○	○	○	○	○	……	○	○	○	○	○	○	○	○	○	○	○	○
冷却系统	6	每月	○				○				○				……	○				○				○			
冷却系统	7	每三月									○				……									○			
液压系统	8	每周	○	○	○	○	○	○	○	○	○	○	○	○	……	○	○	○	○	○	○	○	○	○	○	○	○
液压系统	9	每周	○	○	○	○	○	○	○	○	○	○	○	○	……	○	○	○	○	○	○	○	○	○	○	○	○
液压系统	10	每周	○	○	○	○	○	○	○	○	○	○	○	○	……	○	○	○	○	○	○	○	○	○	○	○	○
液压系统	11	每周	○	○	○	○	○	○	○	○	○	○	○	○	……	○	○	○	○	○	○	○	○	○	○	○	○
液压系统	12	每半年													……									○			
润滑系统	13	每周	○	○	○	○	○	○	○	○	○	○	○	○	……	○	○	○	○	○	○	○	○	○	○	○	○
润滑系统	14	每周	○	○	○	○	○	○	○	○	○	○	○	○	……	○	○	○	○	○	○	○	○	○	○	○	○
润滑系统	15	每周	○	○	○	○	○	○	○	○	○	○	○	○	……	○	○	○	○	○	○	○	○	○	○	○	○
润滑系统	16	每半年	○												……									○			
其他	17	每周	○	○	○	○	○	○	○	○	○	○	○	○	……	○	○	○	○	○	○	○	○	○	○	○	○
其他	18	每周	○	○	○	○	○	○	○	○	○	○	○	○	……	○	○	○	○	○	○	○	○	○	○	○	○
其他	19	每周	○	○	○	○	○	○	○	○	○	○	○	○	……	○	○	○	○	○	○	○	○	○	○	○	○

预防维修操作人（签字）：

工程师（签字）：

○计划实施　●实际实施

OPL 的内容完成后,开始进行培训,培训必须是现场培训。现场可以准备活动的白板,将纸贴到白板上进行现场培训。培训者就是 OPL 的制作者,培训后,所有参加培训的人员要在 OPL 表签名。

表 7-7 是 BF 公司 BB-A 价值流现场的 OPL 实施规范。

表 7-7 OPL 实施规范

设备编号		CNC-S1		确认日期		确认	
部门		BB-A 价值流	制作人	DLK	确认日期		××××-××-××
OPL 规范		加工设备 TPM 维护及方法技巧			实施对象		加工工序作业者
液压站维护作业步骤:							

第一步:清理液压站周边	第二步:拆开冷却风扇管路

将液压站①周围油及杂物清理干净,并检查各个辅助元件②有无损坏和老化 所需时间:30 分钟	将管路接口③、螺钉④、过滤器⑤拆下放入准备好的容器中 所需时间:20 分钟
第三步:清理电动机油污,更换过滤器	第四步:打开油箱盖

电动机的散热筋⑥后端盖⑦清理后,将风扇⑧取下后放入容器中并清理 所需时间:50 分钟	拆下油箱盖上面的螺钉⑨ 注意:需要两个或两个以上的人共同作业 所需时间:20 分钟
第五步:清理油箱内部	第六步:零部件清洗

先将油箱内部⑩的油清理后,用煤油或汽油进行全面清理 注意:煤油易燃请远离火源并佩戴好防护用品 所需时间:20 分钟	清洗时请将零部件的进出油口⑪进行封口避免杂物进入 注意:请远离火源

注意事项	注意佩戴防护用品,遵守所有安全事项
员工培训签字	

实施 OPL 时，注意以下几点：
1）不要让 OPL 成为专业维修人员的工作，而是鼓励全员参与。
2）不要只重视教材编写，而轻视现场培训。
3）不要闭门造车，而是总结现场经验。
4）要持之以恒，而非一时的热情。

通过 OPL 的教育训练方法，使员工不断成长和积累经验，并及时向其他员工分享和表达自己的心得及经验，可以使企业更加有活力，员工更有成就感。

（2）通过参与编写维护作业指导书和点检表进行培训　通过自主维护活动，员工在现场的参与过程中逐渐了解设备的基本构造和重点关注部位；同样，员工在参与编写维护作业指导书和点检表的过程中，既了解了设备方面的知识，又为后续执行打下了基础，做到"润物细无声"和"潜移默化"。只要长期坚持，员工不仅提高了技能又感觉到被重视和认可，从而建立依靠团队和尊重员工的企业文化。

（3）利用厂外资源　非常专业的设备，可以利用厂外资源对员工进行培训。这样的培训千万不要成为专业维修人员的专利，要尽量邀请现场员工参与培训。如果涉及费用等问题，也要要求专业人员在培训后进行内部培训。通过这样的活动，使所有培训人员更有动力和责任感，在日后设备的维护管理中才有更多的资源。

5. TPM 支柱之五：初期管理

设备初期管理是指对设备从最初的需求规划到设备投入使用的过程进行管理。设备初期管理需要多功能小组共同参与，而非设备管理部门或者价值流部门的责任。表 7-8 为设备初期管理检查清单。

表 7-8　设备初期管理检查清单

评价结果（是/不是）	准则	注意事项
	投入设备是为解决生产中的瓶颈工序吗	1）如果是,目前 CT 和 TT 的比较结果如何？现在和将来所需要的产能是多少 2）如果不是,需要增加的产能是多少？投入这样的设备是不是产能过剩 3）投入一个比目前设备自动化级程度低一个等级的设备可以吗 4）设备投入所需要的投资是否与产品的生命周期相匹配
	计划采购的设备其性能与最初的技术要求一致吗	1）如果是标准的设备,是否有相关的国家标准或技术要求？（如果有,要参考其相关要求） 2）设备必须符合有关国家安全方面的法律、法规要求 3）通常设备供应商有更丰富的相关经验
	是否根据生产工艺的要求对设备的设计进行了核对	1）在提出设备的技术要求时,是否考虑了曾经在生产过程中所得到的经验和教训 2）新购买的设备是否可以杜绝曾经发生的问题从而保证高品质

情景7 紧急救火还是TPM——通过TPM实现"零损失"

（续）

评价结果 （是/不是）	准则	注意事项
	是否对设备的下料/上料（unload/load）方式及自动化程度进行了考虑	1）是否考虑其他的自动化方式提高效率和质量 2）尽可能在设备的设计中考虑自动下料
	设备设计时是否考虑了设备调试和换型的时间	1）在设备设计时要考虑快速换型 2）如何能比目前设备的换型有大的提高
	考虑设备的可维护性了吗	设备维护人员参与设备初期管理，以便保证设备维护的方便性
	设备的增加影响目前物料流动的合理性吗	1）设备的投入要适合目前的布局或通过2P方式对布局进行调整 2）材料是否能够被送到员工操作位置（POU）？拿走加工后产品能够不影响操作者吗 3）设备的投入是否需要增加额外的空间？如果在安全、质量以及生产率上没有足够的提升，就不应该投入设备
	操作者的标准化作业是否建立	1）设备投入时，同时要考虑人员的需求 2）在设备设计时，有没有考虑对员工的培训，从而防止造成安全和质量问题
	是否进行了设备投入对价值流的损益分析	应该计算投资回报率（ROI）
	设备的高度是否影响视线	1）清晰的视线对于生产管理非常有帮助 2）设备的高度最好不要超过1.7米
	设备的投入是否需要进行FMEA	1）要进行实效模式和效果分析，并在设备的设计中进行防止 2）设备设计时要考虑防错和自动化

6. TPM支柱之六：品质保证

（1）影响产品品质的设备因素　TPM就是要保证设备的精度和性能，在确保效率的前提下不制造不良品。另外，需要特别注意，无论是自主维护、预防性维护还是个别改善，设备在修理和维护后，一定要进行设备的性能和过程能力的再确认，其方法可以是首件检验、参数对比以及过程能力研究等。

（2）使用防错方法　日本的新乡重夫（Shigeo Shingo）提出了防错的概念，丰田精益中的Poka-Yoke（日语）就是指这种防止错误发生的"防呆"系统，英文翻译为Error-proof，即"防错"的意思。

防错是指当人或机器发生错误时，通过一定的过程控制阻止缺陷产品的发生或者流出，从而防止发生品质问题，实现产品"零缺陷"的目标。在失效模式和后果分析（FMEA）中，如果采取防错的方式，则会降低问题发生率的等级（Opportunity）或降低探测级别（Detect）。

自动化离不开防错。防错的两个重要途径是设计防错和过程防错，而这两个过程与设备初期设计和后期改进有着重要的联系。表7-9列举了防错的类型及防错范例。

表7-9 防错的类型及防错范例

防错类型	解释和说明	防错范例
预防性	通过控制和自动纠错的方式消除发生错误的条件	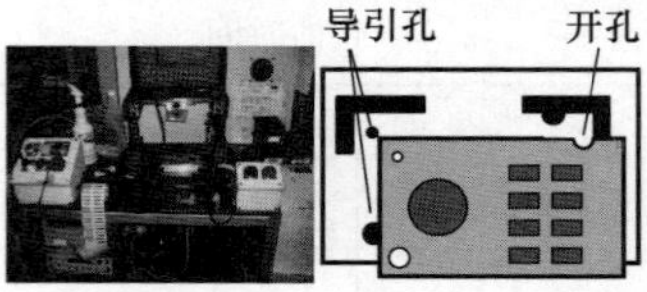 双按钮的安全装置及固定位置防反装置
报警性	发生错误时马上报警	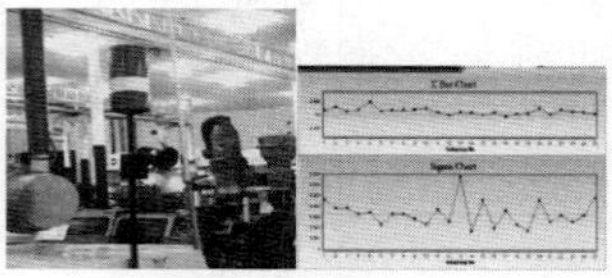 报警系统控制图
探测性	错误发生后，可以探测到错误的发生	 传感器探测系统及限位开关

一种值得推广的方法就是将价值流中所有关于防错的设计、装置和方法进行列表，形成一份动态防错清单，既可以作为共享资料，又可以促使大家不断创新，不断设计出新的防错方法。

7. TPM支柱之七：支持改善

支持改善是指管理和支持部门工作效率的改善。在生产现场进行全员生产力维护的同时，管理部门和支持部门工作的改善必不可少。

（1）备件管理 备件管理问题是TPM过程中经常遇到的难点问题，到底如何进行备件管理呢？

1）识别关键备件。和识别关键设备一样，使用权重分析法识别关键备件，评价项目可以考虑备件的易获得性、与故障的相关性、成本等。

2）设置安全库存，利用PFEP计算备件的库存量以及简单的拉动触发需求方式。

3）建立备件的出、入库管理台账。

建立备件台账并定期统计使用情况，为分析维修成本提供数据支持。另外，要简化备件的领用手续，不要让维修工拿着领料单跑来跑去找人签字，造成许多浪费。

除了备件外，如油、液、辅料等辅助材料，同样可以利用设置最小安全库存量管理库存和触发采购需求。

（2）采购流程　按照精益的方式来尽可能消除中间的浪费环节，缩短采购周期，更好地服务于生产现场的TPM活动。采购流程可以使用非生产型价值流的方法进行改善。

（3）培训　人力资源部门要依据员工的技能要求提供培训机会，不仅仅包括设备知识、操作等方面的训练，也包括问题解决、高绩效团队等方面的训练。

8. TPM支柱之八：环境安全

"零事故"是TPM的重要目标，其中，重要的环节是对新购入设备和现有设备进行安全和环境方面的评价，了解其安全状态，才能真正实现"零事故"的目标。设备安全和环境评估表见表7-10。

表7-10　设备安全和环境评估表

设备名称：

序号	环境、健康、安全评审内容	评价结论			说明
		是	否	不适用	
1	设备无废水、废气、有害废物产生				
2	烟、尘、毒设备有防护装置或排放装置				
3	设备噪声未超标[≤85dB(A)]				
4	设备无跑、冒、滴、漏等现象				
5	设备属节能、低能耗产品				
6	设备的操作运行需要使用化学品,但不是法律所禁止的				
7	警告标志齐全(高温、高压、辐射等)				
8	设备有安全操作说明书				
9	温度、压力、液面超限报警、释放装置				
	设备行程负荷限制装置				
	过载保护				
	机电安全联动装置				
	电力线符合规范并有接地、接零装置				
	照明和应急照明系统符合标准				

(续)

设备名称：

序号	环境、健康、安全评审内容	评价结论			说明
		是	否	不适用	
10	设备的操作、维修符合人体生理特点				
11	设备的设计、造型和色泽符合人的心理特点				
12	通风系统符合设计标准				
13	设备上暴露的传动部件有机械防护罩				
14	无暴露在设备外的紧固件、销或带有尖锐毛边的零部件				
15	控制盘标明各按钮的功能				
16	动力中断再恢复时，必须经人工重新起动后设备才能运转				
17	其他				

评审结论：

填写人：

日期：

如何建立TPM"零损失"的目标

1. TPM的目标是"零损失"

实现"零损失"目标，需要通过TPM系统的管理方法预防和消除这些损失（见图7-6）。

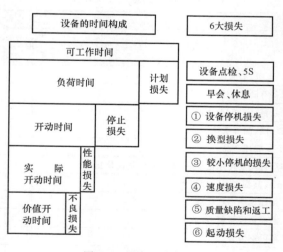

图7-6 设备6大损失

1）设备停机损失。设备由于故障不能正常运转而造成的损失叫作设备停机损失。设备停机损失是明显的，是被重点关注的，也是在大多数企业里人们花费大量时间去解决的损失，TPM 的工作则是杜绝和降低这类损失。通过 TPM，最重要的是改变大家"设备故障不可避免"这种根深蒂固的传统思想，并不断向"预防为主"的思想转变，从而防止和不断降低设备故障的发生频率。

2）换型损失。由于产品品种之间的切换而造成的损失。这个损失看上去与设备本身的状态没有关系，但实际上生产不同产品需要切换不同的工装、模具，造成设备事实上的损失。所以，丰田公司提出单分钟快速换型（Single Minute Exchange of Die，SMED），指产品之间切换的目标时间控制在 10 分钟以内，当然越快越好。实现 SMED 要尽可能减少机内的换型时间，机内时间是指需要停机进行换型操作的时间。SMED 是对管理者智慧和勇气的挑战，是不断精益求精的过程。随着个性化、小批量定制时代的来临，实现 SMED 减少换型损失显得尤为重要。

3）较小停机的损失。较小停机的损失是指由于误操作、报警停机等原因造成设备短时间停顿的损失。这种损失常常不被人们所关注，例如，由于设备卡料、加工时崩刀、出现不合格报警、过载保护等原因所造成设备的较小停机。将较小停机列入损失之列，提醒我们要留意各种损失，尽管这种损失单个看来似乎微不足道。所以管理者要培养"现地现物"的工作习惯，并且要有敏锐的眼光发现和关注这些损失。同时，调动全体人员的积极性，对这些损失及时发现和报告。

在 BF 公司，有一台自动化程度属于四级的设备，经常发生某个时间段不能完成产量的问题。因为该设备效率比较高，整个班次的产量还暂时可以满足客户订单要求，所以，没有人过多关注设备的问题。但是由于订单增加，尽管从理论计算产能是足够的，但实际产出却不能满足订单要求。所以，吕新到现场了解情况，经过观察很快发现了其中的原因：由于毛坯反向进入机器的加工部位，造成机器卡料停顿，当发生这种情况时，操作者需要手动进行处理。再进一步观察，原来毛坯是通过自动上料装置首先进入振动物料盘，经过拨爪对毛坯的方向筛选后，排列好的毛坯一个个进入轨道，然后进入机器加工部位，出现毛坯反向的原因是拨爪磨损，不能 100%保证毛坯的正常方向。所以，即使是较小停顿的损失，也需要找到根本原因进行解决。除此之外，最重要的是不要对小停顿"视而不见"和"习以为常"。

4）速度损失。速度损失是指设备的实际速度达不到设计速度而造成的损失。速度损失常常由于设备的劣化而出现机械配合不佳，用降低速度解决出现的质量问题。所以，通过 TPM 预防设备的自然劣化和强制劣化是防止速度损失的关键。

5）质量缺陷和返工。质量缺陷和返工是各种综合因素作用的结果，与设备的原始设计、稳定性、原材料、员工操作等因素有关。在生产过程中，使用统计过程控制（Statistics Process Control，SPC）技术对过程的变异进行探测和预防。

6）起动损失。起动损失是指从设备起动到稳定生产产生的损失。这些损失与工艺要求、设备状态、夹具和模具的设计、维护水平以及操作技能的熟练程度等有关。这项损失常常是潜在的，被认为是理所当然的，但是，需要所有人有对现状的挑战精神尽可能加以改进和消除。

2. 建立评价"零损失"的关键绩效指标（KPI）

（1）故障停机率

$$故障停机率 = \frac{故障停机时间}{故障停机时间 + 设备实际开动时间} \times 100\%$$

计算故障停机时间时，可以按照价值流分别进行计算，设备是指价值流的所有设备。价值流的所有设备必须保证完好，即使是因订单原因暂时没有运行的设备也要确保状态良好，任何时候开机都可以正常生产。例如，BF 公司 BB-A 价值流里有许多相同或类似的加工设备，很多时候，遇到故障时，维修人员会从某台暂时没有进行生产的设备上拆下备件更换到有故障的设备，造成该设备没有及时恢复成为故障机器。

故障停机时间要按照周或月的频次进行统计并制作趋势图，如图 7-7 所示，对于达不到目标的情况，要触发 A3 报告。

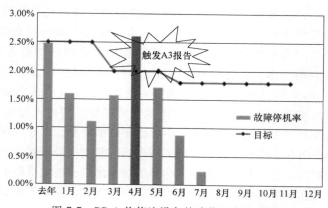

图 7-7　BB-A 价值流设备故障停机率趋势图

（2）平均故障恢复时间（Mean Time to Repair，MTTR）　设备从出现故障到修复的这段时间。例如，某台设备一个月发生 3 次故障，修复的时间分别为 30 分钟、70 分钟和 80 分钟，那么，MTTR=（30+70+80）分钟/3＝60 分钟。MTTR 越小越好。

（3）平均故障间隔时间（Mean Time Between Failure，MTBF）　指设备故障发生之间的时间平均值，MTBF 越长表示设备的可靠性越高。

例如，某台设备在某个月运行 130 小时发生一次故障，修复后运行 150 小时又发生一次故障，然后设备运行 110 小时后又发生一次故障，这样，MTBF=（130+150+110）小时/3＝130 小时。MTBF 越大越好。

（4）设备综合效率（Overall Equipment Effectiveness，OEE）　评价设备整体效率的综合性指标。通过 OEE 的计算，可以了解设备的整体利用状况，为"零损失"的目标提供可衡量的数据基础。

有的企业计算完全有效生产率（Total Effective Efficiency of Production，TEEP），即把所有与设备有关和无关的因素都考虑进去评价整体的设备利用率。例如，计划停机时间也要考虑。这个计算更加严格,意味着在标准的工作时间里,只要有设备的停机情况,无论何种原因都认为是损失,毕竟设备停止就没有创造价值。

OEE 的计算公式为

$$OEE = 时间开动率 \times 性能开动率 \times 质量比率$$

1) 时间开动率:反应设备的时间反映情况,其计算公式为

$$时间开动率 = 开动时间/负荷时间$$

其中,

$$负荷时间 = 日历时间 - 计划停机时间$$

$$开动时间 = 负荷时间 - 设备故障时间 - 换型时间$$

2) 性能开动率:理论加工时间与开动时间的比值,反映生产中设备空转和小停顿的情况,其计算公式为

$$性能开动率 = 理论加工时间/开动时间$$

$$理论加工时间 = 加工数量 \times 加工周期时间(CT)$$

3) 质量比率:设备加工产品的合格率,其计算公式为

$$质量比率 = 合格品数量/加工数量$$

例如,表 7-11 记录了价值流 BB-A 中弯管机(编号 BX-M)的设备损失数据,通过公式可以计算出:

$$OEE = 73\% \times 89\% \times 99\% = 64\%$$

$$TEEP = 91\% \times 73\% \times 89\% \times 99\% = 58\%$$

计算 TEEP 时包含计划停机的损失时间,其数值比 OEE 低,其目的是衡量完全有效生产率,即设备的整体利用水平。

表 7-11 价值流 BB-A 中弯管机的设备损失数据 (单位:分钟)

弯管机 BX-M	标准工作时间	计划损失			负荷时间	停止损失		开动时间	性能损失		理论加工时间	不良损失				计算 OEE 要素			
		设备点检时间	5S 时间	计划休息时间		换活时间	设备故障时间		速度损失时间	缺料时间		不合格品损失时间	材料缺陷损失时间	返修损失时间	起动稳定时间	价值开动时间	计划停机率	时间开动率	性能开动率	质量比率
损失时间	10560	220 10340	110 10230	660 9570	9570	2000 7570	600 6970	6970	697 6273	100 6173	6173	29 6144	30 6114	20 6094	0 6094	6094	91%	73%	89%	99%

注:1. 标准工时按照 22 天,每天 480 分钟计算,得出该设备每月的标准工时为 10560 分钟。
2. 为方便案例说明,理论开动时间用开动时间减去性能损失时间,在实际操作中可以按照定义的理论公式计算。

图 7-8 直观地显示了影响 OEE 数值的各项时间损失,从标准工作时间、计划生产时间、开动时间到最后的价值开动时间,由于中间的时间损失,柱子越来越

低，数值越来越小。

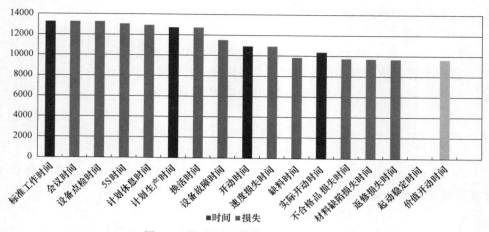

图 7-8　影响 OEE 数值的各项时间损失

3. 从关键设备开始计算"零损失"衡量指标

BF 公司最初将价值流所有设备的数据放在一起计算，但是很快发现一个问题，尽管这个月 MTTR 和 MTBF 的数据比上个月好，但是，设备实际对生产造成的损失反而大，原因就是关键设备停机 2 小时造成的影响可能比非关键设备停机 10 小时造成的影响还要大。所以，为了使 MTTR 和 MTBF 更加有意义，需要从计算关键设备的 MTTR 和 MTBF 开始。

当然，这样的原则同样适用于 OEE 的计算。

4. 其他有关"零损失"的指标

除以上几个指标以外，涉及"零损失"的指标还包括：计划性保养完成率、突发故障件数等，都可以用来衡量 TPM 管理的整体水平。

5. 备品备件库存水平的管理

很多时候，设备部为了保证维修的及时性，对备品配件的库存管理不是很严格，造成大量备品备件的积压，库存增加。对于这种情况，有以下几种解决方法：

1）对备品、备件的关键性可以按照设备评级的方法进行评价，哪些是关键备件，哪些是通用备件，按照类型确定是否备货。

2）计算合理的库存量。备品备件的库存量与生产物料超市不同，原则上它的消耗是不符合正态分布的，而是泊松分布（备件使用是发生的偶然事件），其具体的计算方法见表 7-12。

在实际应用中，可以使用 Excel 表，调整库存水平的数值，然后根据计算得到的服务水平和想达到的服务水平进行比较，从而得出应该的备件库存水平，读者可自行进行练习。

3）另外简单的方法，就是使用双箱系统的原理，对备件进行补充，用掉一个补充一个,可以利用传统的物理包装盒,也可以使用信息系统去管理。

表 7-12　备品备件库存计算表

项目	月份												平均值/件	备件库存水平	服务水平
	1月	2月	3月	4月	5月	6月	7月	8月	9月	10月	11月	12月		X	=POISSON.DIST(X,平均值,TRUE)
备件 A 的数量/件	2	0	0	0	5	2	0	0	0	0	4	0	1.08	2	90%

没有时间进行 TPM 怎么办

经过 TPM 体系的培训和一系列改善活动的开展,BF 公司的团队逐渐体会到 TPM 的重要性,但是,价值流部门的同事也提出一个实际的问题,那就是生产安排比较满,经常很难留出时间进行 TPM,所以 TPM 的计划不得不一再推迟。

这样的问题,不仅发生在 BF 公司,其他公司也常常遇到,那么,如何解决呢?

(1) 态度决定一切　TPM 是精益生产的一部分,正如大野耐一所说,"实施拉动需要领导者的勇气、智慧和决心",这句话同样适用于推行 TPM。中国有句古话,叫做"磨刀不误砍柴功",所以首先解决的是态度问题。

(2) 考虑业务变化的周期性　在大多数的公司里,业务是有明显的周期性变化的,所以要学会利用数据分析和发现这种周期性变化,然后利用这种周期变化将维护设备的时间安排在合理的时间段内。例如,从 BF 公司 BB-A 价值流加工设备的负荷情况看,确实有明显的周期性变化,如图 7-9 所示,所以,可以根据这样的变化来排定不同设备的 TPM 计划。

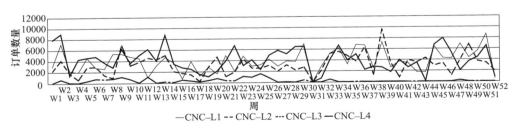

图 7-9　加工设备生产变化趋势图

(3) 考虑设备的可替代性　对于某些设备,常常因为专用性太强,没有可替代设备,很难停机进行 TPM。例如,前面提到 BF 公司的自动化程度为四级的设备,起初就是因为专用性的原因,无法按计划实施 TPM 活动。但是,经过技术改进和设备调整，另外一台相似的设备可以生产这台设备所生产的产品，最后问题迎刃而解。

（4）建立 TPM 联络会议制度　通过 TPM 会议，每周组织生产部门、设备部门进行及时沟通，为下周的自主维护、专业维护做好计划安排，提前策划，做到心中有数，确保 TPM 的落地实施。

要 点 梳 理

1. TPM 屋

目标：追求"零"损失的目标。

八大支柱：①个别改善；②自主维护；③计划维护；④教育训练；⑤初期管理；⑥品质保证；⑦支持改善；⑧环境安全。

根基：深入的 5S 活动和全员参与的高绩效团队。

2. 推行 TPM，需要从关键设备入手，利用"权重分析法"识别关键设备。

3. 设备的 6 种损失：①停机损失；②换型损失；③较小停机的损失；④速度损失；⑤质量缺陷和返工；⑥起动损失。

4. 建立"零"损失的关键绩效指标包括：

故障停机率：数值越低越好。

平均故障恢复时间（MTTR）：数值越低越好。

平均故障间隔时间（MTBF）：数值越高越好。

设备综合效率（OEE）：数值越高越好。

5. 无法推行 TPM 的借口往往是没有时间，解决的办法是：改变对待 TPM 的态度，因为态度决定一切；考虑业务变化的周期性，合理安排 TPM 计划；对于关键设备，要考虑设备的可替代性。

记忆中的"板子"工程——目视化使管理变得简单

当走进BF公司的工厂和车间,你会看到以下情景:
- 车间内物料整齐、设备清洁、灯光明亮。
- 生产线信息指令明确,物料、人员移动流畅,井然有序。
- 一眼就可以知道多少台设备、多少条生产线在正常工作。
- 前几个小时的时间里,产量的完成状况一目了然。
- 设备的保养状态和情况清完好状况清晰、明了。
- 各项指标的年度、月度以及每周的完成情况无须询问,在现场就可以了解是否满足目标要求。
- 所有达标和不达标的状况通过绿色和红色进行指示,对于不达标情况,现场可以清楚看到相应的解决措施。

……

这一切都要归功于清晰的目视化管理。

吕新每当回想起当初推行目视化管理时的情景都感受颇多,因为很多人包括自己当初并不认同在现场放置那么多的"目视化信息板"的做法。理由似乎很充分:现在是信息化时代,绝大部分的资料都存储在电脑里,需要的时候稍微动动键盘,都可以查到,还非得用这么多的板子展示出来吗?为了表达他们的这种不理解,大家经常戏称目视化管理为"板子"工程。

时至今日,吕新逐渐感觉到目视化管理的好处,每天的工作也越来越得心应手,虽然仍然很忙碌,但大多数的时间是在进行相关的改善活动,而非救火。

精益中的目视化管理

1. 目视化管理的定义

目视化管理是指所有的工具、物料、生产活动以及业务绩效状况通过简单、直观的方式被展示出来的一种管理方式。目视化管理所要达到的效果是让人可以一眼就能够了解目前系统的运行及管理状态,它让复杂的管理变得简单、明了。

目视化管理看起来简单,但是做起来却需要付出很大的努力,因为目视化管理很容易被理解为"形式主义""表明文章",甚至是"负担",原因是并没有从目视化管理中获得实质性的收益,反而成为另外一种浪费。

2. 目视化管理的三个层次

(1)初级阶段 仅仅知道是什么(What),如现场推广初步的5S、有一些基本的可视的生产信息等。

(2)中级阶段 可以判断怎么样(How),如现场可以知道生产的正常和不正常状态、绩效指标达标还是不达标等。

(3)高级阶段 可以知道怎么办(How to do),对于出现的异常,有清楚的问题解决证据、明确的升级计划,以及正在实施的团队改善活动等。

3. 目视化管理的内容

1)5S。

2)TPM。

3)安灯(Andon)系统。

4)绩效系统的目视化。

5)持续改善活动的目视化,如问题解决、精益改善小组活动等的目视化。

以上所列出的目视化管理不是层级递进的关系,每一项内容目视化的层次都有初级、中级和高级之分。

以上归纳了一些常见的目视化管理方式,但是并不需要统一和固定的模式,只要你愿意,就可以找出各种需要目视化的内容,通过目视化方法使管理变得简单,不断提高管理水平,从而体会其真正的价值和意义。

目视化管理之5S

1. 重新认识5S

在精益工具中,5S应该是大家最熟悉的基础工具,在制造业甚至是服务业,绝大多数的人都知道什么是5S。

5S虽然不复杂,容易理解,但是真正能够将5S推行成功的并不多,更准确地说,能够将5S这种简单的目视化管理活动坚持下来的并不多。凡是推行5S的企业都有这个体会,最初推行5S的时候轰轰烈烈,很快见到成效,但是随着时间的推移,现场就只剩下布满灰尘的5S宣传标语,一切又恢复原始的状态。即使有的企业能够坚持下来,但是到了一定程度,大家认为能够维持就可以,最后没能持续提升到5S的更高级水平。

5S是基础,是推行精益的过程中体现员工参与程度、领导力水平的一个衡量指标。

在 BF 公司，当精益推行到一定程度进行精益评估时，专家团队评估的结果是 5S 是最为薄弱的环节，需要继续提高。为了更深入地理解 5S，我们还是看看 5S 的概念、意义以及丰田公司究竟是怎样看待 5S 的。5S 管理是通过规范现场，营造井然有序的工作环境和工作秩序，并培养员工良好行为习惯的一种现场管理方法。5S 具体的含义和要点见表 8-1。

表 8-1　5S 的含义和要点

日语 5S	英文 5S	汉语 5S	含义	要点
Seiri	Sort	整理	将需要的和不需要的物品区分开，并将不需要的物品移出	1）区分"要"与"不要" 2）"不要"的移出现场
Seiton	Straighten	整顿	物有其位，物在其位，做好标识	"三定"原则： ● 定品 ● 定量 ● 定置
Seiso	Shine	清扫	清洁物品，并保持、清洁，即检查物品有无丢失、损坏	1）彻底大扫除 2）按照标准实施清扫 3）实施必要的紧固、润滑、整修、点检 4）建立污染源和困难部位清单，与 TPM 的个别改善相结合
Seiketsu	Standardize	清洁	对前 3 个 S 进行可视化，建立其标准	1）3 个 S 的标准化 2）实施标准化
Shitsuke	Sustain	素养	建立定期点检、巡查的制度，以维持改善	1）检查标准化 2）落实标准化 3）奖励持续化

在最初丰田的精益体系中，其实只有 4 个 S，没有第 5 个 S，因为在丰田日常的审核制度中，每天、每周以及每月的分层审核已经包含了定期巡查的内容。在中国的很多企业里，甚至将 5S 又增加其他内容将其发展为 6S、7S 等，初衷是好的，但如此繁杂，还不如简化一点更符合精益的思想。

2. 如何实施现场 5S

（1）1S——整理　在工作现场，区分要与不要的东西，留下有用的东西，将不要的东西清理掉，整理后，可以减少现场的空间浪费，减少寻找浪费，提高生产率。

红单是一种 5S 管理中针对整理时出现的较难处理、较难判断物品的处理工具，对于不要的物品进行挂牌标示，限期整改处理。因其颜色通常为红色，故称红单，如图 8-1 所示。

在 5S 推行初期，特别是进行整理的时候，"红单作战法"是非常有效的方法。

整理之后要达到如下标准：

1）现场无杂物。
2）通道顺畅，无堵塞。
3）物品分类清楚，没有混放。
4）物料数量合乎规范，无多余。

生产现场 5S 整理前后的对比如图 8-2 所示。

改进前　　　　　　　　　　改进后

图 8-1　红单实例　　　　图 8-2　生产现场 5S 整理前后的对比

（2）2S——整顿　将需要的物品按规定位置摆放，定量并做好标识加以管理。物品整顿原则：

1）容易拿取和归位。
2）减少移动。
3）先进先出。
4）考虑安全和人机工程。
5）整齐美观。

整顿后，接下来的工作就是对物品、区域进行标识，所使用的方式有标识牌、标识线等。为了统一和美观，最好用尺寸、字体大小、颜色等对这些标识进行标准化。标识应遵循一些基本的规则，尤其对于红色和黄色：

黄色：一般用于标识通道、临时存放、移动及待检品。
红色：一般用于标识不良品区、不良品标识卡、安全管制及危险区域。

生产现场 5S 整顿范例如图 8-3 所示。

（3）3S——清扫　完成基本的整理、整顿后，需要清除所有的脏污，并不断寻找方法保持整洁、干净，防止脏污的发生。清扫的意义不仅在于表面的干净和整洁，更重要的是防止清扫不良导致的设备故障、速度低或设备劣化，提升作业质

图 8-3　生产现场 5S 整顿范例

量、产品品质以及保障安全和减少事故。清扫常常和 TPM 中的"个别改善"相联系，也是 5S 当中比较较困难和花时间的一个环节。

清扫时，要绘制区域责任图，确定清扫责任区、责任人以及清扫标准。在清扫的过程中，除了通常意义的清理打扫外，对于设备要实施必要的紧固、润滑、整修，对于困难部位，建立污染源和困难部位清单，然后实施个别改善。

生产现场 5S 清扫前后对比如图 8-4 所示。

改进前　　　　　　　　　改进后

图 8-4　生产现场 5S 清扫前后对比

（4）4S——清洁　制度化、标准化、日常化地彻底实施前三个 S。

建立各个区域的 5S 作业标准，做到每个 S 的实施程序标准化，见表 8-2。

表 8-2 工位 5S 要求标准书

序号	部分	内容	要求	工具/方法	频次	局部图
1	设备表面	机床表面、电气箱、排屑机、切削液池表面	无污渍	抹布、去污剂、一次性手套	每天	
2	门滑道	自动门下部的滑道两侧	无污渍、铁屑	抹布、去污剂、气枪	每天	
3	操作面板	机床及附件面板、按钮	清洁、无污渍	抹布、去污剂、一次性手套	每天	
4	托盘	整个下部托盘周边	清洁、无污渍	抹布、去污剂、一次性手套、气枪、扁铲	每天	
5	置物台	内部	清洁、无污渍	抹布、去污剂、气枪	每天	
6	加工室	护板、卡盘、刀塔	无明显铁屑	铁钩、排屑机	每天	
7	排屑机	机床内部履带	无堆积铁屑	铁钩、排屑机	每天	
8	砂轮	砂轮机	砂轮机无灰尘	抹布、去污剂、一次性手套、气枪	每周	
9	踏板	表面及周边地面	无铁屑、无污渍	气枪、抹布、去污剂、一次性手套	每周	
10	导轨油箱	油箱盖表面及周边	油箱常闭，表面无油渍	抹布、去污剂、一次性手套	每周	
11	顶部回槽	顶部、导流孔	槽内无切屑液，导流孔通畅	抹布、去污剂、一次性手套	每周	
12	导轨接油盒	废导轨油液位	不溢出	抹布、去污剂、一次性手套	每周	

备注：1. 每周清理包含每天的内容。2. 月度清理包含全部内容。
注：表格为部分内容，以下章节采用相同省略方式。

依据标准化作业,制定日常检查记录表,即对每个 S 实施的表单进行标准化。区域责任人按照标准作业实施日常的 5S 并在记录表上进行记录。

表 8-3 是 BB-A 价值流加工工序的工位 5S 每日检查记录表。

表 8-3　BB-A 价值流加工工序的工位 5S 每日检查记录表

区域代号:			F1-1-3			监督员:			单元长:			年/月:		
序号	检查部位	频次	负责人	1	2	3	4	5	……	24	25	26	27	28	29	30	31
1	设备表面	每天	当班						按照点检每月30天或31天进行日常的5S								
2	门滑道	每天	当班														
3	操作面板	每天	当班														
4	托盘	每天	当班														
5	置物台	每天	当班														
6	加工室	每天	当班														
7	排屑机	每天	当班														
8	砂轮	每天	当班														
9	踏板	每周	当班														
10	导轨油箱	每周	当班														
11	顶部凹槽	每周	当班														
12	导轨接油盒	每周	当班														
……																		
负责人签字确认																		
备注				完成请在空白处打"√";未完成请在空白处打"×";G 为公休标记;F 为放假标记;X 为修理标记;W 为无生产标记														

(5) 5S——素养　提升人员素质,培养员工按公司规范行事,养成良好的行为习惯。通过 5S,提升员工整体素质,培养员工自动维护良好工作环境的素养,避免 5S 中断,有效传承。

3. 建立 5S 审核机制

持续实施 5S 并有效保持其效果的方法就是建立定期审核机制,例如,每周或每两周公司组织一次 5S 大检查,以保证 5S 改善活动的气氛。BF 公司所使用的 5S 检查评估标准范例见表 8-4。

在后续的情景中会提到分层审核制度,其中,5S 审核是很重要的一项内容,不仅包括对 5S 活动本身的审核,也包括对管理层是否执行定期检查这项内容进行同样的审核,因为管理者本身常常没有持续坚持自己应该进行的审核活动,致使 5S 活动无疾而终。

4. 建立 5S 奖励制度

这里只提到奖励制度,而非奖惩制度,目的是让 5S 成为一种改善活动,而非

表 8-4　5S 检查评估表

等级	分数范围	整理 将需要的物品和不需要的物品分开，并将不需要的物品移出。每发现一处不合格扣2分	整顿 物有其位，物在其位，做好标识。每发现一处不合格扣2分	清扫 清扫物品，并保持。即检查物品有无丢失、损坏，每发现一处不合格扣2分	清洁 对前3个S进行可视化，建立其标准。每发现一处不合格扣2分	素养 建立定期点检、巡查的制度，以维持其标准。每发现一处不合格扣2分
0	0	还没有开始	还没有开始	还没有开始	还没有开始	还没有开始
1	1,2	已建立物品判定的标准，并根据标准识别出有用的物品。区域内部不需要的物品不超过5件	所有需要的物品已存在，判定哪些物品正在使用是很难。区域内待整顿物品不超过5件	区域的清扫活动是随机的。待清扫物品/区域不超过5件	5S可视化的标准已建立。前3个S，每个S的得分至少为1分	工作区域内25%的员工（所有班次）已接受5S培训。前4个S，每个S的得分至少为2分
2	3,4	开始使用红签标识无用的物品，并将无用的物品移出区域。区域内待整顿物品不超过4件	确定所需物品（包括刀具、工具、流程文件等）的位置，使用阴影板和阴影槽标识出来。区域内待整顿物品不超过4件	初始清扫的表面（地面、墙面、楼梯、物品表面）已完成。机器、设备的清扫已完成。待清扫物品/区域不超过4件	5S文件化、可视化的标准已建立。工作区域内张贴。前3个S，每个S的得分至少为2分	工作区域内50%的员工（所有班次）已接受5S培训。前4个S，每个S的得分至少为2分
3	5,6	5S保留区已建立，保留区内的清单已建立，并张贴。区域内部不超过3件	整个工作区域已可视化，包括过道、工作点、设备、存储区域等。区域内待整顿物品不超过总数的10%	清扫责任人已明确，并每天执行。清扫问题易于拿到。待清扫物品/区域不超过3件	需要的物品、标准和可视化控制已在工作区域内使用。前3个S，每个S的得分至少为3分	工作区域内所有员工（所有班次）已接受5S培训。前4个S，每个S的得分至少为3分
4	7,8	定期实施红签活动，定期评估，处理保留区内不需要的物品。区域内部不超过1件	物品用过后，马上归位。易于判定哪些物品不在位。区域内待整顿物品不超过总数的10%	清扫被用作预防维护的一种手段，并检查问题已识别。机器设备采取预防措施喷漆完好，待清扫物品/区域不超过1件	实施5S检查，检查结果在工作区域内展示。前3个S，每个S的得分至少为5分	工作区域内所有员工每天完成5S活动，并作为其标准作业的一部分。前4个S，每个S的得分至少为5分
5	9,10	只有需要的物品进入工作区域。区域内没有不需要的物品	高度和数量限制很好地可视化。区域内没有待整顿物品	整个工作区域很清洁。甚至可以实施清洁外科手术。没有待清扫物品/区域	5S相关的文件定期评估、更新。前3个S，每个S的得分至少为7分	区域员工建立5S的标准。5S活动成为员工作业指示的一部分。每个S的得分至少为7分

运动,在鼓励的文化中形成真正的素养,创造公司尊重人性的文化。

千万不要以为只有大额奖励才能吸引员工。如果奖励得当,既节省费用,又会起到事半功倍的作用。

当然,对于那些在 5S 方面存在问题的区域,需要持续进行跟踪,并通过对比的方法显示其落后的情况。

5. 安全及人机工程

建立安全管理体系,不要让"安全第一"变成口号。

人机工程根据人的心理、生理和身体等结构因素,研究人、机械、环境相互间的合理关系,保证员工安全、健康、舒适地工作,从而取得满意的工作效果。很多时候,大家对安全、效率、质量的重视程度很高,但是,在人机工程学方面的关注度普遍较低。

在 BF 公司,通过对员工的岗位分析以及细致的人机工程学设计,不断改善人机的适配度,优化作业条件,使工作流程顺畅,大大提高了生产率,减少了意外事故并增加了员工的满意度。图 8-5 所示为人机工程学在工作岗位中的应用范例。

图 8-5　人机工程学在工作岗位中的应用范例

6. 建立 5S 和安全目视化管理看板

建立 5S 和安全目视化管理看板,可以起到对员工和管理层的提醒和督促作用,使得日常 5S 和安全管理可以正常、持续有效运行。

5S+安全目视化管理看板如图 8-6 所示。

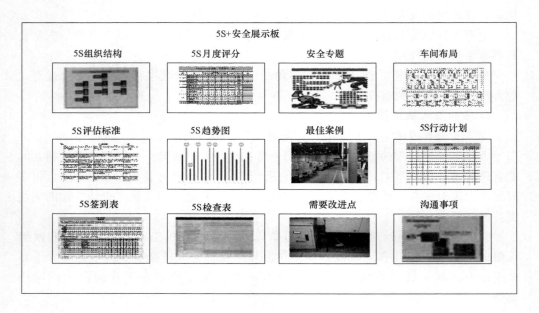

图 8-6　5S+安全目视化管理看板

目视化管理之 TPM

情景 5 重点介绍了 TPM 的概念和如何实施 TPM，其实 TPM 和目视化是密不可分的，为了内容和结构的统一性，所以将 TPM 的目视化放在此情景中。

（1）通过目视化管理异常　通过目视化的“异常标识卡”识别和管理异常是 TPM 经常使用的方法。如图 8-7 所示，异常标识卡通常分为白色、黄色、红色三种。白色代表异常可以由员工自己解决，例如，明显的脏污、漏液等；黄色代表异常需要由专业的维修人员处理，例如，反复出现的漏油、难以处理的深度油污等；而红色代表存在安全隐患，需要立即处理，例如，防护罩缺失、破损等。当异常处理完成后，及时将卡摘掉。通过悬挂异常标识卡可以了解设备的整体状态，起到异常提醒和督促解决问题的作用。

设备异常标识卡	
设备名称:	
发现日期:	
发现人:	
问题描述:	
处理人:	
计划完成日期:	

图 8-7　设备异常标识卡

（2）设备运行条件的目视化　用颜色对设备上仪表的压力、液位等指示范围进行标

识,可以快速识别设备的运行状态是否正常。

图 8-8 所示压力表的绿色（深色）区域部分就是压力正常工作的范围,如果指针不在这个区域范围内,说明压力出现异常。

(3) AM/PM 点检记录的目视化　将自主维护和专业维护的日常点检记录放在设备上,实施点检和维护后及时记录,使设备维护状况一目了然,既起到提醒作用,又非常容易进行审核,如图 8-9 所示。

图 8-8　压力表目视化示意图

图 8-9　日常点检记录

(4) 建立 TPM 跟踪板　建立 TPM 活动跟踪中心,直观展示整个 TPM 的活动情况,起到 TPM 活动计划、跟踪、信息传递和宣传教育的作用。TPM 活动中心包括的内容有:

1) TPM 实施计划和实施情况。在 TPM 活动中心展示区域内所有设备 TPM 的年度计划,并使用卡片安排具体的月度、季度以及年度计划,同时用红色、绿色来显示准时和超期的实施情况。通过这样的目视化管理,可以非常清晰地了解具体的实施计划和完成情况。如果没有按照计划完成,需要及时调整计划,并继续跟踪。

2) TPM 活动小组人员。可以分成若干个小组,列出小组所承担的项目,并将小组成员的照片放在上面,可以展示团队风貌,提升团队士气。

3) 指标跟踪及成果展示。将衡量 TPM 的关键绩效。例如,停机率、MTBF、MTBR、OEE 等指标的趋势图放在 TPM 活动中心上,可以直观衡量团队活动所带来的价值和成果,如图 8-10 所示。

4) A3 报告。确定一个明确的 A3 报告触发标准,例如,连续两个月指标不达标,或者某些"个别改善"难以得到彻底解决等。A3 报告完成后,将报告张贴在 TPM 的活动中心,及时追踪完成情况。

5) OPL 展示。利用团队经验,制作 OPL 培训教材,使 TPM 的团队成为不断总结、不断成长、永葆活力的团队。保留 OPL 的资料,隔一段时间将其汇总成册,这样就变成非常宝贵的内部 TPM 培训资料。

6) 会议签到记录。将会议的签到表放在 TPM 活动中心,每次（最好每周一次）的 TPM 活动会议后,记录成员参加会议情况,这样做的目的,除了出勤记录

图 8-10　TPM 活动中心

外，更要督促 TPM 的领导者能够以身作则，自我监督，保证 TPM 活动的持续进行。

安灯系统

安灯（Andon）系统是目视化管理的一种工具，通过这种管理方式识别运行过程中的异常，例如，设备停机、质量问题、生产节拍滞后、材料短缺等。

"安灯"是日语，有"暗灯"的意思，通过亮灯、暗灯的方式指示异常。丰田公司最初通过安灯系统，创造了出现问题立即停机解决问题的文化。例如，当某个工位的操作者发现滞后于生产节拍、质量问题、设备异常时可以通过拉绳启动安灯系统进行报警，将异常信息传递出去；还有通过传感装置发现设备异常或出现质量问题时能够立即停机，同时触发信号，启动相应的指示灯显示设备异常。当班组长、工程师收到异常信息时，马上到达现场解决问题，问题解决后安灯系统恢复到正常状态，如图 8-11 所示。

图 8-11　操作安灯系统

用来反映设备运行状态的三色灯（如红色代表异常、绿色代表正常运行、黄色代表调试）也属于安灯系统的一种，如图 8-12 所示。

图 8-12　设备上的安灯

随着精益的发展，安灯系统应用所涵盖的内容也越来越多，不但用于反映生产操作中遇到的问题，而且应用到质量异常、物料异常、发货异常等各个方面，并且安灯系统的展现方式也越来越多，例如，通过 LED 显示屏、电脑屏幕显示生产进度、库存实际水平等。

同时，安灯系统所覆盖的范围也不仅局限于某一个点或某一个过程，而是贯穿于整个价值流的过程，使过程信息清晰、明确，问题解决迅速、高效。图 8-13 简单示出了 BF 公司 BB-A 价值流拉动生产系统中各个环节中的安灯系统。

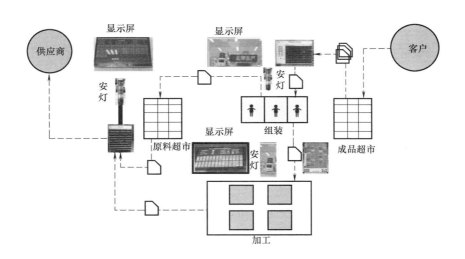

图 8-13　BF 公司 BB-A 价值流拉动生产系统中各个环节中的安灯系统

将安灯系统和电子看板相结合，既可以实施拉动，又可以起到安灯警示异常的作用，如图 8-14 所示。

	数量	PFEP MA	PFEP MI	Trigger poin	Trigger QTY	库存状态	已触发次数	是否采购
-10-BLANK-CH	8740	3850	489	3080	770	超过最大库存	0	
-12-BLANK-CH	2676	5600	838	3360	2240	触发采购1次	1	
-16-BLANK-CH	3302	2925	380	2340	585	超过最大库存	0	
-4-BLANK-CH	19692	13500	2135	9000	4500	超过最大库存	0	
-5-BLANK-CH	11480	8400	1198	6720	1680	超过最大库存	0	
-6-BLANK-CH	9030	14300	2468	9600	4800	触发采购1次	1	
-8-BLANK-CH	8915	18300	2971	12000	4800	触发采购1次	1	
-6-BLANK-CN	8050	1470	209	1260	210	超过最大库存	0	
-10-BLANK-CN	6080	640	108	480	160	超过最大库存	0	
-12-BLANK-CN	5221	1200	167	960	240	超过最大库存	0	
-6-BLANK-CH	34240	1170	47	780	390	超过最大库存	0	
-8-BLANK-CH	4800	800	115	640	160	超过最大库存	0	
-12-BLANK-CH	7500	400	48	300	100	超过最大库存	0	
-16-BLANK-CH	2135	480	78	360	120	超过最大库存	0	
0LPZRO	671	1600	84	1200	400	触发采购2次	2	
5LPZRO	1705	1600	125	1280	320	超过最大库存	0	
3LPZRO	2340	480	62	360	120	超过最大库存	0	
3LPZRO	1632	840	69	630	210	超过最大库存	0	
2LPZRO	1864	480	40	400	80	超过最大库存	0	
3LPZRO	116	432	39	360	72	触发采购4次	4	
0LPZRO	1752	600	44	500	100	超过最大库存	0	
6LPZRO	4278	600	7	400	200	超过最大库存	0	
8LPZRO	5000	4000	342	3200	800	超过最大库存	0	
0LPZRO	2300	4800	375	3600	1200	触发采购2次	2	
2LPZRO	2552	5600	472	4800	800	触发采购3次	3	
2SPZRO	0	600	41	500	100	采取紧急措施		
5LPZRO	4302	4800	398	4200	600	无需操作	0	
8LPZRO-CH	692	1800	216	1440	360	触发采购3次	3	

图 8-14　BF 公司 BB-A 价值流原料拉动可视化电子看板系统

绩效管理的目视化

1. 精益中的绩效管理

提到绩效管理，大多数人想到的是对员工的绩效考核系统，但是这里提到的绩效管理系统是一个大概念，也就是基于丰田公司的精益思想和管理方针所形成的整个公司的业务绩效系统，包括愿景、战略、年度目标、部门目标以及个人的绩效目标等。

1）愿景：公司要长期努力达到的目标，例如，丰田公司的愿景就是最受尊重和景仰的伟大汽车制造公司。愿景一般来说不是非常具体，而是阐述公司的使命、期望甚至价值观和信仰。

2）战略：为达到愿景目标所要实施的策略和方针目标，例如，在客户和市场、财务绩效、运营、组织成长等方面所要达到的指导性纲领目标。

3）3~5 年计划：基于愿景和战略目标的指导方针，制定 3~5 年内具体要达成的目标。在精益的企业中，可以使用平衡计分卡进行战略执行规划。

4）年度计划：通过制定更加具体的年度目标来支持 3~5 年的计划，以保证未来目标实现的可能性。年度计划包括安全、质量、客户服务、库存水平、生产率等指标以及简单的财务指标。年度计划不同于远景和战略目标，一定要按照 SMART 的原则详细制定计划以及具体实施措施等。

5）部门计划：将年度计划分解到各个职能部门，同样必须按照 SMART 的原则制定详细的计划以及具体实施措施等。关于 SMART 的原则将在情景 9 中详细介绍。

6）个人绩效目标：按照部门目标以及个人所承担的职责，将目标分解到关键岗位人员。制定个人绩效目标的目的是激励员工对公司和部门整个绩效的贡献，而不是仅仅实现个人目标。如果强调个人绩效目标的重要性，其重点则是用以评估个人的学习和成长以及解决问题的能力。

金字塔式绩效管理系统如图 8-15 所示。

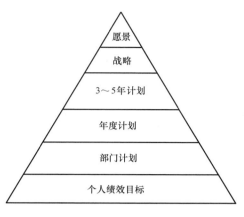

图 8-15　金字塔式绩效管理系统

2. 绩效管理的目视化

（1）愿景、战略、年度计划的目视化　绩效管理要让所有员工很容易了解目前的绩效目标和实际状况，这就是绩效管理的目视化。在 BF 公司里，可以非常清楚地看到愿景、战略、年度计划及实际绩效表现状况；在生产车间里，每个价值流和所属生产单元的目标及实际表现也一目了然，如图 8-16 所示。

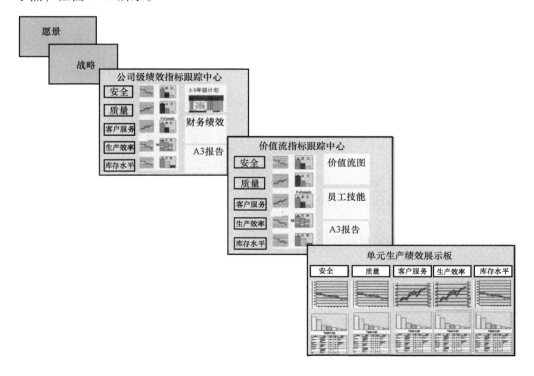

图 8-16　目视化绩效管理展示

（2）日常运营绩效的目视化

1）建立早会的目视化管理。许多企业没有开早会的习惯。其实早会非常重要，目视化的早会则更加重要。那么，BF公司如何建立目视化的早会呢？

① 必须在现场进行早会活动。

② 定早会地点，并建立早会的信息沟通中心。

③ 早会分为公司级、价值流级的早会，在最初确立开展早会活动时，需要明确早会的流程。

④ 公司级的早会不仅包括与生产直接相关的价值流、供应链等部门，而且包括安全、人力资源、行政等所有支持辅助部门。

⑤ 每个部门根据所承担的职责及关键绩效指标，在早会现场建立部门的可视信息展示板。例如，人力资源部门除了展示人员的流动率趋势、培训等信息外，还可以沟通有关公司内部活动、公司人事政策等信息。而对于价值流部门，则要展示昨天的订单完成状况、生产状况以及需要相关部门支持的事项信息等。

⑥ 用红色、绿色来显示指标达标或不达标，行动计划完成准时或不准时状态，使人在早会现场3分钟内就可以基本了解公司及价值流到目前为止大概的运营状况。

2）现场早会的实施规则。若想成功实施早会，开会的规则要明确。如果用领导的影响力可以开好早会，那就不用制定正式的早会实施规则，否则，初期需要写一个简单的早会实施规则。

① 必须准时。

② 3分钟的时间进行身体放松活动。

③ 早会不是一言堂，领导负责组织、简短点评和营造融洽氛围。

④ 固定发言顺序，安全部门、质量部门要首先发言，因为安全和质量永远是公司第一重要的关注点。

⑤ 每个人发言要简短、守时，每个部门不要超过5分钟。

⑥ 坚持倾听，当别人发言时注意倾听，既表示尊重，又可以听清所分享的重要信息。

⑦ 早会的目的不是问题解决，而是信息共享和沟通，会后大家分别带着任务行动或再沟通。

⑧ 坚持"少责备、多表扬"原则，不要将早会变成批斗会，一日之计在于晨，让每个人带着好心情开始一天的工作。

在BF公司召开早会初期，大家总是感觉早会不是一个正式的会议，所以总是出现迟到、数据没有及时更新、互相推诿、指责等状况，但是随着早会的开展，逐渐形成团队合作、互相支持、信息共享的早会氛围，早会确实起到了非常好的效果。图8-17和图8-18是BF公司的早会现场示意图，绩效展示也在现场可以随时看到。

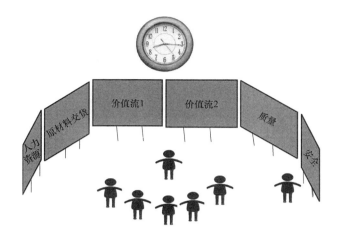

图 8-17 早会现场示意图

图 8-18 早会现场和绩效展示中心

（3）生产绩效的数据基础　无论是绩效评估系统还是早会，生产数据是最基础和最重要的信息组成部分。将一天的时间按照小时进行分解安排、监控生产的方法称为"一天分成每小时生产方式"，英文叫作 Day By the Hour（DBH）。DBH 是非常有用的数据收集工具，它测量实际产出和工序能力或顾客需求之间的差异。

实施 DBH 时，根据节拍时间 TT（如果 TT 不等于 CT，则根据 CT）计算出每个小时应该完成的目标产量，然后每个小时记录实际生产的完成状况，并与目标产量进行对比，这样可以及时了解生产的完成状况。由于将计划按照小时进行了分解，所以异常不会被延误一天的时间才进行解决。

在工序设立目视化 DBH 信息板，如图 8-19 所示。员工每小时进行生产记录、异常记录，仍然使用醒目的红、绿色表示达标还是没有达标，领班或线长要每小时进行一次确认签字，以便及时了解生产状况并随时解决存在问题。

另外，建立异常状况的升级制度，例如，一个小时没有达标，领班进行解决；

白班	零件名称	目标数量	实际数量	累计目标数量	累计实际数量	异常记录	主管签字
颜色	黑色	黑色	绿色/红色	黑色	绿色/红色	黑色	黑色
7:00 8:00	A	200	202	200	202		XX
8:00 9:00	B	200	190	400	392	质量异常停机 3分钟	XX
9:00 10:00	C	200	180	600	572	换型6分钟	
10:00 11:00							
11:00 12:00							
12:00 13:00							
13:00 14:00							
14:00 15:00							

每小时生产记录目视板

图 8-19 每小时生产记录目视板

两个小时没有达标，升级到主管解决；三个小时没有达标，则要升级到经理或者更高级领导解决。

如何保证目视化管理的有效性

（1）不断扩展目视化管理的范围　将目视化管理扩展到更大的范围，不仅适用于生产价值流部门，也适用于支持性管理部门，使这些部门的管理绩效同样清晰可视。例如，供应链部门想看到供应商的开发、采购物资价格波动、物流费用等情况；财务部门想了解回款、成本控制、盈利状况等的情况；研发部门则想看到新产品开发、具体项目进展的状况等。通过建立目视化的部门级团队信息展示板，很容易获得相关信息，了解正常、异常状况，使问题无处躲藏。

（2）目视化管理的前提是问题解决　目视化管理的关键点是"信息可视化"，不是通过电脑、文件，而是在现场可以马上知道"正常"和"非正常"的状态。但是，仅仅显示异常还不够，关键是要及时解决问题，也就是要进入目视化的高级阶段。如果团队不去解决问题，那么，目视化最终就会成为形式主义，甚至本身变成一种浪费。所以，对目视化所显示的异常要明确问题解决流程，例如，如何升级、如何触发 A3 等。

（3）目视化管理的必要条件是持之以恒　目视化管理要想持续有效，管理层必须以身作则。目视化管理的好坏，本身就是管理层领导力好坏的"可视化"展示。我们常常看到，许多推行精益的企业，经过一段时间后，热情消退，目视化信息板上的内容经常好几个月不进行更新，成为一种摆设。

（4）持续改进目视化管理　在情景9中我们会介绍关于建立持续改进文化的内容，通过目视化展示持续改进的信息，如分层审核、精益改善团队活动、非生产区域的价值流跟踪等，同样是目视化管理方法的应用，具体内容参见情景9的介绍，在此不再赘述。

用物理看板还是电子看板进行目视化

肖老师和吕新的对话如下。

吕新："肖老师，现在是信息化时代了，还需要用物理看板吗？"

肖老师："很多公司都问我这个问题，我是这么建议的，无论是物理看板还是电子看板，最终的目的都是展示当前的管理状态，并驱动改善，这是最重要的考虑点。它们之间的区别在于，电子看板方便、快捷，如果有MES系统可以直接展示，那会省掉填写的时间，这个是最大优势；但是物理看板也有它的好处，员工在更新看板的时候，更有助于大家的参与度，讨论的时候亲自手工展示，更利于对问题的思考。就比如大家解决问题的时候会用大白纸讨论，这样对脑力的激荡、思路的共创还是非常有好处的。事实上，我们也可以看到，在很多大公司，包括丰田工厂，物理看板还是随处可见的，你说他们的信息化程度不发达吗？那为什么还会用到物理看板呢？原因可能就在于此吧。"

要　点　梳　理

1. 目视化管理是精益活动和效果的直观展示，使管理变得简单、明了。通过目视化管理，不仅要知道"是什么""怎么样"，而且要知道"为什么"。这几个层次代表目视化管理的初、中、高三个阶段。

2. 目视化管理之5S：简单但难以坚持，考验管理者本身的执行力。

3. 目视化管理之TPM：将TPM的计划、活动、指标、问题解决等管理项目进行目视化管理。

4. 目视化管理之安灯系统：丰田公司最初通过安灯系统，创造了出现问题立即停机解决问题的文化。随着精益的发展，安灯系统应用所涵盖的内容也越来越多，扩展到质量异常、物料异常、发货异常等各个方面，并且安灯系统的展现方式也越来越多，例如，通过LED显示屏、电脑屏幕显示生产进度、库存实际水平等。

5. 目视化管理之绩效管理：大的方面包括公司的愿景、战略、年度目标的目视化；小的方面包括一天分成每小时的生产方式（DBH），以及通过早会目视化的方式达到日常运营绩效管理的目视化。

6. 保证目视化管理：不断扩展目视化管理的范围；目视化管理的前提是问题解决；目视化管理的必要条件是持之以恒；目视化管理同样需要持续改进。

情景 9

精益才刚刚开始——建立持续改进的文化

自从三年前开始推行精益生产以来，BF 公司正经历着巨大的变化，如设置价值流部门、绘制现在和将来价值流图、通过单元化生产实现流动、建立看板拉动系统、TPM 的推行、目视化管理等。吕新和他的团队共同见证和经历着精益所带来的改变。

- 思想上的改变

回顾一路上的精益之旅，其中最重要的改变莫过于思想上的改变，大家从最初的被动和排斥到逐渐接受和主动，从做表面文章到真正实际的应用，从不习惯到习惯，确实在思想上经历了一个质的飞跃。

- 实际绩效的提升

在思想改变的同时，大家也看到了各项指标的提升和改善。表 9-1 展示了 BB-A 价值流所取得的成绩。

表 9-1 BB-A 价值流所取得的成绩

指标	之前	之后	提升比例
安全	只关心安全事故发生的次数，没有关注与员工有关的人机功效风险	建立岗位安全风险评估机制 安全管理以事故预防为主 评估岗位人机功效风险，制定改善措施	100%的岗位人机功效风险评估 针对人机功效风险评级高的岗位，100%制定措施
质量	退货 PPM:470	退货 PPM:56	88%
准时交货率	92%	97%	5%
生产率	26 秒/件	18 秒/件	30%
库存周转天数	72 天	33 天	54%

取得这样的成绩，大家当然很高兴，有的主管和工程师甚至笑称他们已经步入"后精益时代"，不过吕新一直记着总经理的告诫："虽然目前精益生产体系的框架基本搭建起来，但是离精益的'完美'还相去甚远，不要被胜利冲昏

头脑，躺在功劳簿上沾沾自喜，不仅要保持目前建立的精益生产系统，还要持续改进。"

这几天，吕新也逐渐从兴奋中冷静下来，他和团队一起总结了几个问题点，准备和咨询公司的肖老师认真探讨一下。

1）如何持续保持精益体系的持续稳定运行？

2）精益方法的应用目前还基本停留在主管、工程师这个级别，如何使基层的领班和员工不是被动遵守，而是对精益方法同样深入理解和应用呢？

3）如何设定合理的绩效指标呢？

4）如何不断提高员工的士气呢？

5）如何使非生产性部门为价值流部门提供更好的支持呢？

精益之路永无止境

正如《丰田模式（领导力篇）》一书中所提到的，虽然世界上许多公司都在效法丰田公司，通过推行精益改善流程，但是只有不到2%的公司宣称自己成功推行了精益。可见，搭建一个精益框架很容易，但是能够将精益之路坚持走下去却非常难，究其原因，精益的成功其实不是精益工具的应用，而是精益思想在公司管理中的持续贯彻和落实。

保持精益的有效运行，其中重要的秘诀就是持续改进，是 PDCA 和 SDCA 交替循环的过程。在这样的过程中，需要建立和形成持续改进的系统，而这样的系统最终要依靠背后公司的文化来支撑。

许多公司推行精益走到最后才发现，最难的不是精益本身，而是企业文化的建立。企业文化的建立需要长期的坚持，甚至要以牺牲短期利益为代价。

建立分层审核制度

精益持续改进的前提是维持现有的系统，而其中维持这个系统的一个重要方法就是分层审核。

在质量管理中，有过程分层审核的方法，其关注点是质量，同样，要确保精益体系的正常运行，借鉴过程分层审核的方法，引入对精益体系的分层审核方法，形成分层审核制度。

之所以叫作分层审核，是因为审核的人员不是固定在一个层级，而是各个层级，包括总经理、厂长、价值流经理、其他部门经理、工程师、组长等各个层级，其意义在于精益与所有人有关，而非只是价值流部门的事。特别是高层管理人员的参与，既贯彻"现地现物"的精益理念，也起到发现问题督促改进和现场培训、指导的作用，通过分层审核机制，使精益体系始终处在"受控"的状态。

1. 分层审核的建立

（1）确定审核的层级　根据价值流的情况，组织团队讨论确定哪些部门和层级参与审核。

（2）确定审核的项目和内容　审核的项目要覆盖精益所有的核心要素，例如，价值流图的审核、标准化作业、拉动系统、团队绩效跟踪板、5S和安全、TPM等。

之后要细化每个审核项目的具体内容，制成审核卡并放在现场的分层审核目视化板上，然后审核人员按照具体的审核内容进行审核。表9-2是超市审核内容清单。

表9-2　超市审核内容清单

审核结论		审　核　内　容
是	否	
□	□	选择一个看板料号,检查:物料存放的库位是否与看板标识一致？是否先进先出？实际库存盒数和看板的数量是否一致？
□	□	选择一个看板料号,检查:其盒装量是否与标准包装数量一致？包装是否符合标准？相似件是否区分摆放？
□	□	PFEP是否定期更新并张贴？
□	□	看板数量是否定期更新？
□	□	看板升级程序是否按照标准执行？
备注：		

（3）确定审核计划　审核计划就是每个层级按照一定频次对不同区域、不同项目进行的审核安排。

1）确定审核的区域和范围。

2）确定每个层级审核的频次，例如，总经理的审核频次为1次/月，价值流经理的审核频次为每天1~2个项目，而工程师、组长则同样要每天审核所有规定项目等。总之越靠近现场的人员，审核的频次越高。

3）确定每个层级每次审核的项目。

表9-3是BB价值流分层审核计划，清楚定义了各个层级要审核的项目和频次等。

2. 建立定期回顾制度

分层审核的内容和审核方式、频次等建立后，并不是一成不变的，随着关注点的不同，同样需要进行持续的改进和更新。

完成审核后，审核者要对审核的问题进行记录，并在现场与责任人共同制定改善措施，确定完成日期等。定期回顾的方式包括：

（1）每周回顾制度　保持分层审核的效果，需要有一个良好的监督制度，所以，价值流经理每周组织一次周会，对审核问题进行总结，以及改进审核本身的不足。这样的周会最好在现场进行，每次不超过20分钟。

表 9-3 BB 价值流分层审核计划

第三层	总经理	每月随机选一个项目进行审核				
第二层	价值流经理	TPM	看板拉动 5S+安全	标准化作业 均衡化看板	团队绩效板 质量	价值流中心
第一层	维护工程师	TPM 加工工序	TPM 表面处理工序	TPM 组装工序		
	质量工程师	质量 加工工序	质量 组装工序	质量 表面处理工序	质量 不合格品处理	
	物料组长	看板拉动	看板拉动	看板拉动	看板拉动	看板拉动
	组长	快速换型 组装工序		快速换型 加工工序		
			团队绩效 组装工序	团队绩效 加工工序	团队绩效 表面处理工序	
		标准化作业 组装工序	FIFO 表面处理工序	标准化作业 加工工序		
		5S+安全 加工工序	5S+安全 表面处理	5S+安全 组装工序	5S+安全 超市	
		星期一	星期二	星期三	星期四	星期五

(2) 每季度进行问题汇总 每个季度将所有的问题按照审核的项目分类，通过帕累托图找出重要影响因素，使用问题解决方法进行改进，并制作 A3 报告。

图 9-1 是 BF 公司的分层审核季度帕累托图。"5S+安全""拉动系统"和"质量"排在审核发现项的前三位，接下来的工作就是使用问题解决的方法对其进行改善。

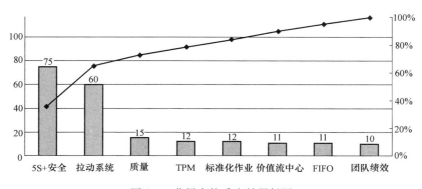

图 9-1 分层审核季度帕累托图

(3) 持续改进分层审核 随着现场的持续改进，分层审核的项目、内容和审核频次也要随着关注点的不同而进行改进，方式有多种，例如：

1) 定期与小组成员讨论改进的机会。
2) 跨部门的经验交流。
3) 来自第三方的建议。

全员参与持续改进

1. 漏斗形和金字塔形的精益推行模式

精益生产需要全员参与。BF 公司在开始推行精益时，管理层对精益知识的掌握以及精益活动的参与比较多，但基层员工更多地是处在被动执行的状态，并不知其所以然。如图 9-2 所示，越到基层，大家对精益的理解和参与度越少，这时的精益推行是漏斗形的模式。

精益开展初期，领导者首先要参与到精益的推行活动中，这种漏斗形的模式可能是必需的。但是，随着精益活动的不断深入，BF 公司的领导职责逐渐开始转变，他们的责任主要是创建持续改进的精益文化，制定方针目标，培训、指导下属和参与精益活动，而基层员工则要成为主要的发起者。此时，精益的推行就要变成金字塔形的模式，如图 9-3 所示。

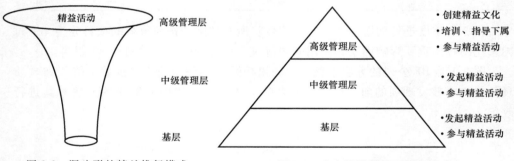

图 9-2　漏斗形的精益推行模式　　图 9-3　金字塔形的精益推行模式

2. 建立精益改善提案制度

一种非常好的员工参与精益持续改进的方式就是精益改善提案。通过精益改善提案，公司的任何员工都可以参与改善活动。

在 BF 公司，常常看到员工手里有一份精益改善提案（见图 9-4），他们将自己身边观察到的可以改善的地方记录下来，然后交给精益部门，精益部门对员工的提案进行记录。

在改善提案制度中，要鼓励员工不仅对与安全、质量、准时交货、生产率以及库存等有关的指标提出改善建议，也包括公司运营的其他各个方面，例如：

1) 防止安全事故的对策。
2) 工作环境的改善。

3）降低成本，如能源（水、电、气等）的节约。

4）产品质量改善，新产品提案。

5）不良品、废品再利用。

6）提高生产率，工作的合理化。

7）工作方法、工艺改善。

8）设备、工具、设施的改善。

9）销售业绩的提高。

精益改善提案			
建议题目：______ 部　门：______ 建议者：______ 执行者：______ 建议日期：______			□5S+安全 □质量 □生产效率 □准时交货 □库存 □其他
建议内容			
执行部门		预计完成日期	
效果确认			

图 9-4　精益改善提案

精益改善提案制度鼓励大家尽可能多地提出改善提案，不过还是有一些不被认为是改善提案的情形，例如：

1）必须要做的固有任务。

2）没有具体想法和内容的。

3）同样或类似的内容重复提出。

4）已经被认可，正在执行中的提案。

5）不切合实际、无法实施或投入与收益不成比例的提案。

在公司，凡是被认可记录的提案，提案者都会得到一定的奖励，这样就调动了大家的积极性和热情。虽然在最开始时，管理层对是否给予奖励以及对于何种提案给予奖励讨论了很多次，但是最终决定对于这样的奖励不要设置太高的门槛和复杂的审批流程，由精益生产委员会授权的改善提案评估小组进行审批。

另外，在实际操作中，常常会遇到为判断是“必须要做的固有任务”还是“改善提案”而争论不休的情形，判断的基本原则是尽量选择后者，特别是在改善提案实施的初期。

改善提案评估小组除了进行审批提案外，另外一个重要的职责是对改善提案的执行进行分配和追踪，对提出的改善提案数量、收益进行汇总，定期向精益生产委员会汇报总结。

例如，BF 公司每半年进行一次库存盘点，每次至少需要 3 天时间。员工就提出改善提案，建议对于那些半年没有使用的物料从系统里拉出清单，对这些物料可以不进行盘点，并且对这些呆滞库存重新进行库位分配，放在显著位置，以便引起大家的关注，仓库管理人员及时组织相关部门进行评估和处理。这样，盘点的时间从 3 天缩短到 1 天，节约了 67%的时间。

精益改善提案更深层次的意义在于培养员工不断进步、不断改善的意识，让每一个人认识到今天的状态绝不是最好的状态，永远有很多需要改善的空间。

3. 通过团队进行项目改善

（1）改善的目标　我们反复强调一个理念：“精益的核心是消除浪费，而改善才是灵魂”。推行精益的目的是让组织的绩效富有成果，落脚点就是把精益工具应用到现场去改善。那么改善包含哪些方面呢？具体的方法（见图9-5）包括：员工改善提案、现场上台阶活动（比如5S、TPM）、一般改善项目（如班组长带领的小型QCC圈活动、一般问题的解决等）、长期改善项目（如库存降低项目、较难品质问题突破项目、成本降低项目、研发项目等）、改善周项目（在丰田被称为"自主研"活动，是指在一个时间段内进行快速改善，可以是5天完整的改善周，也可以是2~3天的改善）。其中，改善周活动因为有时间限制，需要小组在改善周里全力投入，见效快、压力大，适合布局快速优化、快速换型、价值流图绘制等项目。

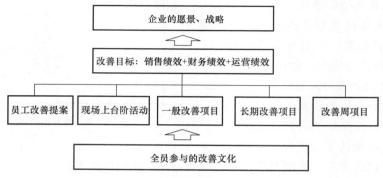

图9-5　精益改善系统结构图

（2）改善从哪里来　这个问题看似简单，其实很多公司推行一段精益之后就发现，似乎找不到改善点了，其实这都是因为缺少发现浪费的眼睛，改善的意识还不够。那么改善从哪里来呢？

1）没有达成目标就要改善。从导入精益开始，就建立了各层级的绩效目标，如公司级、价值流级、班组级，如果目标确定了，结果没有达成，就需要去检讨和改善，这是毋庸置疑的。可以确定一个规则，不达标多久就要触发改善项目。

2）从价值流图中识别改善。通过绘制价值流图，可以识别出很多的问题点，把这些问题进行汇总，列出改善计划，或者改善周项目，或者长期改善项目，或者一般改善项目都是可以的。

3）其他非生产流程的改善。辅助部门同样需要进行流程优化，消除过程中的浪费，为客户和生产部门提供更好的服务，和供应商有更好的沟通，获得互惠互利的成果。

表9-4是BF公司改善项目指引表，可以作为参考。

表9-4　BF公司改善项目指引表

序号	类别	主要改善课题
1	绩效改善	销售提升改善
		利润提升改善
		新客户开发流程改善（开发周期、研发质量）

（续）

序号	类别	主要改善课题
2	成本改善（C）	主要原材料的价格降低、利用率提升等
		辅助原材料消耗改善
		人工成本降低
		各类费用降低（制造费用、管理费用）
3	安全类改善（S）	事故、灾害、安全隐患改善
		节能降耗改善（先进技术、数字化方式）
		资源利用改善
4	质量类改善（Q）	防错技术应用
		过程能力提升改善
		供应商质量改善
		性能试验提升
		一次通过率改善
		不良成本改善
		检验效率改善
		装配不良改善
5	生产率改善（P）	设备效率改善
		综合工时利用率提升
		工时降低
		设备故障率改善
6	库存及交货期改善（I）	计划达成率改善
		价值流和扩展价值流的改善
		库存规模改善
		供应链和库存优化改善
		布局优化改善
7	非生产线流程的改善	客户投诉和升级流程优化
		新产品导入改善
		采购流程如原材料采购周期缩短
		招聘流程改善
		事务性流程改善
		管理费用降低
		新设备导入改善
		仓库占用面积改善

在BF公司，把改善项目在全年的日历中列好，形成改善日历，挂在公司改善

展示墙上，一方面督促大家按照计划进行改善，一方面提升大家的积极性，如图 9-6 所示。

月份	星期一	星期二	星期三	星期四	星期五	星期六	星期日	月份	星期一	星期二	星期三	星期四	星期五	星期六	星期日
						1	2						1	2	3
	3	4	5	6	7	8	9		4	5	6	7	8	9	10
1月	10	11	12	13	14	15	16	7月	11	12	13	14	15	16	17
	17	18	19	20	21	22	23		18	19	20	21	22	23	24
	24	25	26	27	28	29	30		25	26	27	28	29	30	31
	31														
		1	2	3	4	5	6		1	2	3	4	5	6	7
	7	8	9	10	11	12	13		8	9	10	11	12	13	14
2月	14	15	16	17	18	19	20	8月	15	16	17	18	19	20	21
	21	22	23	24	25	26	27		22	23	24	25	26	27	28
	28								29	30	31				
		1	2	3	4	5	6					1	2	3	4
	7	8	9	10	11	12	13		5	6	7	8	9	10	11
3月	14	15	16	17	18	19	20	9月	12	13	14	15	16	17	18
	21	22	23	24	25	26	27		19	20	21	22	23	24	25
	28	29	30	31					26	27	28	29	30		
					1	2	3							1	2
	4	5	6	7	8	9	10		3	4	5	6	7	8	9
4月	11	12	13	14	15	16	17	10月	10	11	12	13	14	15	16
	18	19	20	21	22	23	24		17	18	19	20	21	22	23
	25	26	27	28	29	30			24	25	26	27	28	29	30
							1		31						
	2	3	4	5	6	7	8			1	2	3	4	5	6
5月	9	10	11	12	13	14	15	11月	7	8	9	10	11	12	13
	16	17	18	19	20	21	22		14	15	16	17	18	19	20
	23	24	25	26	27	28	29		21	22	23	24	25	26	27
	30	31							28	29	30				
			1	2	3	4	5					1	2	3	4
	6	7	8	9	10	11	12		5	6	7	8	9	10	11
6月	13	14	15	16	17	18	19	12月	12	13	14	15	16	17	18
	20	21	22	23	24	25	26		19	20	21	22	23	24	25
	27	28	29	30					26	27	28	29	30	31	

图 9-6 BF 公司改善日历

（3）如何进行项目改善　有那么多可以进行改善的项目，那么如何进行改善呢，下面是肖老师和吕新的一段对话。

肖老师："大家已经学了问题解决的方法，可以把这个方法应用到精益改善中去管理项目，不一定完全照搬这十步，但是基本的逻辑思路是一致的。"

吕新："我最开始认为只有问题发生时，尤其是对于质量问题，才用到问题解决十步法，原来这个方式对精益改善项目都适用啊。"

肖老师："是的，在做精益项目的时候，需要立项，立项就要写项目计划书，精益项目涉及的章程如图 9-7 所示。如果项目计划书从一开始就按照解决问题的逻辑去设计，之后的项目管理就会变得清晰有序，这其实本身就是 PDCA 的方法体现。

正如之前提到的，通常我们把问题分为两类，一类是因为提高目标而创造出来的设定型问题，一类是目标没有变，因为波动而出现的发生型问题。问题解决十步法更多的是针对发生型问题，而对于设定型问题，例如大部分的精益改善项目，就属于这类问题。因为之前你不懂精益方法，现在了解了，你不再安于现状了，需要做出改变和调整，这样就可以使用问题解决的基本思路去管理项目（见图 9-8）。"

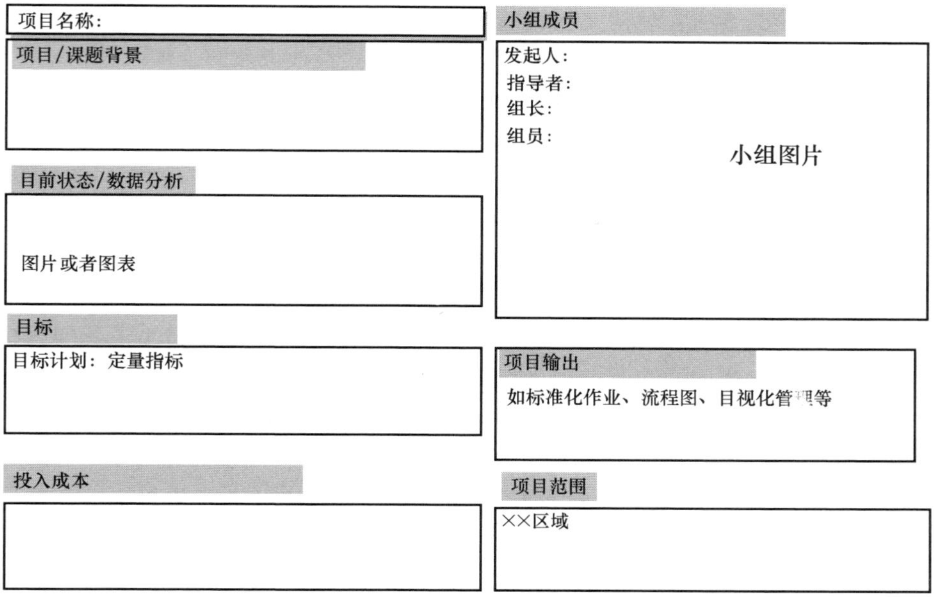

项目名称:	小组成员
项目/课题背景	发起人: 指导者: 组长: 组员: 小组图片
目前状态/数据分析 图片或者图表	
目标 目标计划: 定量指标	项目输出 如标准化作业、流程图、目视化管理等
投入成本	项目范围 ××区域

图 9-7 精益项目涉及的章程

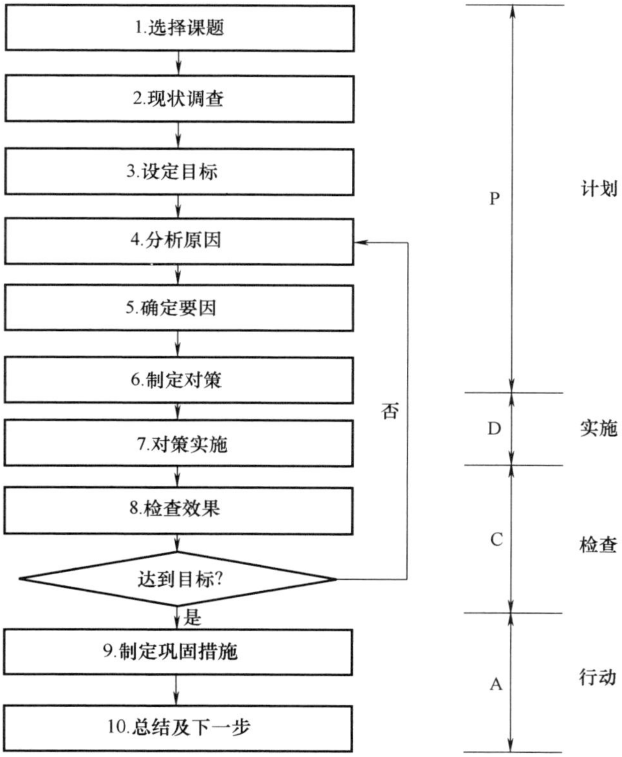

```
1.选择课题
   ↓
2.现状调查        ┐
   ↓             │
3.设定目标        │ P  计划
   ↓             │
4.分析原因 ←──┐  ┘
   ↓         │
5.确定要因    │
   ↓         │
6.制定对策    │    ┐
   ↓         │    │
7.对策实施    │    │ D  实施
   ↓         │    ┘
8.检查效果         ┐
   ↓              │ C  检查
达到目标? ─否──┘   ┘
   │是
9.制定巩固措施     ┐
   ↓              │ A  行动
10.总结及下一步    ┘
```

图 9-8 精益项目管理流程图

使用问题解决方法管理精益项目的要点：

1）基于 PDCA 的逻辑和问题解决思路去管理精益改善项目。

2）提前制定章程，对项目的背景、课题和目标、投入成本加以描述。

3）实施过程中，必要时可以利用问题解决中的鱼骨图、系统图、5Why 进行原因分析、措施制定，有些问题是需要找到根本原因后才采取措施的。

4）要注意，不是所有的问题都需要原因分析，比如有些浪费马上就可以消除，量化后马上改进，不要循规蹈矩地去找原因。

5）项目措施有的是快速实施的，有的是长期措施，需要持续跟踪。

6）把精益项目进行分类，判断哪些是短期快速改善项目，哪些是长期改进项目，不是所有项目都适合在改善周进行。

7）项目跟踪可以使用 A3 报告方法，进行目视化跟踪和展示，方法多种多样，不要太拘泥于形式，效果最重要。

8）为了打造改善氛围，所有改善项目按照问题解决的逻辑去管理、汇报、宣传、推广。

（4）项目改善中要关注的关键点

1）建立目标。进行项目改善的时候，必须建立清晰的目标。有一个很重要的原则，称为 SMART 原则，见表 9-5，按照这个原则去设定项目目标。

表 9-5 SMART 原则表

S	Specific	具体的	准确描述所要改进的项目和解决的问题,如使用 IS-IS NOT 法等
M	Measurable	可测量的	要用动词、名词和量词使项目的结果可以测量，即使对于感性问题，如提高员工士气等项目也要进行量化，否则就不要作为项目来进行改进，如减少库存天数从 X 天到 Y 天
A	Attainable	可达到的	目标制定要合理、可以达到，既不能好高骛远，难以达到，也不能唾手可得，没有挑战性
R	Relevant	相关的	与整体的运行绩效相关联
T	Time-bound	时效性的	定义开始时间和完成时间，并定期回顾项目的进展，使用红色、绿色来表示没有按时完成和按时完成

2）培养团队的技能。团队的技能通常包括两类：一类是专业知识技能，比如问题解决技能，岗位专业知识技能各种精益工具、质量工具的掌握等；另一类是人际交往技能和团队协作技巧，比如沟通、决策、解决冲突等技能。

培养团队技能需要资源投入，更需要领导者亲自参与，不仅是在精益活动的开展初期，就是精益管理已经到了稳定期，同样也需要领导者的持续推动和参与。

领导者亲自参与，对于这一点 BF 公司的吕新感受特别深。精益开展的初期，吕新亲自画价值流图，和工程师一起进行时间观测，共同制作标准化作业，和团队一起使用 2P 方法进行布局改善等，不仅提高了自己的技能，更拉近了与团队成员的距离。现在吕新同样参与到高绩效团队中，进行更深入的改善，对团队的培养，不仅仅局限于主管、工程师这个级别，而是扩展到领班和单元长。

3）让精益改善小组在被充分授权的环境下工作。要想发挥团队的力量，就给团队创造被充分授权的工作环境，让团队可以在一定范围内获得更大的自由度去发挥其创造力和想象力。领导者可以通过以下方式授权团队成员：帮助团队成员提高能力，与团队成员共享权力、资源和信息，同时使团队成员保持责任感。

可基于克里特四型领导理论的授权模式（见表9-6），帮助企业判断自己的授权水平。

表9-6 基于克里特四型领导理论的授权模式

领导类型	独断型	开明式	协商式	参与式
领导特点	命令	推行	商讨	授权
授权级别	1级：管理层做出决策，通知员工执行	2级：管理层做出决策前通知员工	3级：员工参与讨论后执行	4级：员工做出决策并行动
授权水平描述	• 告知 • 指示 • 管理层处于控制地位 • 管理层全权负责 • 员工被告知有关决定	• 销售 • 指导 • 咨询员工 • 员工有一定的参与	• 参与 • 推动 • 责任分工明确 • 员工行动前必须获得领导批准	• 委派 • 联络 • 员工充分参与 • 员工可以在一定范围内决策并采取行动

4）让员工有成就感。定期对精益改善小组的成果进行评价，对那些取得显著成绩的团队给予奖励。奖励的方式有许多种，包括物质奖励和精神奖励。不管是哪种方式的奖励，让员工感觉到成就感和荣誉感是最重要的。

在BF公司，是按照季度和年度进行评选的，有非常清晰的评价标准，其中很重要的一项标准就是实际收益，最终依据财务部门的计算结果。年度评选是对前四个季度的项目进行汇总，评出前三名。物质奖励并不是很大的数额，团队成员特别自豪的是，从总经理手里接过获奖证书并拍照留念，每一个人都能感觉到自己工作的价值和对公司的贡献。

5）让改善从"推动"变为"拉动"。在推行精益的初期，领导作用非常重要，但是随着精益推行的深入，改善要由自上而下的"推动"方式转变为自下而上的"拉动"方式。在BF公司，要求90%以上的员工参与到精益改善活动中。通过这样的方式，员工可以在实际中学习和成长，不仅技能得到提高，而且也扩大了工作范围并增加了对工作的兴趣。同时，通过项目改善的方式，员工可以参与到各种综合功能的改善团队活动中，大家在改善中培养团队意识，不知不觉中增加了团队的凝聚力。

非生产过程的精益流程同样是消除浪费

在企业推行精益时，精益活动通常从生产部门开始，但是，要建立精益企业，形成精益文化,精益的改善活动必须扩展到其他非生产过程和部门,因为和生产部门一样,在那些冗长的报价流程、采购流程、招聘流程中存在着巨大的浪费。

举一个非常有意思的例子,在 BF 公司,办公用品由行政部门汇总收集各部门的需求后,统一下采购需求,再由采购部门购买。之后行政经理提出建议,这项工作不再由行政部统一管理,由各个部门按照需求,各自给采购部下采购申请,由采购部门分别购买,结果采购经理认为这样不但没有精益,反而大大增加了采购部门的工作量,最后两个部门争执不下,始终没有达成共识。

对于上面的案例,我们不评价谁对谁错,留给读者去思考。不过有一个基本原则需要说明,就是"浪费"需要消除,而不是"转嫁",这才是真正的精益。

1. 识别非生产过程和办公室的浪费

在生产过程中存在着 7 大浪费,在非生产过程的办公室区域,同样存在着许多浪费。表 9-7 列出了几种常见的办公室浪费。

表 9-7 几种常见的办公室浪费

常见的办公室浪费	扩 展 思 考
多次传递	复杂的审批流程,文件、资料等在部门间反复传递需要多次审批 本来可以通过现场、电话、面对面一次性解决的问题,却使用邮件多次反复沟通
分散	办公室布局不合理,资料、信息难以共享
寻找	文件、资料等没有按照 5S 要求管理,寻找的时间较长、效率低下,如图纸、技术资料、设备说明书等的管理
不清晰的指令	组织结构复杂、职责不清晰、职能重叠等
不平衡的工作量	由于缺少对办公室工作量的计算,工作不平衡
批量	文件等处理缺少流动,造成积攒
陈旧的知识	落后的办公条件和方法
等待	等待批复、等待回复

尽管上表列出了几种常见的办公室浪费,但是不能概括在非生产部门所存在的所有浪费,同识别和消除生产过程的浪费一样,需要我们善于发现浪费,然后去消除和改进。在建立持续改善文化时,始终要将"消除浪费"这样的观念深深扎根于每个人的工作中,使之成为习惯。

2. 识别关键业务流程

对非生产部门的业务流程进行改善前,需要做的工作是识别关键业务流程,使用在前面情景中多次提到的"权重分析法"识别公司非生产部门的关键业务流程。

对各个部门的业务流程进行列表,然后基于业务流程对运营指标,如安全、质量、生产率等的影响程度进行打分,然后和各运营指标的权重相乘并加和后,得到各个业务流程的总分,按照分数从高到低降序排列,优先选择前几名作为关键业务流程,或者各个部门选择本部门的最高分数作为关键流程进行改善和关注,见表 9-8。

3. 管理关键业务流程

对于非生产部门的业务流程管理可以用两种方法:一种是通过绘制价值流图的

情景9 精益才刚刚开始——建立持续改进的文化

表 9-8 权重分析法识别关键业务流程

部门	过程	输出	频率	是否关键过程	权重								得分
					安全 10	质量 10	准时交货 8	生产效率 6	库存水平 6	盈利率 9	业务增长 8	士气提升 9	
技术部	报价	新项目报价	每天	是	1	1	9	9	1	9	9	1	314
供应链部	供应商管理流程	审核、价格	每季	是	1	9	9	1	9	3	3	3	310
价值流部	OEE 管理	OEE 报告	每月	是	3	9	3	9	3	3	3	3	294
价值流部	工具、刀具管理	订单需求	每周	是	3	9	9	3	1	3	3	3	294
财务部	成本管理	财务绩效报告	每周	是	1	1	3	9	1	9	9	3	284
质量部	质量数据收集分析	每周质量部报告	每周	是	1	9	9	3	1	3	1	3	256
质量部	纠正和预防措施	纠正和预防措施报告	根据需要	是	1	9	9	3	3	3	1	3	256
供应链部	原材料管理	订单需求	每周	是	3	9	9	3	3	1	1	1	234
人力资源部	培训	人均培训小时数跟踪	每月/每周	是	3	3	3	3	1	1	3	9	222
技术部	新产品开发	样品跟踪,PPAP 文件	每周	是	3	3	9	3	1	3	3	3	214
财务部	供应商发票处理	供应商付款	每周	否	1	1	1	1	3	1	3	3	100
供应链部	目视化看板更新	A3	每月/每周	否	1	1	1	1	1	1	1	3	84
人力资源部	出勤管理	出勤率报告	每月	否	1	1	1	1	1	1	1	3	84
人力资源部	商业保险	商业保险报告	每月	否	1	1	1	1	1	1	1	3	84
人力资源部	人力资源绩效跟踪	绩效指标更新	每月	否	1	1	3	1	1	3	1	3	84
财务部	报销流程	员工报销付款	每两周	否	1	1	1	1	1	1	1	1	66

总分：7794

方式，查找浪费，识别改进机会；另外一种是通过目视化管理识别其正常和非正常状态。

（1）利用非生产性流程价值流图进行改善 将价值流图引入非生产部门，本身就是建立精益改善文化的一个特征。如果一个推行精益已经很长时间的企业，非生产部门没有受到精益的冲击，那么，距离精益企业还有很大的差距。不经过精益思想的冲击，大家的行为就不可能改变，没有在非生产部门进行精益的持续改善活动，各个部门就不可能在同一个平台沟通。

与生产价值流图一样，通过绘制关键业务流程的价值流图发现浪费，找出改善点，并使用问题解决的方式针对"真因"制定措施，最终实现不断缩短交付周期时间，减少非增值时间。

绘制非生产性流程价值流的方法就是使用泳道图，按照从客户、内部部门、再到客户的信息流动过程描述业务流程。然后识别信息流动过程的不增值活动，任何阻碍和影响信息正常流动的不必要环节都是浪费。

（2）非生产性流程当前价值流图的绘制 5 要点

1）要点之一：从客户开始。客户当然不只是外部客户，还包括内部客户。准确地讲，"客户"就是业务流程所服务的最终对象，例如，人力资源部招聘流程中的客户就是内部需求的部门。

用节拍时间来反映客户的需求，计算公式为

节拍时间 = 每天可利用时间/客户每天需求量

其中，可利用时间是指用于该流程的实际时间。

2）要点之二：识别过程步骤。在"泳道图"中列出相关部门的名称，然后找到关键业务流程的步骤。

3）要点之三：记录过程步骤。记录过程步骤的方法有现场观察法、团队头脑风暴法等。

4）要点之四：观察和记录过程中的库存、过程处理时间以及等待时间等。过程中的库存是指过程中间存在的文件、资料、表单等。

记录过程步骤的同时，可以同时描绘出信息在不同部门间的流动过程。

流动过程中信息的时间分为：交付周期时间、过程等待时间和过程增值时间。这三个时间加起来就等于总过程周期时间，其中只有过程增值时间是有价值的。

交付周期时间 = WIP/日需求量

过程等待时间 = 信息在工序中的停留时间

过程增值时间 = 信息处理的实际有效时间（类似于生产价值流中的 CT）

过程实际处理时间 = 过程等待时间 + 过程增值时间

5）要点之五：归纳目前的信息流状况。和生产价值流图一样，在非生产性流程的价值流图的右下方标识两个时间：总周期时间和过程处理时间。

总周期时间 = 交付周期时间 + 过程实际时间

非生产价值流中的过程时间构成如图9-9所示。

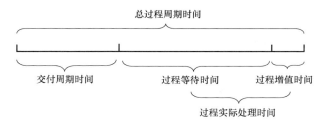

图9-9 非生产价值流中的过程时间构成

基于绘制非生产性流程当前价值流图的要点，BF公司的新项目报价当前价值流图如图9-10所示。

（3）绘制和应用非生产性流程将来价值流图的9要点

1）实现连续流，包括先进先出（FIFO）。非生产性价值流过程中流动的信息包括：电子或纸质的文件、系统输入项目、审批项目、邮件等。信息的流动要做到连续流，无障碍和避免来回反复。

2）建立联合办公单元。为做到信息流畅，需要沟通无障碍，一种好的办法就是建立联合办公单元，相关的职能部门通过这种方式，面对面沟通和解决问题。联合办公单元的要求：①固定地点、固定开始和结束时间；②按照连续流作业进行布局；③会议输出措施跟踪；④关键绩效指标回顾。

3）信息整合。在进行联合办公前，信息要提前准备，确保输入完整的信息。

4）标准化作业。对整个非生产性价值流活动制定标准化作业，达到流程标准化。

5）升级计划。对于流动过程中，出现阻碍流动、例外情况制定相应的升级计划。

6）单点计划。

7）目视化管理。

8）找出改善点。

9）制定改善措施，确定与措施相匹配的绩效指标，例如，降低总的周期处理时间，然后通过对绩效指标的跟踪，追踪和确定改善的效果。

BF公司的新项目报价将来价值流图，如图9-11所示。

（4）监控关键业务指标的状态　不是所有的关键业务都需要通过绘制价值流图进行改进，也可以对指标建立跟踪机制，通过目视化的方式反映其"正常"和"非正常"状态，及时反映关键业务的变化和波动情况，并对异常状况及时处理和解决，使其始终处于"受控"状态。关于目视化的管理方式，情景8中已经介绍，这里不再重复。总之，通过对非生产部门精益的导入，整个企业建立精益持续改善文化。

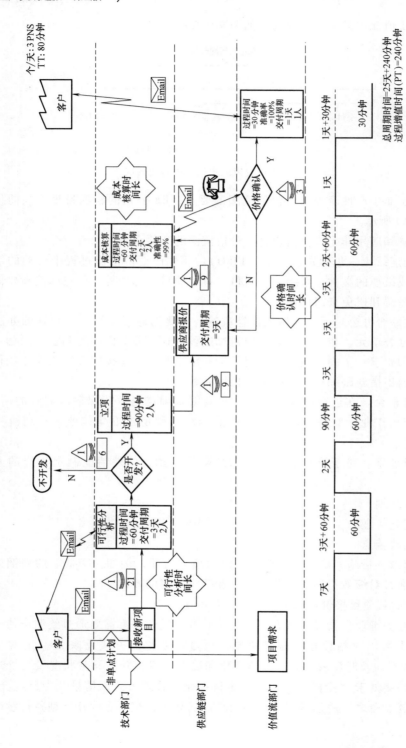

图 9-10 BF 公司的新项目报价当前价值流图

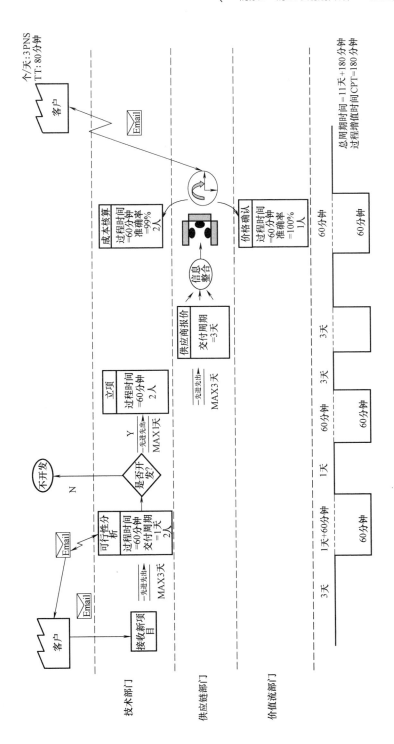

图9-11 BF公司的新项目报价将来价值流图

将改善扩展到供应商

当企业建立持续改进文化时，一定会影响到供应商，因为很多改善活动需要供应商的大力支持和配合，这种支持和配合不是简单地要求供应商被动执行，而是将精益的思想灌输给他们。我们在前面谈到"浪费需要消除而不是转嫁"的观念，同样，在与供应商合作方面，成本压力不是转移而是通过改善获得成本的降低。例如，经常提到的"零库存"，许多企业只是将大量的库存放在供应商的仓库，并没有真正从整个价值流和价值链的角度观察浪费，消除其中不增值的活动。

将精益改善活动推广到供应商，需要扩展价值流的覆盖范围，价值流图的分析方法同样适于扩展价值流。在绘制扩展价值流时，需要对信息流进行分析，方法同非生产性价值流绘制一样，使用泳道图识别过程信息的传递过程。

然后，分别绘制企业自身和供应商的价值流图，通过二者之间的物料运输方式连接在一起，最后计算整个价值流的交付周期和价值增值时间。

注意，在绘制扩展价值流图时，必须基于"现场"和"团队"两个关键点，到供应商的现场按照过程走一遍，观察其中的浪费并对问题点进行记录，共同绘制价值流图，同样选择要优先解决的前三位最重要的关键事项。

过去三年里，BF公司在和供应商进行持续的精益改善活动中，同样取得明显的成果，例如，BB-A价值流所使用的毛坯原料件，改善前其交货周期是45天，改善后交货周期缩短到7天，84%的提高，整个供应商的准时交货率也从90%提高到95%。

通过精益评估发现改善机会

全面推行精益，建立持续改善的文化，最终建成精益企业，不能只是选择性地应用几个精益工具，局部地开展精益，而应在企业的各个方面推行精益。

建立一个精益评估体系，通过定期的评估，可以了解企业目前的精益水平以及未来发展方向。评估体系的标准基于丰田的精益管理体系，见表9-9。

（1）远景与战略　BF公司有自己公司的远景目标，但是，让吕新最为兴奋的是，公司领导层组织大家进行充分讨论，重新理解和认识公司的原景，并制定中期的战略目标和实施计划；之后，各部门又针对本部门的实际情况，制定部门的战略目标，再层层分解到班组、单元，通过这种方法，吕新感受到从未有过的"参与"和"被尊重"的氛围，整个团队也被激起从未有过的斗志。

愿景体现企业的长远计划、经营理念和核心价值观，不同的企业有各自不同的愿景和目标，但是，世上凡是类似丰田一样卓越运营的公司，大多将短期财务利润目标放在最后。所以，将愿景与战略的管理纳入精益评估体系中，就是提醒我们要从长远经营和发展的角度确定自己的愿景与目标并实施精益战略部署。

与愿景和战略相匹配的是对运营绩效的管理，所以，将绩效指标纳入评估体系中，为的是关注精益带来的真正价值，不是做表面文章。同时，尽量将优秀的绩效归功于团队，而非某个人的能力。

图 9-12 是精益目标分解体系示意图。

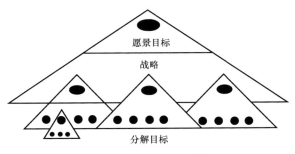

图 9-12　精益目标分解体系

（2）精益流程　重点关注精益工具在实际的生产型价值流和非生产型价值流中的应用。这些应用是全面和系统的，不可有所偏重，因为没有 TPM，就不能保证设计好的流动以及看板的流畅运行；没有过程的稳定性，就失去了精益最重要的基础。

（3）员工与合作伙伴的成长　让员工、合作伙伴和公司在同一目标下共同成长，让客户感受精益带来的价值，精益评估体系的标准就是这一原则的体现。

（4）问题解决能力　改善永无止境。培养解决问题的能力，才能创造稳定的流程和品质，才能从优秀到卓越。这些方法不只包括基本的系统问题解决方法、高级的六西格玛工具，更重要的是建立解决问题、科学决策的文化。

表 9-9　精益评估体系表

评价项目	得分					
	0	1	2	3	4	5
A. 愿景与战略						
1) 有清晰的公司愿景和战略，并以 3～5 年计划以及年度计划等进行支持 2) 创建了少数简单的绩效指标来衡量精益所获得的收益，如安全、质量、准时交货、库存、士气等 3) 精益改革已经在非生产区域实施，建立了精益目标 4) 组织结构、办公室区域及布局是以精益的原则进行设置的						
B. 精益流程						
B1. 5S+安全： 1) 建立了 5S 标准和审核制度，现场干净、整洁、明亮、舒适 2) 建立了安全风险评估体系，并有效推进改善活动 3) 建立了岗位人机功效评估体系，并有效推进改善活动						
B2. 可视化管理： 1) 生产区域建立了清晰的目视化管理，包括安灯系统、TPM 展示、绩效指标目视化跟踪系统、分层审核、早会等，现场非常容易识别正常和异常状态 2) 现场建立了持续改进的活动展示板，并且及时更新 3) 非生产区域的关键绩效指标通过目视化管理方式进行展示并非常容易识别正常和异常状态 4) 对于异常状态有清晰的处理流程，包括升级流程等 5) 建立了收、发货计划安排的目视化管理						

(续)

评价项目	得分					
	0	1	2	3	4	5
B3. 标准化作业： 1）生产现场不断进行动作改善，并建立标准化作业，员工按照标准化作业进行操作 2）识别办公室的关键业务，并建立相关的标准化作业 3）管理部门的日常主要工作，建立了计划和时间标准						
B4. TPM： 1）建立了 TPM 的体系，设备处在良好的状态 2）建立了 TPM"零损失"目标，包括故障停机率、平均故障恢复时间（MTTR）、平均故障间隔时间（MTBF）、设备综合效率（OEE）等 3）识别了办公室的关键设备，同样建立了维护和管理制度						
B5. 快速换型： 1）已制订了换型标准化作业程序，换型时间在生产单元内由团队成员跟踪记录 2）趋势表明换型时间已从原来的换型时间大幅缩短，团队对换型时间作分析并积极参与进一步减少换型时间的活动						
B6. 价值流管理： 1）对产品进行家族分类，并对 80% 以上的产品家族按照价值流的方式进行生产管理 2）应用价值流图分析现状并按照 8 点原则进行将来价值流的开发和管理 3）每周对实施将来价值流所制定的改善措施进行团队回顾 4）生产周期（Lead Time）呈现不断降低的趋势 5）价值流被扩展到非生产部门的关键区域，建立了联合工作中心 6）使用价值流图来识别非生产区域的浪费，并进行改进						
B7. 生产运营管理： 1）确定了节拍控制工序，并实现均衡化生产 2）建立了流动的生产模式，不能实现单件流的工序以尽可能的最小量执行先进先出（FIFO） 3）实施看板拉动系统，并建立了异常升级制度 4）上游工序的生产方式考虑了 EPEI 5）通过销售和运营会议来分析客户需求的变化以及内部生产能力的满足程度，并以此指导日常的生产运营活动 6）分析了三年的业务周期变化，并制定了相关的应对措施 7）通过应用 2P 进行布局变更和改进						
B8. 超市库存管理： 1）确定了成品策略并由此扩展到在制品和原材料的管理 2）利用 PFEP 确定了超市库存 3）按照"先进先出"原则管理超市，物料的地址系统和现场标识清楚，领用手续便捷 4）建立了临时库存管理制度，并依照实施 5）建立了日常审核制度						
B9. 缺陷预防： 1）通过精益产品和流程开发来进行产品设计（包括 3P 以及 APQP 工具的结合） 2）当有质量问题时及时停止加工并且迅速处理 3）防错的方式被广泛推广和应用 4）SPC 的手段被应用于关键工序和关键产品特性 5）FMEA 失效模式和效果分析被广泛推广和应用 6）建立了严格的变更流程标准，并依照执行						

(续)

评价项目	得分					
	0	1	2	3	4	5
C. 员工与合作伙伴的成长						
C1. 教育和培训： 1) 有证据表明公司在团队合作、互相尊重和建立持续改善文化方面进行了相关的培训 2) 建立了员工技能表，并制定了培训以及交叉培训计划 3) 员工在技能差距分析的基础上接受培训，培训有效性已得到验证 4) 员工接受了关于浪费、基本的问题解决技能培训						
C2. 共同目标： 1) 组织目标直接连接到每个人的业绩指标 2) 每年有管理层和员工进行面对面沟通，回顾个人绩效、技能和未来发展 3) 建立了精益持续改善的制度，包括精益建议、精益改善活动等，形成了从下而上的自主改善文化 4) 建立了以鼓励团队为主的奖励制度和信息分享渠道 5) 有清晰的客户问题处理流程，包括信息接收方式、记录、问题处理时间及措施跟踪等 6) 和客户有良好的互动，从而保证通过拉动系统及时交货给客户，交货率在98%以上						
C3. 精益资源开发： 1) 精益资源和主要职能领导已熟练地应用精益于业务需要中 2) 全力从事所有员工的精益发展并显示有效地传递精益知识和执行的能力						
C4. 扩展价值流： 将精益活动扩展到供应商和客户，并显示已经在供应商质量、交货期等方面获得了长期积极的效果						
D. 问题解决能力 1) 有系统性的解决问题方法并持续地被遵守 2) 解决问题是基于现地现物，关注流程和系统的问题，而非对人的惩罚 3) 建立了解决问题、科学决策的文化 4) 六西格玛与精益的结合						

打分规则：
0：缺乏，没有开始
1：承诺，处在了解阶段
2：正在接受培训，并正在开始
3：开始并看到了一定的结果
4：达到很高的水平，并达到很好的效果
5：达到或接近世界水平

使用精益体系评估表的目的是帮助我们找出不足、进行改进，而非关注分数本身，更不建议将它当成考核标准。BF公司就是将精益体系评估表和情景1中介绍的精益组织成熟度方格相结合持续评估精益体系的建立情况，找出精益改进的机会；既重视精益工具的应用又关注精益组织的建设，最终取得令人满意的效果。

要 点 梳 理

1. 保持精益有效运行，其中重要的秘诀就是持续改进，是 PDCA 和 SDCA 交替循环的过程，而在这样的过程中，需要建立和形成持续改进的系统，而这样的系统最终要依靠背后公司的文化来支撑。

2. 通过建立分层审核制度，保持已经建立的精益体系正常运行。

3. 通过精益改善提案制度和精益改善小组活动，创建全员参与、持续改善的精益文化。

4. 将精益活动推广到非生产性区域，了解非生产性区域存在的浪费，从识别关键业务开始进行改善：利用价值流图和监控业务指标的正常和非正常状态。

5. 利用扩展价值流将精益改善扩展到供应商。

6. 建立一个精益评估体系，通过定期的评估，可以了解企业目前的精益水平以及未来发展方向，评估体系的标准基于丰田的精益管理体系，包括远景战略、精益流程、员工与合作伙伴的成长以及问题解决能力等几个方面。

7. 使用精益体系评估表的目的是帮助我们找出不足、进行改进，而非关注分数本身，更不建议把它当成考核标准。

情景 10

打造智能化工厂容易吗——精益化是智能化工厂的基础

片段一：BF 公司智能化工厂进程遇到瓶颈

经过几年的精益推行，BF 公司的管理水平有了长足的进步，并且逐渐在打造 BF 公司特点的精益管理模式，一切都朝着好的方向发展。在新型冠状病毒疫情结束后，面临经济下行的挑战，由于公司产品成本比同行业低，价格相对有较大的竞争力，再加上快速的交货能力，优秀的产品品质，BF 公司的整体业绩不降反升。正应验了当初王总讲的话，要练好内功，才能应对挑战。

通过精益，员工的效率提升了很多，但是仅仅依靠员工还是不够的。随着技术的进步，对行业自动化程度的要求也越来越高。最近 BF 公司也正在考虑引入一些自动化设备，工业 4.0 的概念已经深入人心，打造智能化工厂是每个企业的目标。

最近王总组织大家进行了多次讨论。王总说："前期在机械加工工序投入了部分的自动化设备，获得了很好的收益，感谢吕新团队的努力。既然投入是成功的，那我们要在机械加工工序尽可能多地增加自动化设备，对人力的节约空间还是非常大的。另外也要考虑组装设备自动化投入的推进，当然组装工序部件多，实现起来有难度，但是也不能因此就停下来，要尽可能多地和自动化设备厂家讨论，找出好的方案。"

吕新："自动化设备是好，但是鉴于我们产品多品种、小批量的特点，可能暂时不能投入太多。"

王总："思想不能太保守了，要敢想才可以。我们的精益管理打下了很好的基础，现在进行智能化工厂搭建恰逢其时。"

吕新："王总讲得有道理，不过需要研发部门和我们共同想办法，减少产品的型号，最好能模块化，减少实现自动化的难度，不然型号太多，确实是个挑战。"

王总:"那你们组成团队,好好进行研究,不仅自动化,同时也要考虑 ERP、MES 和 APS 系统的升级改造,打造智能化工厂,我们不能掉队。"

……

几个月过去了,研发部门并没有给出简化产品很好的方案,因为很难说服客户。鉴于 BF 公司多品种、小批量的生产特点,经过大家讨论,最后的结论是:组装工序如果上自动化设备,换型太频繁,无法保证效率,还需要继续讨论,暂时没有结果;机械加工工序有 200 台设备,已经有 20 台桁架机器人,最多再上 30 台,其余同样是由于多品种、小批量的缘故,不建议继续上桁架机器人。

BF 公司的智能化转型之旅任重而道远……

片段二:肖老师介绍关于智能化工厂的案例

下面是肖老师讲给吕新关于精益和自动化关系的案例:

"精益在工业 4.0 的基础地位是毋庸置疑的,也是必由之路,我给你讲个案例啊!去年我去一家陶瓷厂调研,发现他们现场的库存非常多,因为陶瓷生产最大的瓶颈是最后一道工序,需要到窑炉里进行烧制,时间比较长,如果对中间的库存不进行管理的话,在制品就会非常多。"

"我发现现场堆积了大量的在制品,说白了他们还没有控制在制品的概念。为了提高效率,他们用了机器人。老板很自豪地带我去看了那些机器人,确实机器人可以取代人的劳动,但事实上,这些高效的机器人并没有起到该有的作用,它们只是制造了更多的在制品。在我看来,如果他们能够研究一下线平衡,根据目前客户需求的节拍,把以前工序的人力进行调整,整个生产线不仅不需要投入机器人,还可以继续节省出一些劳动力。你看,没有精益的理念,真的会做出错误的决策!"

片段三:精益与数字化关系的案例

肖老师接着说:"刚才讲了精益与自动化的关系,那接下来讲讲精益和数字化的关系。"

"正如之前提到的,企业数字化转型是通过互联网、物联网、大数据等技术,对客户端、制造端、供应端等整个环节的信息流进行整合,实现数据化管理,从而达到产品和服务的价值最大化。但是没有精益的数字化,不仅实现不了这个目的,甚至会出现更大的困扰。"

"举个容易理解的例子吧,数字化实现过程中 ERP 系统和 MES 系统是最基本的信息系统要求。如果企业没有精益的理念,设置的 ERP 系统和 MES 系统就是基于传统方式的。我见过一家做电缆的企业,本来他们的生产流程比较简单,通过精益管理,工序之间完全可以实现近似的流动,那么BOM层级设定一层就可以,一个工单就可以跟踪到入库,结果他们的系统设置是每道工序要入库、出库,BOM层级设了很多层,结果需要不停地开工单、关工单。他们还给生产线设定了一个工单关闭率的指标,为什么设这个指标呢?因为工单太多了,生产线关闭不及时,所以设了这个指标用来督促生产关工单的。你看,没有精益的理念,会造成多大的浪费和低效,非常可惜!"

"还有一家企业,他们上了MES系统,为了对过程进行细致的控制,他们数据采集的非常多,但是经理们感到困惑了。他们问我说,肖老师,到底把过程控制到多细才是标准,我们目前的数据每天都有几万个,一个月下来那就是几十万个数据,怎么用啊?我问他们说,你们有在看这些数据吗?有利用数据进行改善吗?他们说用得不多。我问他们,那你们在进行数据化设计时,是如何进行规划的,目的是什么?他们说没有想那么多,只是想通过MES系统来提高管理水平。我告诉他们,数字化本身不能提高管理水平,精益方法才可以。"

仅以简单的MES为例,进行MES规划的时候,必须先判断精益水平(见图10-1),其他数字化转型同样如此。

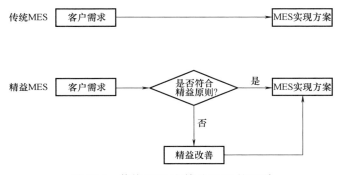

图 10-1 传统 MES 和精益 MES 的区别

智能化转型之路

从传统工厂管理到智能制造转型成功不是一蹴而就的,不是各种信息化软件和机器人等先进技术堆积在一起就成为智能化工厂了,企业必须扎扎实实做好基础的精益管理工作。BF公司的做法就很正确,首先建立优秀的管理标准和流程,然后再逐步导入自动化、信息化、数字化,这样才能真正打造智能制造工厂。智能制造的转型过程如图10-2所示。

图 10-2 智能制造的转型过程

（1）第一阶段：精益转型　到目前为止，精益生产和精益管理是实现智能制造的第一步，这已经成为共识。当初德国在推出工业 4.0 概念的时候，精益是作为其中的重要内容被纳入其标准之中的。如果没有精益管理的基础，信息技术和机器人的使用就失去了最重要的根基。很多企业总想走捷径，这种想法是要不得的，自动化设备投钱就可以上，但是管理却非一朝之功，不想在管理上下功夫的企业，迟早会为薄弱的管理基础付出成本。

（2）第二阶段：自动化　随着科学技术的日臻成熟，工业机器人在生产领域的应用范围越来越广，生产率可以大大提高，所以智能化制造离不开自动化，但在自动化的应用过程中，有以下几个关键点：

1）一定要考虑整体效率，局部自动化的高效率不等于整体效率。

2）应用内建品质（Build in Quality），防止不合格产品的产生。因为过程无法完全避免不合格产品的发生，所以需要通过工业视觉等方法来识别缺陷。

3）机器人和人的联合作业。

4）以目前的技术水平，自动化应用还仍然只是适用于大批量生产，对多品种和小批量的生产模式并不适用，需要使用成组技术进行分类处理，可以根据情况分阶段实施。这一点就是 BF 公司面临的最大挑战，这可能不是马上就可以解决的问题，需要从整体管理角度去考虑，同时技术的进步也需要时间。

5）非单品种的自动化生产要持续缩短换型时间。

6）自动化生产线的 TPM 更加重要。

（3）第三阶段：信息化和数字化　自动化解决的是生产率的问题，信息化解决的整个流程组织和计划的问题，数字化则是对整体价值链数据的收集、分析，为决策提供依据。企业在进行智能化转型的时候，首先要完成信息化的建设，比如ERP、MES、APS 软件的应用，并对信息分析利用，逐渐向数字化转变。一定要注意，智能化工厂不是信息软件的堆积，而是结合企业的行业特点和需求进行选择，才能实现其真正应有的价值。请记住以下要点：

1）软件设计同样必须建立在精益理念和流程的基础之上，软件是当前管理状态的信息化呈现，而不能依靠它来自然提高实际的运营管理水平。

2）使用软件的目的是服务企业，而不是企业被软件所困，不要为了应对软件的需要而改变精益的做法，而是要让软件适应精益流程。

3）使用软件是为了解决问题，如 MES 系统的许多功能可以发现并展示问题，但是还需要工厂具备解决问题的能力。

4）信息化不等于数字化，信息不被利用是最大的浪费。

（4）第四阶段：智能制造　经过了精益转型、自动化、信息化和数字化的搭建，工厂可以实现初步的智能制造，但这是一个循序渐进的过程，是长期的过程，不能一蹴而就。

智能工厂的管理思考

1. 任何时候都必须基于客户价值

"……通过与客户的对话，为具有特定功能以特定价格提供的产品精确定义价值。"这是《精益思想》一书中提出的关于价值的概念。价值由客户决定，生产制造者要从客户的角度来考虑价值，这个原则无论现在还是将来都是适用的，只是从来没有像在互联网时代，客户能够如此接近生产制造者并能够将自己的需求传递给他们。

在新的工业制造时代，谁更加关注客户，谁就能够更准确和快速地满足客户的个性化要求；谁能够更好地提供服务，谁就更具有竞争力。设计智能化工厂时，无论你用了多少机器人、多少软件，客户希望的都是只对自己需要的那部分产品的价值买单，特别是对于与人们生活密切相关的消费品制造行业，对客户价值感受的关注就更加重要。

大数据时代，制造者必须要学会利用互联网所带来的大数据，充分分析和了解客户需求，从客户的角度去设计和定义价值。如果企业一厢情愿地将产品功能进行过度扩展和增加，只能造成浪费。

2. 关注整个价值链的价值最大化

价值是在价值流的活动中形成的，这个过程包含供应商、制造工厂、客户及中间的物流连接等所有环节的整个价值链。智能工厂绝不是对高级设备、软件等的简单堆砌，而是需要考虑整个价值链的活动，减少和杜绝不增值活动。智能工厂不是单个企业和某个点的效率提升，客户、企业和供应商整个管理是协同和共生的关系，是资源共享、价值共创和利润共享的互相协作的关系，如此才能使整个价值链的价值最大化。

3. 顶层设计的能力

顶层设计的能力代表着企业的战略规划能力，在当今快速改变的世界里，企业面临着政治环境、经济环境、技术发展等带来的挑战，一定要学会抬头看路，及时检讨企业的经营战略、商业模式，并及时做出调整。特别是互联网时代，要有互联意识，搭建平台组织，比如以细分价值流模式单独财务核算激发组织活性，最大程度提升和发挥组织效率，同时要控制组织规模，提升风险防范意识，这些理念都是"系统精益"提倡的理念。

4. 柔性制造能力

小批量、多品种是制造业的必然趋势，随着工业机器人的推广和应用，柔性制造显得更加重要。提升柔性制造能力是较大的挑战，常见的方法是采用柔性工装、激光定位等先进手段。只有真正实现单分钟换型（SMED），才可以在不增加库存和保证生产率的前提下满足客户小批量、多品种的需求，否则智能制造只能是局部的和有选择的。

到目前为止，很多所谓的"黑灯"工厂，都是基于大批量的产品，你的公司可能只能走局部智能化和传统精益化的道路，所以着急不得。

5. 保证产品质量

智能化工厂必须保证质量，因为智能化工厂效率更高，一旦出现问题就是灾难性的。丰田自动化思想仍然是重要的指导思想，即机器一旦制造不良品，立刻停机，所以必须在设计和防止过程变异方面持续提高，保证过程能力和质量水平。

6. 对人的培养和团队建设

实施精益一定离不开全员参与和优秀的团队，在智能工厂同样如此。

智能制造绝不是简单的少人化，对人的技能和团队要求更高。领导者要更加关注客户、战略层面、创新能力建设、核心价值观的建立、人才培养团队建设等方面；中层员工、基层员工则需要学习新型技术并培养综合技能，如数据科学、软件处理技术及智能机器的设计、安装、保养等技能。

7. 持续改进的文化建设

在《丰田模式》一书中提到的四个 P 是：理念（Philosophy）、流程（Process）、员工与事业伙伴（Partners）及问题解决能力（Problem Solving），这四个 P 体现了持续改进的思想。把这四个 P 用一句话来概括，就是企业与自己的员工及事业伙伴一道，不断提高问题的解决能力，持续改进目前流程，而所有的这些活动都要建立在长期而非短期的财务目标基础之上。智能制造的时代需要的不仅仅是技术，持续改进的文化更需要历久弥新！

消除浪费是精益的核心，那么改善就是灵魂！

这句话对智能工厂同样适用！

要 点 梳 理

1. 精益化是打造智能化工厂的基础和必由之路。
2. 工厂智能化转型经历四个阶段
1) 第一阶段：精益转型。
2) 第二阶段：自动化。
3) 第三阶段：信息化和数字化。
4) 第四阶段：智能制造。

参 考 文 献

[1] 沃麦克，琼斯. 精益思想［M］. 沈希瑾，等译. 北京：机械工业出版社，2011.
[2] 莱克. 丰田模式：精益制造的14项管理原则（珍藏版）［M］. 李芳龄，译. 北京：机械工业出版社，2016.
[3] 王东华，高天一. 工业工程［M］. 北京：清华大学出版社，2007.
[4] 吴美丽，张茜. 基于ABC-XYZ分析矩阵的企业物料管理研究［J］. 中国商贸，2010（25）：72-73.
[5] 德鲁，麦卡勒姆，罗根霍夫. 精益之道［M］. 吕奕欣，等译. 北京：机械工业出版社，2007.
[6] 罗瑟，舒克. 学习观察：通过价值流图创造价值、消除浪费［M］. 赵克强，等译. 北京：机械工业出版社，2013.
[7] 莱克，康维斯. 丰田模式：领导力量篇［M］. 赵胜，译. 北京：机械工业出版社，2013.
[8] 莱克，梅尔. 丰田模式：实践手册篇［M］. 王世权，等译. 北京：机械工业出版社，2014.
[9] JIPM-S. 精益制造011：TPM推进法［M］. 刘波，译. 北京：东方出版社，2013.
[10] 孙亚彬. 精益生产实战手册：单元生产与拉动看板［M］. 深圳：海天出版社，2006.
[11] Paul Myerson. 精益供应链与物流管理［M］. 梁峥，等译. 北京：人民邮电出版社，2014.
[12] 凯特，劳克尔. 精益办公价值流：管理和办公过程价值流图分析［M］. 张晓光，等译. 北京：中国财政经济出版社，2009.
[13] 夏妍娜，赵胜. 工业4.0：正在发生的未来［M］. 北京：机械工业出版社，2015.
[14] 赵勇. 价值流模式的工厂管理［M］. 北京：机械工业出版社，2020.
[15] 赵勇. 精益转型实践之旅［M］. 北京：机械工业出版社，2019.
[16] 刘承元. 中国工厂全面精益改善推进手册［M］. 北京：企业管理出版社，2021.